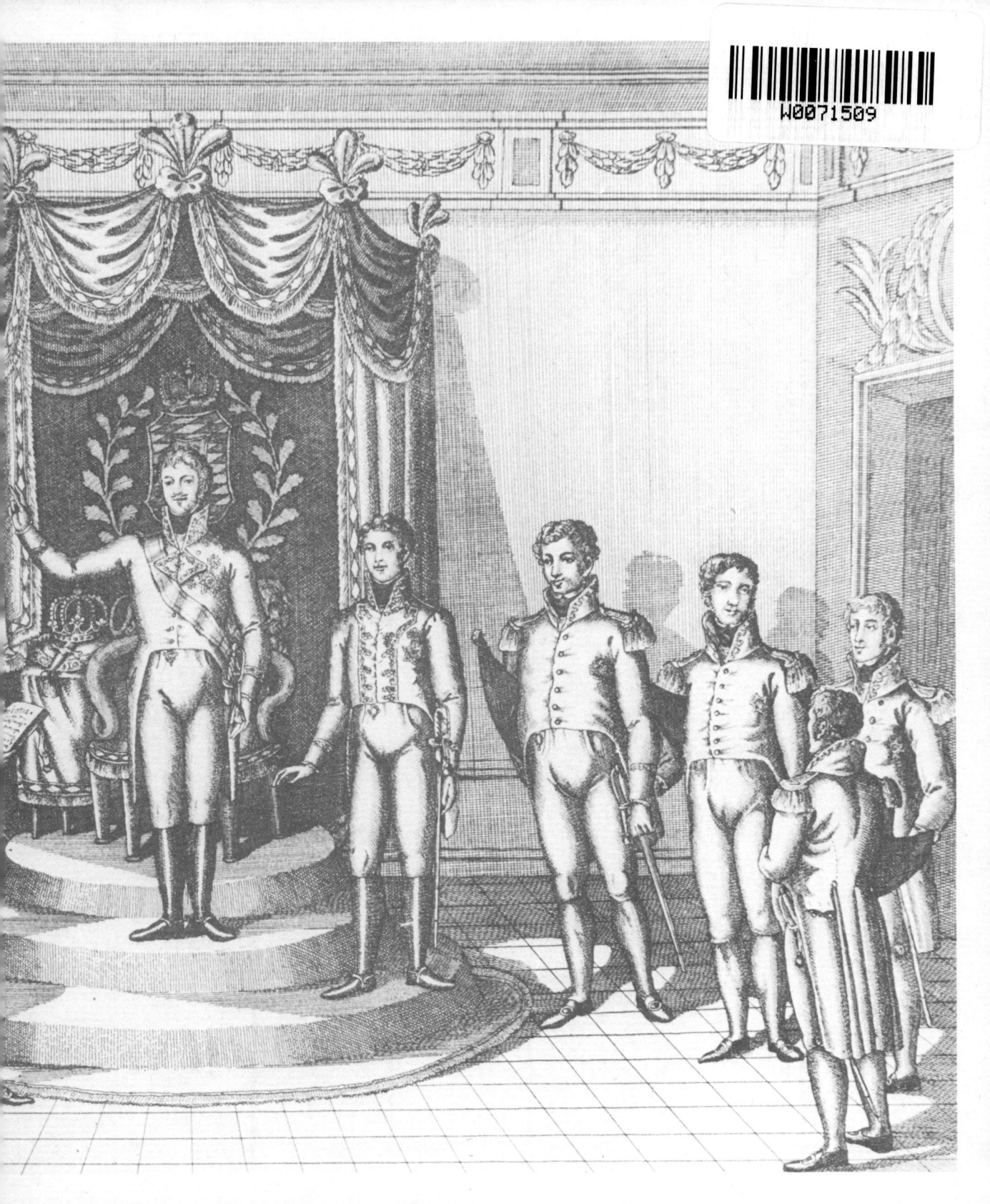

Tafel mit dem Verfassungstaler 1818 und verschiedenen Geschichtskonventionstalern aus den Blättern für Münzkunde 1834

rosenheimer raritäten

Walter Grasser

BAYERISCHE GESCHICHTS TALER

Von Ludwig I. und Maximilian II.

Rosenheimer Verlagshaus

Tafel mit verschiedenen Geschichtskonventionstalern aus den Blättern für Münzkunde 1837. Gestochen von J.G. Schwab in Hannover

Inhalt

Die Entstehung der bayerischen Geschichtskonventions- und Geschichtsdoppeltaler

Manuskript der Rede des Konservators Franz von Streber vor der Königlichen Akademie der Wissenschaften am 11. März 1806

Die bayerischen Geschichtskonventionstaler und Geschichtsdoppeltaler von König Ludwig I. von Bayern (1825–1848) und seinem Sohn Maximilian II. (1848 bis 1864) zählen zu den bekanntesten und beliebtesten Silbermünzen des 19. Jahrhunderts. Den eigentlichen Anlaß für ihre Prägung bildete eine Rede, die Friedrich Gedicke anläßlich des Geburtstages von König Friedrich Wilhelm II. von Preußen am 25. September 1790 in der Königlichen Akademie der Künste in Berlin gehalten hatte. In dieser historischen Ansprache wurde durch Gedicke an den hohen Stand der Stempelschneidekunst der Griechen und Römer in der Antike erinnert und zugleich darauf hingewiesen, daß sie es meisterhaft verstanden hätten, die Münzen als alltägliche Gebrauchsgegenstände, die gleichermaßen durch die Hände des Königs wie des Bauern gehen, in kleine Kunstwerke aus Metall mit bleibendem Gedenkwert zu verwandeln.

Im Anschluß an diese Ausführungen hatte der Redner eingehend dargelegt, wie leicht und wie in vieler Hinsicht es überaus nützlich wäre, auch die gangbaren preußischen Münzen in historische Denkmünzen umzugestalten. Aus nicht näher bekannten Gründen ist allerdings seinerzeit diese Idee in Preußen nicht aufgegriffen worden.

Die Ausführungen Gedickes veranlaßten den Konservator des königlichen Münzkabinetts in München, Franz von Streber, beim bayerischen Kronprinzen Ludwig die Ausprägung der Konventionstaler als historische Denkmünzen anzuregen. In einer am 11. März 1806 vor der Königlichen Akademie der Wissenschaften gehaltenen Rede schlug der Konservator des Münzkabinetts vor, die künstlerische Vollkommenheit des antiken Stempelschnitts mit der Verwendung des staatlichen Zahlungsmittels zu propagandistischen Zwecken in Form historischer Denkmünzen zu verbinden. Aber auch in Bayern fand der Gedanke zunächst keinen Anklang. Deshalb wartete von Streber den Regierungsantritt von König Ludwig I. ab und legte erst am 16. Juni 1827 seinen aus-

Vorder- und Rückseite eines Konventions(wappen)talers von 1753 des Kurfürsten Maximilian III. Joseph (1745–1777), geprägt nach der Münzkonvention mit Österreich (1753) in der Münzstätte München

7

führlichen schriftlichen Bericht mit dem Titel „Vorschlag, die größeren Sorten der gegenwärtigen Courantmünzen (z.B. Dukaten, Thaler und halbe) in historische Denkmünzen zu verwandeln" vor. Neben den Kronentalern sollten vor allem sogenannte „Geschichtskonventionstaler" zur Erinnerung an für Bayern und das Königshaus bedeutende Ereignisse geprägt werden. Der Bezug auf die Antike und das Mittelalter bestimme das kulturelle Leben Bayerns. Er könne deshalb auch in der Münzprägung nicht ohne Niederschlag bleiben.

In seinem Aufsatz bezog sich von Streber auf die griechische und römische Münzprägung und nannte als Beispiele römische, auf bestimmte historische Ereignisse anspielende Prägungen, wie z.B. Münzen auf die Errettung eines römischen Bürgers durch Marcus Lepidus und auf die Aufhebung der Warenbesteuerung durch den Kaiser Caligula. Mit den geschichtlich bezogenen Darstellungen wollte von Streber eine „Renaissance" der antiken Stempelschneidekunst herbeiführen. Die Geschichtstalerprägung muß also aus der geistigen und politischen Situation der Zeit verstanden werden.

Da von Streber offensichtlich bei seinem Vorschlag mit erheblichen Widerständen und Einwendungen der offiziellen bayerischen Stellen rechnete, benutzte er den ganzen zweiten Teil seiner Denkschrift dazu, um etwa mögliche Bedenken gleich von vornherein auszuräumen. Um zu vermeiden, daß durch die Ausprägung von historischen Erinnerungsmünzen zusätzliche Unkosten entstehen und durch die neuen Münzbilder die Bevölkerung verwirrt würde, schlug er den bayerischen „Konventionstaler" vor. Auf der Vorderseite dieser nach einer im

18. Jahrhundert zwischen Bayern, Franken und Schwaben geschlossenen Münzkonvention hergestellten Stücke, befand sich ohnedies bereits das Bild des regierenden Herrschers, während die Rückseite bislang meist nur mit der gleichförmigen Abbildung des allgemein bekannten Wappens versehen war, weshalb sich diese für eine andere und abwechslungsreichere Darstellung geradezu anbot.

Die Geschichtstaler waren also vor Beginn ihrer Prägung als Handelsmünze geplant. Dieser Gedanke ließ sich dann allerdings im Lauf der Zeit aus geld- und handelswirtschaftlichen Gründen nicht verwirklichen.

Im Anschluß an seine finanziellen und technischen Überlegungen führte der Konservator des königlichen Münzkabinetts eine Anzahl von für diese Gedenkprägungen geeigneten Geschichtsbildern auf und schloß mit dem denkwürdigen Satz: „Ein gewöhnlicher bayerischer Conventionsthaler mit Fraunhofer oder Reichenbachs Bildnis auf der Rückseite würde ihren Namen durch ganz Europa tragen, Jahrhunderte hindurch erhalten und selbst für den König ein Monument seyn." Als weitere Themen für Geschichtstaler wurden die Verlegung der Hochschule von Landshut nach München (1826), der Neubau der Feste Ingolstadt (1829), bayerische Prinzen vor Athen (1829) und der Besuch König Ludwig I. beim Papst (1827) vorgeschlagen.

Von Streber verneinte auch die etwaigen Bedenken, ob die Geschichtstaler in den Nachbarstaaten Bayerns angenommen würden. Aufgrund des „Erfolgs der Konstitutionstaler von 1818" vertrat er die Auffassung, daß ebenso eine Annahme der nach demselben Münzfuß geprägten Taler zu erwarten sei. Gelegentlich wurde

Vorder- und Rückseite eines Konventionstalers 1808 von König Maximilian I. Joseph (1806–1825). Metall: Silber

Vorder- und Rückseite eines Krontalers 1826 von König Ludwig I. (1825–1848). Randschrift: BAYERISCHER KRONTHALER. Metall: Silber

König Ludwig I. von Bayern (reg. 1825–1848) als Oberst und Inhaber des 4. Chevaulegers-Regiments in Parade-Uniform. Lithographie von G. Kraus 1837.

deshalb auch die Ansicht vertreten, daß die Anregung zur Geschichtstalerprägung von den Konstitutionstalern von 1818 ausging.

Die geschickt vorgebrachten Überlegungen verfehlten nicht die beabsichtigte Wirkung auf den kunstsinnigen Monarchen, dessen Begeisterung für antike Vorbilder ja hinlänglich bekannt ist. Wie aus einer zeitgenössischen Aktennotiz hervorgeht, wurde der Vorschlag nicht nur wohlwollend, sondern sogar „sehr beyfällig" aufgenommen und der Direktor des königlichen Münzamtes, Ritter von Leprieur beauftragt, die Kosten für die Anfertigung der für ein solches Unternehmen nötigen Münzstempel überschlägig zu berechnen.

Am 4. September 1828 legte der Münzdirektor dem König seinen Bericht vor, in dem er unter anderem auf folgende von Ludwig I. gestellte Fragen einging: „Wann ein neuer Thalerstempel wahrscheinlich verfertigt werden müßte?" – „Wie viele Thaler können im Durchschnitt mit einem Stempel geprägt werden?" – „Um welchen Betrag es teurer käme, wenn der Stempel mit dem Wappen etwa durch die Gravur einer Gruppe von drei Gestalten ersetzt würde?"

Die Form dieser Fragen läßt erkennen, daß sich der Monarch sorgfältig mit jeder Einzelheit der Ausprägung befaßte. Sie zeigt aber zugleich auch die bekannte Sparsamkeit. Darüber hinaus war Ludwig I. insbesondere besorgt, daß solche neuen Taler im Ausland nicht so gut aufgenommen werden würden wie die bisherigen und dadurch der Handel seines Landes geschädigt werden könnte.

Münzdirektor von Leprieur unterstützte in seiner Antwort den Vorschlag des königlichen Konservators von Streber, und es gelang ihm, die noch vorhandenen Bedenken des Königs zu zerstreuen.

Nach Klärung der Kostendeckung und der Organisation erteilte der König am 22. September 1828 an sein Münzamt in München den Befehl, unverzüglich die Zeichnungen für zwei „Geschichtskonventionstaler" in Auftrag zu geben. Die Rückseite des einen sollte eine Beziehung auf die Grundsteinlegung zur Befestigung Ingolstadts, die andere aber Bezug darauf haben, daß „Seine Majestät der König und Ihre Majestät die Königin vier Söhne und vier Töchter haben". Als Jahreszahl für beide Münzen wurde 1828 bestimmt. Mit der Gestaltung dieser Taler wurde der erste Graveur des königlichen Hauptmünzamtes Johann Baptist Stiglmaier (1791 Fürstenfeldbruck – 1844 München) beauftragt.

Am 3. Oktober 1828 sandte von Leprieur die ersten ausgearbeiteten Entwürfe an das Finanzministerium. Die Vorderseite zeigt die Büste des Königs mit der lateinischen Umschrift LUDOVICUS BAVARIAE REX. Ursprünglich deutsch vorgesehen, wurde die Umschrift vermutlich auf Veranlassung von Leprieurs latinisiert.

Links: Entwurf für die Vorderseite der Geschichtskonventionstaler mit lateinischer Umschrift
Rechts: Vorderseite der Geschichtskonventionstaler von C. Voigt mit deutscher Umschrift

Entwürfe zu dem nicht ausgeführten Geschichtskonventionstaler auf die Grundsteinlegung der Feste Ingolstadt 1828

Auf die Grundsteinlegung der Feste Ingolstadt wurden drei Entwürfe mit jeweils derselben Umschrift REGNI SECURITAS und im Abschnitt INGOLSTASIUM I DE NOVO MUNITUM I MDCCCXXVIII I X.E.F.M. vorgelegt. Von Leprieur vermerkte dazu ausdrücklich, daß anstelle des idealisierten Festungsgrundrisses auch der des wirklichen Stadtgebietes wiedergegeben werden könnte.

Der zweite Entwurf (B) zeigt die Stadtansicht von Ingolstadt mit der Pfarrkirche Unserer Lieben Frauen, der Minoriten- und der St. Moritzkirche. Den dritten Entwurf (C) schmückt nur das Festungstor.

Auf dem vierten Entwurf ist anstelle des ursprünglich vorgesehenen Wappens die Büste der Königin Therese nach rechts mit der Umschrift THERESIA BAVARIAE REGINA getreten. Die Büste ist von acht Kinderporträts umgeben. Dieser Entwurf wurde durch Verfügung vom 9. Oktober 1828 genehmigt und zugleich der Auftrag für einen entsprechenden Stempel erteilt. Vor der Stempelgravur bat Stiglmaier, die königliche Familie porträtieren zu dürfen. Diese Münze ist mit der vorgesehenen Jahreszahl und der geänderten Umschrift „Segen des

Himmels" statt PATRIA SALUS ET FELICITAS tatsächlich hergestellt und ausgegeben worden. Es ist somit der erste bayerische Geschichtskonventionstaler.

In demselben Schreiben wurde angeordnet, daß bei dem Entwurf B auf dem der Stadt gegenüberliegenden Donauufer festes Land zu sehen sein solle, denn dort waren ebenfalls Festungsanlagen geplant. Es wurde deshalb ein abgeänderter Entwurf und zugleich eine Zeichnung auf die vom Grafen von Schönborn in Gaibach errichtete Verfassungssäule verlangt.

Den nun folgenden Entwurf (Bb) lehnte der Finanzminister von Armansperg wegen der nicht darzustellenden Befestigungsanlagen ab. Unter E wird schließlich die Zeichnung auf die Verfassungssäule aufgeführt. Die lateinische Umschrift lautet: RECTE ET CONSTANTER. Im Abschnitt: CHARTA MAGNA I DE NOVO CONFIRMATA I GAYBAHI I.M. AUG I 1828. Vor einer hügeligen Landschaft befindet sich die, auf einem dreistufigen Sockel stehende Säule. Im Gegensatz zu den vorangegangenen Entwürfen tragen die Zeichnungen B und E erstmals arabische Jahreszahlen.

Am 28. Oktober 1828 sandte von Leprieur den Ent-

Entwürfe zu dem Geschichtskonventionstaler „Segen des Himmels" 1828

Entwürfe zu dem nicht ausgeführten Geschichtskonventionstaler auf die Grundsteinlegung der Feste Ingolstadt 1828

wurf Bc an das Finanzministerium. Bereits zwei Tage
später lag die Antwort von Armansperg mit einer Stel-
lungnahme Ludwig I. vor. Der König folgte der Argu-
mentation von Leprieurs, daß der Vorzug der lateinischen Inschrift in der „größeren Bestimmtheit der Aus-
drücke" liege und die Geschichtstaler noch nach Jahrhunderten in ganz Europa verstanden würden, nicht. Er
entschied vielmehr, daß die Legenden ohne Ausnahme in
deutscher Sprache, aber mit lateinischen Buchstaben ab-
gefaßt werden sollten. Auch die Zahlen sollten mit lateinischen Lettern geschrieben werden. Diese Verfügung
wird verständlich, wenn man bedenkt, daß Ludwig I. mit
Hilfe der Geschichtstaler das nationale Bewußtsein der
bayerischen Bevölkerung zu festigen gedachte und deshalb die auf den Geschichtstalern abgebildeten Ereignisse
in einer allgemein verständlichen Sprache erläutert werden mußten. Die Rücksicht auf die Beständigkeit und
Allgemeinverständlichkeit dieser Taler in späteren Zeiten
mußte demgegenüber zurücktreten.

Die neuen Entwürfe weisen deshalb die Inschrift
LANDESSCHUZ und im Abschnitt GRUNDSTEIN-
LEGUNG I MDCCCXXVIII oder GRUNDSTEIN-
LEGUNG I ZU INGOLSTADTS I BEFESTIGUNG I
1828 auf. Ausgeführt wurde dieser Geschichtstaler nicht.
Auch Proben sind nicht bekannt. Entsprechend der An-
weisung Ludwigs I. wurde auch die lateinische Inschrift
auf den Entwürfen der Gaibacher Verfassungssäule ab-
geändert. Dort hieß es nun VERFASSUNGSSAEULE
und im Abschnitt ERRICHTET I VON GRAF VON
SCHOENBORN I EINGEWEIHT I MDCCCXXVIIII.
Ein weiterer Entwurf hat die Inschrift GR. SCHÖN-
BORNISCHE VERFASSUNGSSAEULE und im Ab-

*Entwürfe zu dem Geschichtskonventionstaler auf die Verfas-
sungssäule zu Gaibach in Franken 1828 mit lateinischer Umschrift*

schnitt EINGEWEIHT I 1828. Die endgültige Fassung
lautete dann zweizeilig VERFASSUNGSSAEULE I ER-
RICHTET VOM GRAFEN VON SCHOENBORN
und im Abschnitt EINGEWEIHT I 1828. Gerade dieses
Beispiel verdeutlicht, wie sorgfältig die Ausführung der
einzelnen Geschichtstaler vorbereitet wurde.

Zusammen mit der Rücksendung der überarbeiteten
Entwürfe forderte Ludwig I. neue Vorlagen an, und zwar
sollten sie die neuerliche Beschwörung der Verfassungs-
urkunde (1825), die Verlegung der Universität von Landshut nach München (1826) sowie den Zoll- und Handelsvertrag mit Württemberg zum Gegenstand haben.

Die zahlreichen Entwürfe von J.B. Stiglmaier führten
zu einer Reihe von Probeabschlägen. So sind Geschichts-
talerproben auf die Beschwörung der Verfassungsurkunde, den Bayerisch-Württembergischen Zollverein und
den Familientaler bekannt. Die genaue Zahl der Probeabschläge läßt sich heute allerdings nicht mehr feststellen.
Aus den Akten ergibt sich, daß z.B. auf Antrag des Kö-

*Entwürfe zu dem nichtausgeführten Geschichtskonventionstaler
auf die Grundsteinlegung der Feste Ingolstadt 1828*

*Entwürfe zu dem Geschichtskonventionstaler auf die Verfas-
sungssäule zu Gaibach in Franken 1828 mit deutscher Umschrift*

*Entwürfe zum Geschichtskon-
ventionstaler auf den Regierungsantritt 1825*

nigs je zwölf Probeabschläge der beiden, während seiner Abwesenheit hergestellten Probeabschläge an das Finanzministerium gesandt werden sollten.

Mit diesen Entwürfen und Proben beendete J.B. Stiglmaier seine Tätigkeit am königlichen Hauptmünzamt in München. Er war am 22. Januar 1825 zum Inspektor der kgl. Erzgießerei ernannt worden, und diese Aufgabe nahm ihn zeitlich so in Anspruch, daß er sich nicht mehr im Stande sah, auch weiterhin die nötige Ruhe und Sorgfalt für die Ausarbeitung der historischen Rückseiten der Geschichtstaler aufzubringen. Mit Zustimmung des Hauptmünzamtes wandte er sich deshalb an den ihm von seinem Studienaufenthalt in Berlin bekannten Graveur und Edelsteinschneider Carl Friedrich Voigt (geb. 6. 10. 1800 in Berlin – gest. 13. 10. 1874 in Triest). Durch ein Signat König Ludwigs I. vom 18. Mai 1829 wurde Voigt als Medailleur am kgl. Hauptmünzamt angestellt und gleichzeitig mit der Vollendung und Ausgestaltung der Rückseiten der Geschichtskonventionstaler beauftragt. Die Indignatsverleihung wurde am 31. Mai 1829 durch das Staatsministerium des Äußeren vorgenommen. Nachdem er aus den preußischen Diensten endlich entlassen

war, konnte er am 9. Oktober 1829 seine neue Stelle als Medailleur in München antreten. Am 25. November 1830 wurde Stiglmaier durch ein Signet des Königs vom 19. Oktober 1830 von seiner Tätigkeit am Hauptmünzamt entbunden.

Voigt hatte auf Anordnung des Königs schon während seines Aufenthalts im Rom Zeichnungen zu den genehmigten Geschichtskonventionstalern entworfen. Auf Anordnung des bayerischen Finanzministeriums vom 1. August 1829 sandte der Münzdirektor von Leprieur ein entsprechendes Verzeichnis der Geschichtstaler mit Anweisungen hinsichtlich der Entwürfe an Voigt.

Am 21. November 1829 schickte dann Voigt die fertiggestellten Zeichnungen an von Leprieur zurück, der die mit einzelnen Bemerkungen versehenen Originale am 6. Dezember 1829 an Ludwig I. weiterleitete. Der König war – von kleinen Änderungswünschen abgesehen – mit den Entwürfen von Voigt einverstanden und sandte sie seinerseits am 16. Dezember 1829 an das königlich bayerische Hauptmünzamt in München zurück.

Damit stand der Prägung des ersten bayerischen Geschichtskonventionstalers nichts mehr im Wege. Mit der

*Entwurf zum Geschichtskonventionstaler
auf die Verlegung der Ludwig-
Maximilians-Hochschule 1826*

*Entwürfe zum Geschichtskonventionstaler auf den Abschluß des
Bayerisch – Württembergischen Zollvereins 1827*

Herstellung der Gedenkmünzen wurde also erst nach diesem Datum begonnen und nicht – wie die auf den Geschichtskonventionstalern angebrachten Jahreszahlen zum Teil vermuten lassen – bereits in früheren Jahren.

Anhand der heute noch im Bayerischen Hauptstaatsarchiv vorhandenen Akten läßt sich sogar die genaue Reihenfolge der Prägungen ersehen, die auch in den späteren Jahren durchaus von dem Zeitpunkt der dargestellten Ereignisse abweichen kann. Der tatsächliche Ausgabezeitpunkt der verschiedenen Taler von 1830 bis 1836 wird aus einer handschriftlichen Aufstellung vom 9. September 1836 ersichtlich, die alle bis zu diesem Tag geprägten Geschichtskonventionstaler enthält und aufgrund einer Aufforderung des Finanzministers von Wirsching erstellt worden ist. Dabei wird ersichtlich, daß der Ausgabezeitpunkt der 21 verschiedenen Rückseiten keineswegs mit dem auf den Münzen angegebenen Jahreszahlen identisch war.

Die Aufstellung war im Hinblick auf die Münchener Münzkonvention vom 25. August 1837 angefordert worden, deren Vorschriften künftig eine Fortsetzung der Serie in der bisherigen Form nicht mehr gestatteten. Die genaue Einhaltung des $24^1/_2$ Guldenfußes erforderte es, das Rohgewicht von bislang 28,06 Gramm auf 37,12 Gramm heraufzusetzen. Die entsprechenden Zahlen beim Feingewicht betragen 23,38 Gramm und 33,41 Gramm. Der Feingehalt stieg gemäß Artikel V der Konvention von 833,3 % auf 900 %. Unverändert wurde nur der Durchmesser von 38 mm gelassen. Dieser Durchmesser blieb auch unverändert, als der Dresdener Münzvertrag vom 30. Juli 1838 in Artikel 8 für die Vereinsmünzen einen Durchmesser von 41 mm vorsah. Erst König Maximilian II. verwendete diesen größeren Durchmesser für seine Geschichtsdoppeltaler. König Ludwig I. ordnete ausdrücklich an, daß alle vor 1837 entstandenen Geschichtskonventionstaler sowie die beiden Stücke auf den Regierungsantritt (1825) und die Übergabe einer Lehranstalt an die Benediktiner (1835) noch nach dem alten Konventionsfuß geprägt werden sollten. Offensichtlich waren also im September 1837 die 1836 angefertigten Geschichtskonventionstalerstempel noch nicht ausgeprägt gewesen, und es kann vermutet werden, daß die letzten drei – in der Liste nicht erwähnten – Gedenkprägungen erst nach dem 30. September 1837 hergestellt wurden.

Nach dem neuen $24^1/_2$ Guldenfuß der Münchener Münzkonvention vom 25. August 1837 wurde der Gedenkdoppeltaler auf die „Münzvereinigung der Südteutschen Staaten" ausgeprägt. Geschichtskonventionstaler und Geschichtsdoppeltaler wurden also jeweils nach dem geltenden Münzfuß hergestellt und konnten – wenn dies in der Praxis auch kaum vorkam – grundsätzlich als gesetzliche Zahlungsmittel in Umlauf gegeben werden. Verschiedene Versuche, die genauen Prägezahlen der einzelnen Rückseiten festzustellen, hatten bislang keinen Erfolg. Es gelang anhand des Archivmaterials jedoch, die Durchschnittszahlen bestimmter Sorten zu schätzen. Sie betragen für Bayerns Treue, Württembergischer Zollverein und die Verfassungssäule bei Gaibach je 3777; Handelsvertrag zwischen Bayern, Preußen, Württemberg und Hessen, Stiftung des Theresien-Ordens, Stiftung des Ludwigs-Ordens und Segen des Himmels je 2886; Thronbesteigung König Ottos von Griechenland 8095; Reichenbach und Fraunhofer, Obelisk, Verlegung der Universität, allgemeiner Zollverein mit Preußen, Sachsen, Hessen und Thüringen, Landtag je 2220; Wittelsbach, Landtag (1831), Bad Aibling je 1981; Hypothekenbank, Maximiliansmonument, Badens Zollbeitritt, Kapelle in Kiefersfelden und Eisenbahn (1835) je 1640 Exemplare.

Die tatsächlichen Stückzahlen waren – wie das Vorkommen belegt – sicher anders. Vermutlich wurden die Stempel auch später nochmals verwendet, um vollständige Sätze zu schaffen. Die meist vorzügliche Erhaltung von auf Auktionen und im Handel vorkommenden Exemplaren ist in erster Linie wohl darauf zurückzuführen, daß die Geschichtskonventionstaler schon Mitte des 19. Jahrhunderts fleißig gesammelt worden sind.

Wie die Tabelle der abgelieferten Stücke zeigt, ging die durchschnittliche Stückzahl von 3777 auf 2886, dann auf 2220 und 1981 und schließlich im Prägejahr 1835/36 sogar auf nur 1640 Stück zurück. Lediglich die Thronbesteigung König Ottos von Griechenland wurde auf 8095 Geschichtskonventionstalern festgehalten. An Gesamtprägezahlen werden 1830/31 genannt: 11331; 1831/32: 11544; 1832/33: 8095; 1833/34: 11101; 1834/35: 5943; 1835/36: 8200.

Ab 1834 wurden die Geschichtskonventionstaler nur noch zu besonderen Anlässen ausgegeben. So ordnete der Finanzminister von Lerchenfeld z.B. am 8. April 1834 an, daß die „Diäten der Mitglieder der Kammer in

Monate	Ablieferung	Brutto Coll-Gew.			Fein Coll-Gew.			Stück Anzahl	Betrag	
		M.	L	dl	M.	L	dl		fl	x
18 30/31	*[Ferdinand ...]* *[... Zoll-Verein]* *[Schönborn]*	-	-	-	1132	10	10	11331	27194	24
18 31/32	*[...]* *[...Orden]* *[...]* *[Ludwigs Orden]*	-	-	-	1154	7	1	11544	27705	36
18 32/33	*[König Otto Thronbesteigung]*	-	-	-	808	9	12	8095	19428	—
18 33/34	*[... u. ...]* *[Obelisk]* *[Universität]* *[Allg. Zoll-Verein ...]* *[Landtag 1834]*	-	-	-	1109	11	12	11101	26642	24
18 34/35	*[Wittelsbach]* *[Landtag 1831]* *[...]*	-	-	-	594	9	12	5943	14263	12
18 35/36	*[... Bank]* *[Maximilians Monument]* *[... Zoll ...]* *[...]* *[...]*	-	-	-	818	11	13	8200	19680	—

Verzeichnis der bis zum Inkrafttreten der Münchener Münzkonvention vom 25. August 1837 ausgeprägten Geschichtskonventions-taler in den Münzakten des Bayerischen Hauptstaatsarchivs einer eigens dafür bestimmten Geschichtstalersorte zu bezahlen sind".

Aus den Archivalien ergibt sich außerdem, daß anstelle der bisher im Königreich Bayern gebräuchlichen Schulpreismünzen und auch anstelle jeglicher anderer Geldpreise, die von irgendwelchen öffentlichen Institutionen verliehen werden, ausschließlich Geschichtskonventionstaler verwendet werden sollten und bei einer entsprechend hohen Talerzahl immer der ganze Satz abgegeben wurde.

Obwohl Konservator von Streber in seinem der gesamten Geschichtskonventionstalerprägung zugrundeliegenden Aufsatz von 1827 ausdrücklich nicht die Herstellung von Medaillen, sondern die Umwandlung von Kurantmünzen in historische Denkmünzen gefordert hatte, war in der Praxis ihre Funktion als Zahlungsmittel doch stark eingeschränkt. Zunächst waren die Prägezahlen im Vergleich mit den anderen Münzen so gering, daß sie schon deshalb keine Bedeutung im Umlauf erlangten. Außerdem wurden die Geschichtskonventionstaler etwa ab November 1836 nur noch gegen ein dem jeweiligen Feinsilberpreis entsprechendes Aufgeld abgegeben. So forderte die Hauptmünzkasse bei der Übersendung von 54 Geschichtstalern an ein Landgericht im Nominalwert von 129 Gulden 36 Kreuzern eine Differenz von 1 Gulden 30 Kreuzern an.

M. Mackensen hat für die in den Jahren 1830/31 bis 1835/36 geprägten Geschichtskonventionstaler einen durchschnittlichen Ausstoß von jährlich 8030 Stück errechnet. Demgegenüber erreichten nach seinen Berechnungen die gewöhnlichen Kron(en)taler im gleichen Zeitraum eine Durchschnittszahl von 34358 Stück. Der Vergleich der beiden Zahlen zeigt ganz deutlich, daß der Kron(en)taler unter der Regierung König Ludwigs I. die Hauptwährungs- und Handelsmünze war.

Wie die Prägezahlen der Kron(en)- und Geschichtskonventionstaler weiter erkennen lassen, ist die Talerprägung in den Jahren 1830/31 bis 1835/36 laufend zurückgegangen. Diese Abnahme ist in erster Linie auf die immer geringer werdenden Bruchsilbereinlieferungen zurückzuführen, so daß es an dem notwendigen Münzmetall fehlte. Dies wirkte sich nicht nur auf die Kron(en)-, sondern auch auf die Geschichtskonventionstaler aus.

Am 12. September 1835 forderte der Finanzminister von Wirschinger vom königlichen Hauptmünzamt einen Bericht darüber an, „ob und wie viele Geschichtstaler in Zukunft jährlich geprägt werden könnten, wenn dazu das gesamte – sonst auch für die Kronentaler- und Scheidemünzenprägung verwendete – Bruchsilber bzw. erst anzukaufendes Feinsilber verarbeitet würde". Leider fehlt die Antwort in den Archivakten. Jedoch fragte von Wirschinger am 6. September 1836 an, „ob die bei der Geschichtstalerprägung aufgetretenen Schwierigkeiten inzwischen beseitigt seien".

Aus einem weiteren Schreiben des Finanzministeriums vom 27. Januar 1837 geht hervor, daß das Ministerium plante, in Zukunft eine wesentlich größere Anzahl von Geschichtskonventionstalern auszumünzen, als es bislang aufgrund der Bruchsilbereinlieferungen möglich war. Die Deckung der Unkosten sollte durch einen Fonds erfolgen.

Am 6. Februar 1837 erfahren wir aus einem Bericht des Münzdirektors von Leprieur, daß in den letzten drei Jahren insgesamt 26264 Geschichtskonventionstaler geprägt worden seien, jährlich somit durchschnittlich 8755 Stück. Hierauf stützt Kurt Jaeger vermutlich seine These, daß es bei den Geschichtskonventionstalern in keinem Fall eine Auflage über 10000 Exemplare gebe.

Insgesamt wurden mit dem Bild König Ludwigs I. auf der Vorderseite vierundzwanzig Geschichtskonventionstaler und vierzehn Gedenkdoppeltaler ausgegeben. Seine beiden letzten Gedenkdoppeltaler haben das 1847 in Würzburg errichtete Standbild des Fürstbischofs Julius Echter von Mespelbrunn und die Übergabe der Krone an Maximilian II. am 20. März 1848 zum Gegenstand.

Entgegen den Vorschriften der Dresdener Münzkonvention vom 30. Juli 1838 wurden offensichtlich zwischen diesem Jahr und 1856 noch zahlreiche Geschichtskonventionstaler mit den alten Stempeln nachgeprägt. M. Mackensen vermutet, daß dabei auch der Konstitutionstaler von 1818 nachgeprägt worden ist. Die Gesamtzahl aller Geschichtskonventionstaler dürfte deshalb über der von Kurt Jaeger gesicherten Auflage von 56214 liegen. Im Handel werden Originale heute zwischen DM 500 und DM 6500 angeboten. Häufigstes Stück ist der „Segen des Himmels", während die Standbilder des Johann Christoph Ritter von Gluck und des Orlando di Lasso zu den großen Raritäten zählen. Im Durchschnitt müssen für einen Geschichtskonventions-

König Maximilian II. von Bayern (regierte 1848–1864). Zeit-genössische Lithographie

taler bei vorzüglicher Erhaltung etwa 600 bis 1500 Mark angelegt werden. Eine komplette Serie aller 43 Exemplare kostet etwa 80 000 Mark.

Als ältester Sohn Ludwigs I. übernahm Kronprinz Maximilian am 20. März 1848 für seinen abgedankten Vater die Regierung. Er setzte die Serie der offensichtlich bei der Bevölkerung beliebten Gedenkdoppeltaler von 1848 bis 1856 noch mit fünf Prägungen fort, wobei er sie den Bestimmungen des Dresdener Münzvertrages vom 30. Juli 1838 anpaßte und den Durchmesser von 38 mm auf 41 mm vergrößerte.

Der Artikel 8 dieser allgemeinen Münzkonvention der zum Zoll- und Handelsvereine verbundenen Staaten lautete: „Die Vereinsmünze erhält einen Durchmesser von 41 Millimetern; sie wird im Ringe und mit einem glatten, mit vertiefter Schrift oder Verzierung versehenen Rande geprägt."

Obwohl Artikel 8 des Dresdener Münzvertrages wei-

ter ausdrücklich vorschrieb: „Der Revers, auf dessen möglichste Übereinstimmung von allen Regierungen Bedacht genommen werden wird, muß jedenfalls die Angabe des Theilverhältnisses zur Mark feinen Silbers, dann des Werths in Thalern und Gulden und die ausdrückliche Bezeichnung als Vereinsmünze enthalten", kam König Maximilian II. dieser Forderung nicht nach. Er setzte diese Angaben auf den Rand.

Es sind folgende drei Randschriften bekannt:
a) VEREINSMÜNZE * VII EINE F.MARK *
b) CONVENTION * VOM * 30 JULY * 1838 *
c) DREY EIN HALB GULDEN * XV EIN PFUND FEIN *

Die Randschrift c) war erst nach dem Münzvertrag des deutschen Zoll- und Handelsvereins mit Österreich und Liechtenstein vom 24. Januar 1857 möglich. Gedenkdoppeltaler, die diese Randschrift tragen, sind also erst nach diesem Datum geprägt worden. Der Feingehalt beträgt einheitlich 900/1000.

Das Porträt des Königs auf der Vorderseite schuf – wie bereits bei den Geschichtskonventions- und Geschichtsdoppeltalern König Ludwigs I. – der Medailleur und Graveur Carl Friedrich Voigt (1800 Berlin – 1874 Triest). Es zeigt Maximilian II. mit Backen- und Schnurrbart und trägt die deutsche Umschrift: MAXIMILIAN II. – KŒNIG V. BAYERN. Unter dem Halsabschnitt steht klein: C.VOIGT.

Vorderseite der Geschichtsdoppeltaler von König Maximilian II. (1848–1864). Stempelschnitt von dem Medailleur Carl Friedrich Voigt

Auf Rechnung des Sammlers Ferrari sind 1902 von allen Geschichtskonventionstalern Goldabschläge hergestellt worden. Sie tragen auf dem Rand das Datum 1902.

Einheitliche Vorderseite der Geschichtskonventionstaler von König Ludwig I. von Bayern (1825–1848) mit der Umschrift LUDWIG I KŒNIG VON BAYERN und dem Kopf des Königs nach rechts. Darunter die Wertangabe ZEHN EINE FEINE MARK. Unter dem Halsabschnitt der Name des Stempelschneiders und Medailleurs C. VOIGT. Außen Perlreif

Geschichtskonventionstaler auf den Regierungsantritt von König Ludwig I. von Bayern am 13. Oktober 1825

Metall: Silber, Rohgewicht: 28,06 g, Feingewicht: 23,38 g, Feingehalt: 833,3 ‰, Durchmesser: 38 mm

In der Nacht vom 12. zum 13. Oktober 1825 starb der erste bayerische König Maximilian I. Joseph. Der bekannte Erlanger Historiker Ernst Deuerlein schrieb 1949 über seinen Tod: „. . . mit ihm ging der an der Wende der Zeit stehende Herrscher zu Grabe, der es durch seine kluge wie zurückhaltende Politik verstanden hatte, sein Land durch die schwersten Gefahren während der napoleonischen Herrschaft hindurchzubringen und seinem Sohn und Nachfolger ein Land zu übergeben, das seit der Thronbesteigung um mehr als die Hälfte vergrößert war, das die Königswürde erworben hatte und dessen innere Verhältnisse und dessen Finanzen fortschrittlich und für die weitere Entwicklung außerordentlich günstig waren."

Schon als Kronprinz hatte Ludwig I. im Interesse des öffentlichen Lebens Deutschlands und Europas gestanden. Am 25. August 1786 in Straßburg geboren, hatte er an der bayerischen Landesuniversität in Landshut studiert. Unter den Professoren und Gelehrten, die seine Entwicklung entscheidend bestimmten, nahm Johann Michael Sailer die erste Stelle ein.

Der bayerischen Rheinbundpolitik, die sein Land in Abhängigkeit zu Napoleon brachte, stand Ludwig als Kronprinz ablehnend gegenüber. Deshalb beteiligte er sich auch aktiv am Sturz des Grafen Montgelas. So erhofften sich die Bayern und darüber hinaus alle Deutschen bei seinem Regierungsantritt eine Weiterführung und Vollendung der großzügigen und fortschrittlichen Reformen. Die letzten Regierungsjahre seines bei der Bevölkerung sehr beliebten Vaters waren bereits von der damals in ganz Europa um sich greifenden Reaktion überschattet gewesen, zu der Michael Doeberl im dritten Band seiner Entwicklungsgeschichte Bayerns schreibt: „Trotzdem war ihm bis zum Tode seine Volkstümlichkeit geblieben. Das ganze Volk beklagte seinen Heimgang ebenso herzlich wie es ein Jahr zuvor noch das Regierungsjubiläum des geliebten Königs jubelnd gefeiert hatte. Und doch schien es manchen eine gnädige Fügung, daß das Zepter den greisen Händen Maximilians I. in dem Augenblick entfiel, als der Rückschritt über ihn Herr zu werden drohte."

Zum Zeitpunkt des Todes seines Vaters hielt sich Kronprinz Ludwig in seinem Lieblingsbadeort Brückenau auf. Da er nachts die Erscheinung eines Kometen beobachten wollte, war er am 14. Oktober 1825 etwas früher als gewöhnlich schlafen gegangen. Als er geweckt wurde, meldete man ihm nicht den erwarteten Kometen, sondern die Thronfolge. Am 18. Oktober kam der junge König in der Residenz in München an, und schon am nächsten Morgen leistete er in einer feierlichen Versammlung als Regent den Eid auf die Verfassung und beschloß die Eidesleistung mit folgenden Worten: „Das-

Titel I.

Allgemeine Bestimmungen.

§. 1.

§. 2.

Titel II.

Originalexemplar der Verfassung des Königreichs Bayern vom 26. Mai 1818 (BayHStA, Verfassungsurkunden) jenige, was der von Mir gesprochene Eid als König, an der Stelle Meines erlauchten Vaters, dessen Andenken Mir ewig theuer und unvergeßlich sein wird, Mir auferlegt zu erfüllen, habe ich den besten Willen, und erwarte von der Gnade Gottes, daß er Mir die Kraft dazu verleihen werde. Schwer ist es, nach einem König, wie der uns entrissene war, zu herrschen – ihn zu erreichen unmöglich."

Beim Regierungsantritt war König Ludwig I. neununddreißig Jahre alt und somit auf dem Höhepunkt seiner körperlichen und geistigen Kräfte. Als Wahlspruch wählte er beim Besteigen des Thrones die Worte „Gerecht und beharrlich". Diesem Wahlspruch wurde 1831 ein eigener Geschichtskonventionstaler gewidmet.

„In einer Jugend voll bunter, wechselvoller Erfahrungen, voll Sorgen und bitterer Erlebnisse zum Jüngling aufgewachsen, in einer eisernen, kampferfüllten Zeit zum Manne herangereift, hatte Ludwig von Jugend auf eine rauhe Schule des Lebens durchlebt, war schon früh sein Charakter gestählt und gehärtet, sein Sinn zu selbständiger Handlungsweise genährt, sein Blick in die menschlichen Dinge geschärft worden; als er den Thron bestieg, war er weit über seine Jahre hinaus reich an Urteil und Erfahrung und erregte allerseits die größten Erwartungen" (H. Reidelbach, 1888).

Der Geschichtskonventionstaler mit der Jahreszahl 1825 auf den Regierungsantritt zeigt Ludwig I. stehend im Krönungsornat. Vor ihm liegen die Krone, das Zep-

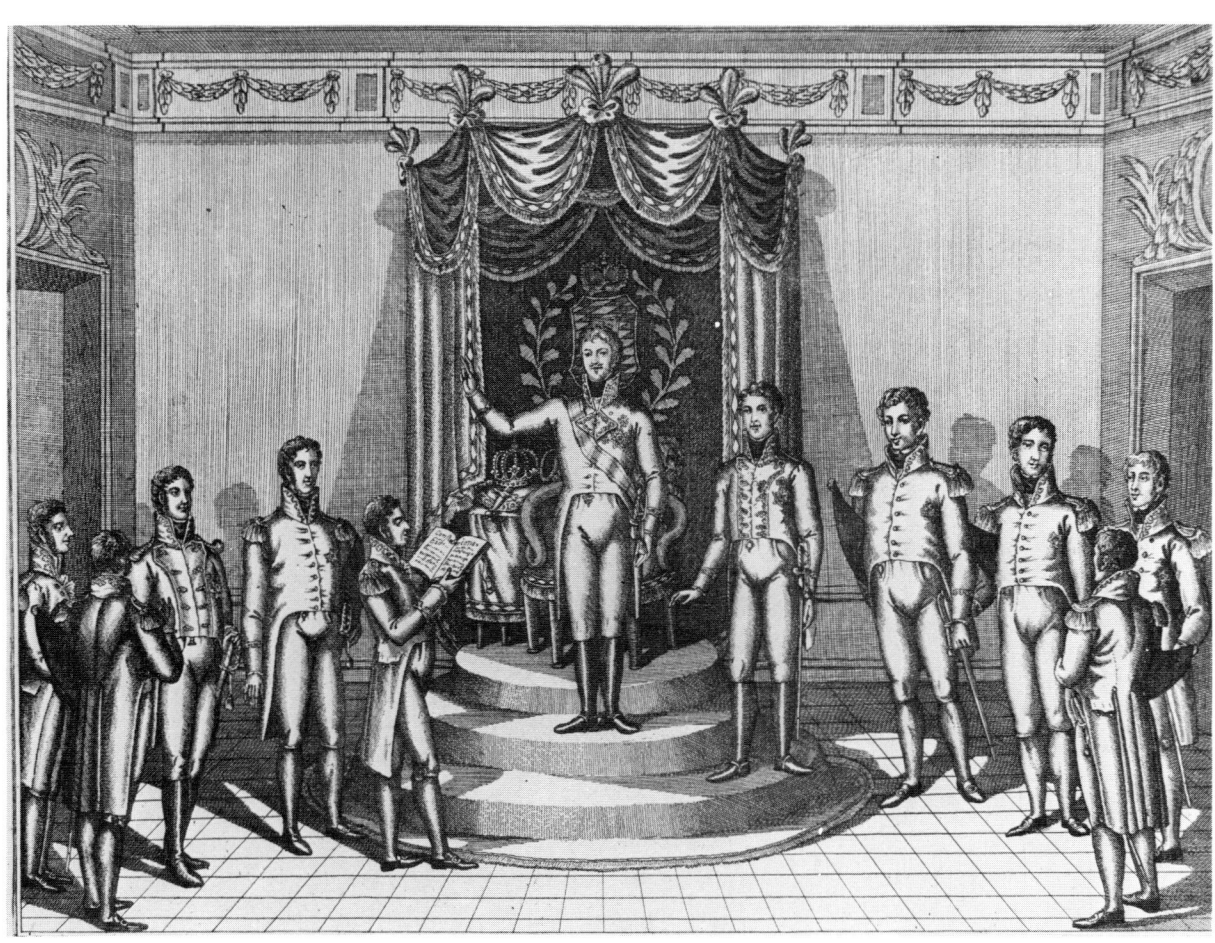

Ludwig I. König von Bayern, schwört zu München in der königlichen Residenz im Beisein der Minister und ersten Staatsbeamten am 19. Oktober 1825 den heiligen Eid der Verfassung

Regierungs- und Intelligenz-Blatt für das Königreich Bayern.

Nro. 40.

München, Montags den 24. October 1825.

Inhalt.

Regierungs-Antritts-Verkündungs-Patent Sr. Majestät des Königs Ludwig von Bayern.

---

ter und die Verfassung, auf die der König seine rechte Hand legt. Die Umschrift lautet: TRITT DIE REGIERUNG DES LANDES AN. Im Abschnitt: AM 13 OCTOBER|1825. Der Rand ist geriffelt. Der Kopf des Königs auf der Vorderseite ist wie der Stempel der Rückseite von dem Stempelschneider C. Voigt, der seinen Namen deutlich lesbar neben den Halsabschnitt gesetzt hat. Darunter steht die Wertangabe: ZEHN EINE FEINE MARK.

Neben diesen offiziellen Prägungen kommen auch Proben des Entwurfs von Stiglmaier vor. Auf der Rückseite tragen sie die Umschrift: BESCHWÖRT DIE VERFASSUNGS URKUNDE. Im Abschnitt: AM 19TEN OCTOBER | 1825. Die erhabene Randschrift ergibt die Wertangabe: ZEHEN EINE FEINE MARK, dazwischen befinden sich Verzierungen. Das Stück kommt auch mit glattem Rand vor, der nach Kurt Jaeger „durch Abdrehen der erhabenen Randschrift erzielt wurde, wobei die Randschrift noch teilweise zu erkennen ist".

Literatur: AKS 112 und 113 (Probe), Davenport 555, Jaeger 31 und Proben III, Wittelsbach 2721

21

Geschichtskonventionstaler auf die Verdienste von Reichenbach und Fraunhofer 1826

Metall: Silber, Rohgewicht: 28,06 g, Feingewicht: 23,38 g, Feingehalt: 833 ‰, Durchmesser: 38 mm

Der Schlußsatz des die Geschichtskonventionstaler-Prägung in Bayern anregenden Berichts des königlichen Konservators Franz von Streber vom 16. Juni 1827 über die „Ausmünzung von historischen Denkmünzen" hatte gelautet: „Ein gewöhnlicher bayerischer Conventionsthaler mit Fraunhofers oder Reichenbachs Bildnis auf der Rückseite würde ihren Namen durch ganz Europa tragen, Jahrhunderte hindurch erhalten und selbst für den König ein Monument seyn." Tatsächlich veranlaßte König Ludwig I. dann als eine der ersten Prägungen einen Geschichtskonventionstaler auf die Verdienste des großen Mechanikers Reichenbach und des weltberühmten Optikers Fraunhofer. Die Münze zeigt die Köpfe der beiden Gelehrten einander gegenüber. Darüber steht zweizeilig DEM VERDIENSTE SEINE | KRONEN, darunter ebenfalls zweizeilig das Todesjahr 1826 und die Namen REICHENBACH + FRAUNHOFER.

Georg Friedrich Reichenbach wurde am 24. August 1771 zu Durlach in Baden als Sohn eines Schlossermeisters geboren. Der Vater kam 1772 als Stuckbohrmeister der kurpfälzischen Stuckbohrerei zunächst nach Heidelberg und bald darauf nach Mannheim. In der aufblühenden Residenz des prachtliebenden, auf Förderung der Wissenschaft, Pflege der Literatur und Kunst, Belebung von Handel und Industrie eifrig bedachten Kurfürsten Carl Theodor von der Pfalz erhielt der junge Reichen-

bach die erste Erziehung. Schon früh wurde er durch seinen Vater zu praktischen Arbeiten angeleitet, und bereits mit elf Jahren soll er eine Bohrmaschine technisch verbessert haben, indem er an dem Bohrer ein Häkchen anbrachte, das die Bohrspäne gleich mit dem Bohrer zurücknahm.

Als Fünfzehnjähriger trat er in die neugegründete kurfürstliche Militärakademie in Mannheim ein. Weitere Anregungen zu mechanischen Arbeiten erhielt Reichenbach auf der für die damalige Zeit hervorragend eingerichteten Sternwarte des Kurfürsten. Durch den Hofastronom Abbé Barry und den ebenfalls an der Sternwarte tätigen Ingenieurgeographen Henry wurde sein Interesse für die Astronomie und astronomische Instrumente geweckt.

In Gilbert's Annalen der Physik schrieb Reichenbach 1821 einen Aufsatz über die Erfindung seiner Kreisteilungsmethode: „Schon in meiner Jugend, als ich auf der Kriegsschule zu Mannheim die theoretische Bildung erhielt und von meinem Vater in den Nebenstunden zur praktischen Arbeit beständig angehalten wurde, fühlte ich eine große Neigung zur Astronomie; vorzüglich aber interessierten mich die astronomischen Instrumente. Ich hatte schon eine dunkle Ahnung, daß sie mancher Verbesserung fähig wären; besonders schienen mir die damals gebräuchlichen Instrumente viel zu groß zu sein, und ich glaubte, gestützt auf meine damals mikroskopischen Augen, daß, wenn man die Instrumente verschärft, sie sich bei gleicher oder selbst erhöhter Wirkung viel kleiner müßten machen lassen, indem dann besonders ihre Veränderung durch Flexibilität und Dilation sehr bedeutend vermindert werden würde. Doch dieses waren nur unzusammenhängende Ideen, welche der Gedanke, daß der große Ramsden*), wenn solches anginge, es gewiß schon würde ausgeführt haben, immer wieder verwischte. In den Jahren 1789 und 1790 verfertigte ich in meinen Nebenstunden, nach einem englischen Muster, einen Spiegelsextanten von 9 Zoll Halbmesser, zu dessen Vollendung ich mir selbst eine Theilmaschine machen mußte. Hierbei erst lernte ich die großen Schwierigkeiten in Verfertigung astronomischer Instrumente recht kennen, hatte aber dennoch die große Freude, daß die Beobachtungen mit meinen vollendeten Sextanten mit denen des englischen gut zusammenstimmten; niemals war die Abweichung über eine Minute groß." Dieses erste von Reichenbach gefertigte Instrument befindet sich heute im Deutschen Museum in München.

Auf Empfehlung des Hofastronomen Barry und Sir Benjamin Thompson, des nachmaligen Graf Rumford, wird Reichenbach vom Kurfürsten zu einem zweijährigen Aufenthalt nach England zum Studium des dortigen Maschinenwesens geschickt. In England wurde er sowohl in der praktischen Mechanik wie in der Meßkunst weiter ausgebildet. Die Engländer galten damals als führend in der Eisenerzeugung und im Maschinenbau, vor allem aber auf dem Gebiet der Dampfmaschinen.

1793 ernannte Kurfürst Carl Theodor den jungen Reichenbach zum Artillerieleutnant der bayerischen Armee, und 1800 erhielt er sogar mit 28 Jahren das Patent eines Hauptmannes der Ouvriercompagnie des Fußartillerieregiments. Trotz starker dienstlicher Inanspruchnahme gründete der Offizier ein Institut zur Verfertigung mechanischer Instrumente. Er erfand eine Kreisteilungsmaschine, die die besten Teilmaschinen der Welt übertraf.

Am 20. August 1804 schloß er zur Auswertung seiner

Georg von Reichenbach (1771–1826)

---

*) Jesse Ramsden (geb. 1735 in Salterhebble bei Halifax in Yorkshire, gest. 1800 in Brighton), britischer Optiker und Feinmechaniker. Entwickelte das nach ihm benannte Okular für astronomische Fernrohre und geodätische Meßinstrumente.

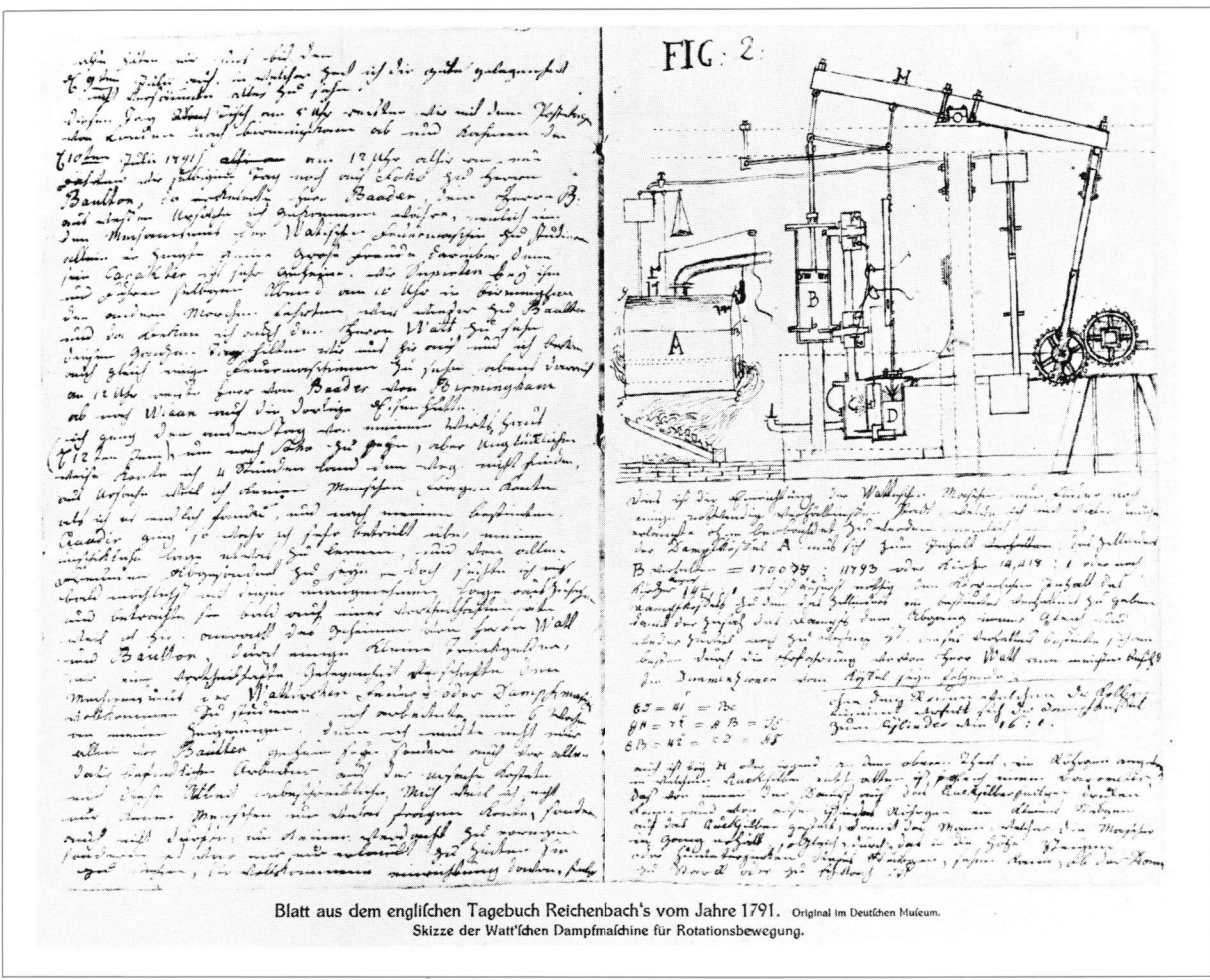

FIG. 2.

Blatt aus dem engliſchen Tagebuch Reichenbach's vom Jahre 1791. Original im Deutſchen Muſeum.
Skizze der Watt'ſchen Dampfmaſchine für Rotationsbewegung.

Ideen mit R. Utzschneider und Liebherr den Gesellschaftsvertrag für ein gemeinsames „mechanisches Institut". 1809 wurde der optische Teil nach Benediktbeuern verlegt und dort unter Fraunhofers Leitung gestellt. Das Mutterinstitut erhielt von da ab „einen ungeahnten Aufschwung, und der Ruf von Reichenbachs unübertrefflichen Leistungen verbreitete sich bald über ganz Europa. Die vorzüglichsten Sternwarten eiferten, in den Besitz Reichenbachscher Instrumente mit Fraunhoferschen Gläsern zu gelangen, und es sind damit nacheinander die Observatorien zu Prag, Warschau, Pest, Ofen, Wien, Paris, Uppsala, Dorpat, Kopenhagen, Mailand, Neapel, Mannheim und München ausgestattet worden" (ADB, 1888).

Es kann hier unmöglich auf alle Erfindungen und Verbesserungen von Meßinstrumenten durch Reichenbach eingegangen werden. Zusammenfassend aber läßt sich feststellen, daß er der praktischen Astronomie die Vorteile einfacher, leichter, sicherer und genauer Beobachtung verschaffte und ihren Hauptapparat auf nur wenige Instrumente zurückgeführt hat, die ausnahmslos von ihm eine neue und verbesserte Anordnung und Ausführung erfuhren, wie der Meridiankreis, das Passageninstrument, das Aequartoreale und der astronomische

24

Theodolith. Daneben hat Reichenbach der Landvermessungskunde besondere Aufmerksamkeit gewidmet. In der Allgemeinen Deutschen Biographie wird 1888 festgestellt: „Die von Utzschneider gegründeten, von Reichenbach und Fraunhofer geleiteten Institute sind wahre Werkstätten mathematisch-mechanischen Scharfsinns gewesen und haben durch die allgemeine Verbreitung ihrer Präcisionsinstrumente München zum vornehmsten Sitz mechanisch-optischer Technik gemacht."

Joseph von Fraunhofer wurde am 6. März 1787 in Straubing geboren. Sein Vater war ein in sehr bescheidenen Verhältnissen lebender Glasermeister. Als der Knabe mit elf Jahren seine Mutter und mit zwölf Jahren seinen Vater verlor, wurde er 1799 durch seinen Vormund zu einem Spiegelmacher nach München in die Lehre gegeben. Auf einer Sonntagsschule erhielt er Unterricht im geometrischen Zeichnen, und es wird berichtet, daß er für geringes Geld auf einem Trödelmarkt ein Lehrbuch der Elemente der Geometrie erwarb, das er in den späten Abendstunden eifrig studierte. Doch weder der Meister noch die Meisterin hatten für seine Lernbegierde Verständnis.

Erst eine schwere Katastrophe, nämlich der Einsturz von zwei Häusern im Thierekgäßchen am 21. Juli 1801 brachte für Fraunhofer die Wende. Als er als einziger Bewohner nach vierstündiger gefahrvoller Arbeit lebend aus den Trümmern gerettet werden konnte, erhielt er von Kurfürst Maximilian Joseph IV. – dem späteren König Max. I. Joseph – ein Geldgeschenk in Form von 18 Dukaten. Außerdem wurde er dem Herrscher persönlich vorgestellt und konnte dabei seine Wünsche vortragen.

So begann sein regelmäßiger Unterricht erst im Schuljahr 1801/02. Bei der Abschlußprüfung am 1. September 1805 wird er unter den 86 Gesellen und 238 Lehrlingen seiner Klasse als Preisträger aufgeführt.

Schon bald nach dem Unfall hatte Fraunhofer die Bekanntschaft des Optikers J. Niggl gemacht und durch diesen vom Schleifen der Brillengläser erfahren. So erwarb er u.a. von dem Geldgeschenk des Königs eine Glasschneidemaschine und hat sich in der Folgezeit intensiv mit dem Schleifen von optischen Gläsern beschäftigt.

Sein besonderes Interesse galt der Lösung der Pro-

Joseph von Fraunhofer (1787–1826)

bleme der praktischen Optik. Durch seine reiche Erfindungsgabe wurde er zu dem berühmtesten und verdienstvollsten Optiker seiner Zeit, der vor allem durch seine Entdeckungen über die Eigenschaften des Lichtes der Forschung neue Wege eröffnete. Der beobachtenden Astronomie schuf er durch die Herstellung dioptrischer Teleskope hervorragende Hilfsmittel. Im Alter von 20 Jahren wurde er zu dem von Reichenbach & Utzschneider gegründeten Institut als Optiker zur Anfertigung geodätischer und astronomischer Instrumente beigezogen. Eine seiner ersten Aufgaben war dort die Verbesserung sogenannter „achromatischer Fernröhren".

Damals gelang zwar die Herstellung schwach vergrößernder Fernrohre. Bei stärkeren Vergrößerungen konnten jedoch trotz Anwendung der gleichen Theorie und unter Benützung der gleichen Technik in der Praxis keine brauchbaren Resultate erzielt werden. Fraunhofer gelang die Lösung, und durch die von ihm konstruierten Teleskope und Meßinstrumente wurde eine neue Epoche der beobachtenden Astronomie eingeleitet. Zugleich wurde

№.

München den 15. August 1824

mit Anschluß der Ordens-Gesetze.

Civil-Verdienst-Orden

der Baierischen Krone.

Der Großkanzler

An Herrn Joseph Fraunhofer, Mitglied der kgl. Akademie der Wissenschaften

Eurer Wohlgebohrnen

ertheile ich mit besonderm Vergnügen die Nachricht, daß Seine Majestät der König Dieselbe zum Ritter allerhöchst Ihres Civil-Verdienst-Ordens zu ernennen geruht haben. Mit diesem Merkmale der königlichen Gnade werden Eure Wohlgeborne die belohnende Überzeugung erhalten, daß des Königs Majestät Sie jenen Männern beyzählen, welche durch Auszeichnung in ihrem Wirkungskreise sich um den vorzüglichen Dank des Vaterlandes verdient gemacht haben.

Meinem aufrichtigen Glückwunsche füge ich die Versicherung meiner vorzüglichen Hochachtung bey.

Auf königlich besonderen allerhöchsten Befehl

Ringel

Mitteilung der Aufnahme Joseph von Fraunhofers in den Civil-Verdienst-Orden der Bayerischen Krone am 15. August 1824 die Physik des Lichtes durch eine der folgenreichsten Entdeckungen, die nach dem Entdecker bezeichneten „Frauenhoferschen dunklen Linien des Sonnenspectrums" erweitert.

In den Denkschriften der Münchener Akademie der Wissenschaften für die Jahre 1814 und 1815 ist ein Bericht über die Entdeckungen von Fraunhofer enthalten. In einem Zeitraum von nur sieben Jahren war es ihm gelungen, wesentliche neue Erkenntnisse für die praktische Optik zu finden: „Das Problem der Achromatie war in großer Vollendung zur Lösung gebracht, durch scharfsinnig erdachte Constructionen war das neue dioptrische Telescop zu den exactesten astronomischen Messungen verwendbar gemacht, die Grenzen des Ermeßlichen am Fixsternhimmel waren unter Anwendung Fraunhoferscher Instrumente erweitert" (ADB, 1878).

Die physische Optik verdankt dem unermüdlichen Forschungstrieb Fraunhofers aber noch eine zweite fundamentale Erweiterung durch die Bestimmung der Wellenlänge der verschiedenen Farben des Lichtes. Mehr als ein Jahrhundert lang hatte man die von Grimaldi im Jahre 1666 gemachte Entdeckung der Beugung des Lichtes beim Brechen an der Kante eines Körpers nur als eine bemerkenswerte Modifikation des Lichtes bezeichnet. Die Forschung begnügte sich mit einem Blatt Papier und einer Lupe als Meßapparate der Erscheinung.

Fraunhofer erfand Beobachtungsmethoden, die eine exakte Messung und die Bestimmung der Wellenlängen der Farben des Lichtes ermöglichten. Die Ergebnisse dieser Forschungen hat Fraunhofer in den Denkschriften der Münchener Akademie der Wissenschaften für die Jahre 1821 und 1822 in der Abhandlung „Neue Modificationen des Lichtes durch gegenseitige Einwirkung und Beugung der Strahlen" mitgeteilt.

Im Alter von nur 39 Jahren starb Fraunhofer am 7. Juni 1826 an den Folgen eines Brustleidens. Trotz der dürftigen Schulbildung gelang es ihm, durch Selbstunterricht zum berühmten Forscher zu werden, dem es dann in 19 Lebensjahren gelang, „eine Reform in praktischer Optik zu begründen, für die beobachtende Astronomie neue Bahnen zu eröffnen und die Physik des Lichtes durch epochemachende Entdeckungen zu bereichern" (ADB, 1878).

König Ludwig I. ehrte die Leistungen Reichenbachs und Fraunhofers nicht nur durch die Verleihung des Civil-Verdienst-Ordens der Bayerischen Krone, sondern gab 1826 nach beider Tod, um ihre Verdienste unsterblich zu machen, eine Denkmünze mit der Umschrift „DEM VERDIENSTE SEINE I KRONEN" heraus. Die Vorderseite trägt das bei den Geschichtskonventionstalern übliche Bild des Königs von C. Voigt. Der Rand ist geriffelt.

Literatur: AKS 114, Davenport 558, Jaeger 32, Wittelsbach 2723

Grab Joseph von Fraunhofers (gest. 1826) auf dem alten Südlichen Friedhof in München

Geschichtskonventionstaler auf die Verlegung der Ludwig-Maximilians-Hochschule von Landshut nach München 1826

Metall: Silber, Rohgewicht: 28,06 g, Feingewicht: 23,38 g, Feingehalt: 833,3 ‰, Durchmesser: 38 mm

Die Ludwig-Maximilians-Universität in München hat ihren Namen von Herzog Ludwig dem Reichen, der sie 1472 in Ingolstadt stiftete, und von Kurfürst Maximilian Joseph IV. (dem späteren König Max I. Joseph), der sie im Jahre 1800 von Ingolstadt nach Landshut verlegte. Das Installationsfest der Universität am 4. bis 7. Juni 1802 bekundete den Dank an den Kurfürsten, daß er „die Universität aus ihrem eisernen Käfig befreit, und in die reizvollen Isargefilde übersetzte". Doch die Hochschule mußte später noch einmal umziehen.

Bereits in seiner langen Kronprinzenzeit hatte sich Ludwig I. ein umfassendes kulturpolitisches Programm zurechtgelegt. Sofort nach seinem Regierungsantritt (1825) ging er an die Verwirklichung seines Planes „Verlegung der Universität in die Haupt- und Residenzstadt München sowie eine Studienreform, dadurch bedingt die Neugestaltung der Akademie und der Mittelschule, also des gesamten Organismus des Bildungswesens".

Als Kultusminister berief König Ludwig I. 1825 Eduard von Schenk, einen tüchtigen und vielseitigen Juristen, mit dem ihn die Neigung zum Dichten zusätzlich verband. Schenk hat den organisatorischen und personellen Neubau der neuen wissenschaftlichen Zentrallandesanstalt maßgeblich beeinflußt. Während der König ständig auf Einsparungen drängte, berücksichtigte er auch Zukunftsperspektiven: „Bayern kann nie in politischer Hinsicht ein entscheidendes Übergewicht unter den Staaten des deutschen Bundes behaupten; aber in geistiger Hinsicht kann München . . . sich einen herrschenden Einfluß auf ganz Deutschland begründen, wenn es . . . zum Sammelpunkt der deutschen Jugend geworden ist."

So wurde die bereits 1764 von G. Lori aufgestellte Forderung der „Übersetzung der hohen Schule von Ingolstadt nach München" 1826 endlich durchgeführt. Ludwig I., der selbst in Göttingen – der damals größten Universität Norddeutschlands – studiert hatte, wollte in Süddeutschland eine ähnliche Bildungsanstalt einrichten, „die mit Recht als Zierde des Südens, wie jene als Zierde des Nordens in dem gemeinsamen deutschen Vaterland betrachtet werden könne". Er kümmerte sich deshalb persönlich nicht nur um die Professoren, sondern auch um die Gebäude und Mittel.

Als Gebäude wählte Ludwig I. den Teil des weitläufigen ehemaligen Jesuiten-Kollegiums, der bislang von dem königlichen Kadetten-Korps benutzt worden war. Dieser Trakt war so groß, daß er außer den gewöhnlichen Hörsälen und sonstigen Räumen im oberen Stockwerk noch die gesamte Universitätsbibliothek mit 160 000 Bänden in 28 Fächern aufnehmen konnte. Die Universitätsbibliothek sollte von der großen Staatsbibliothek getrennt und nur für die unmittelbaren Zwecke der Universität geführt und verwaltet werden.

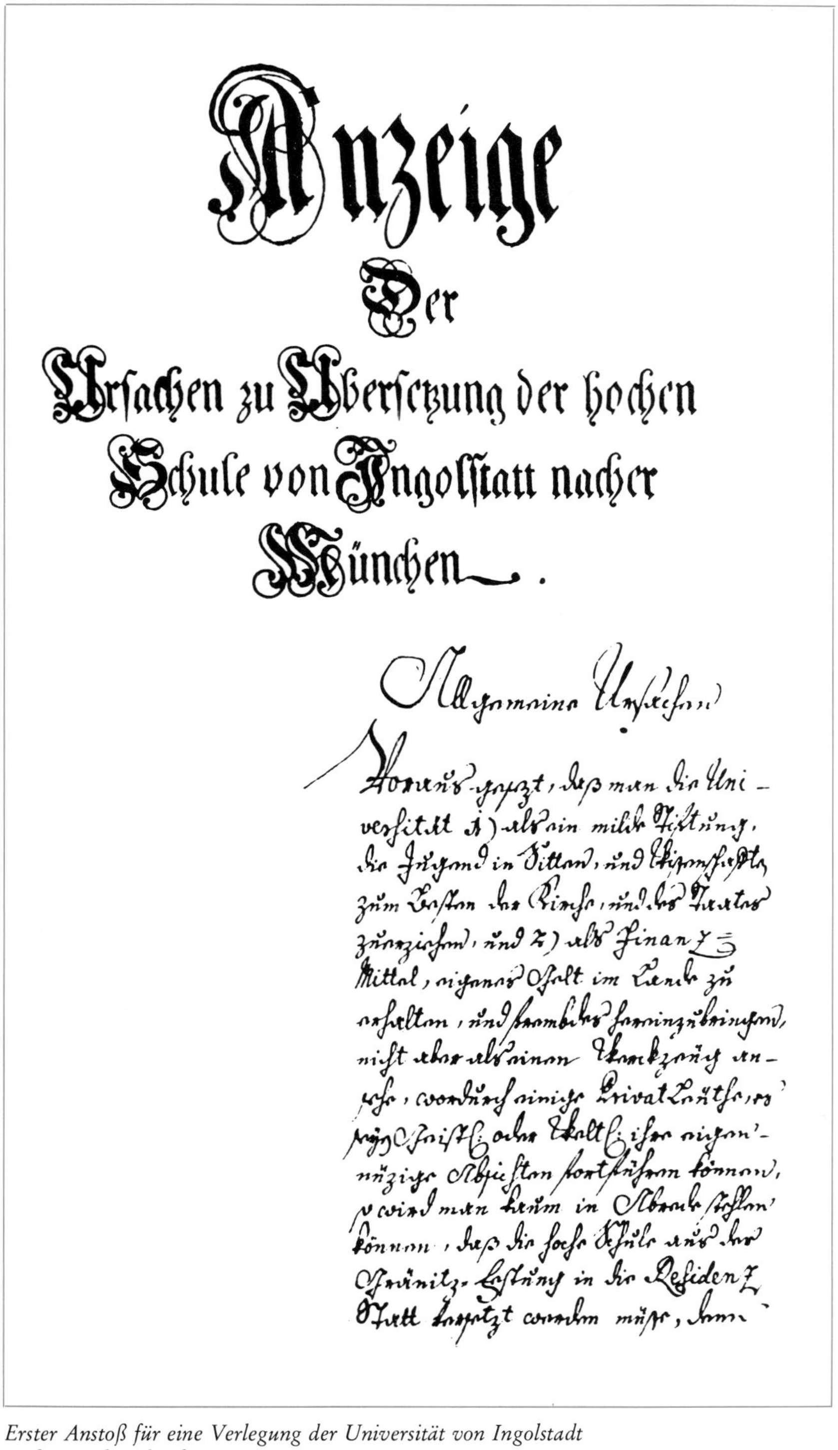

Anzeige
der
Ursachen zu Übersetzung der hohen
Schule von Ingolstatt nacher
München.

Allgemeine Ursachen.

Voraus gesezt, daß man die Universitätt 1) als ein milde Stiftung, die Jugend in Sitten, und Wissenschaften zum Besten der Kirche, und des Staates zu erziehen, und 2) als Finanz-Mittel, eigenes Geld im Lande zu erhalten, und fremdes hereinzubringen, nicht aber als einen Handwerkszeug ansehe, wodurch einige Privat Leuthe, es seyen Geistliche oder Weltliche, ihre eigennüzige Absichten fortführen können, so wird man kaum in Abrede stellen können, daß die hohe Schule aus der Gräniz-Festung in die Residenz Statt versezt werden müsse, denn

Erster Anstoß für eine Verlegung der Universität von Ingolstadt nach München durch G. Lori, 1764

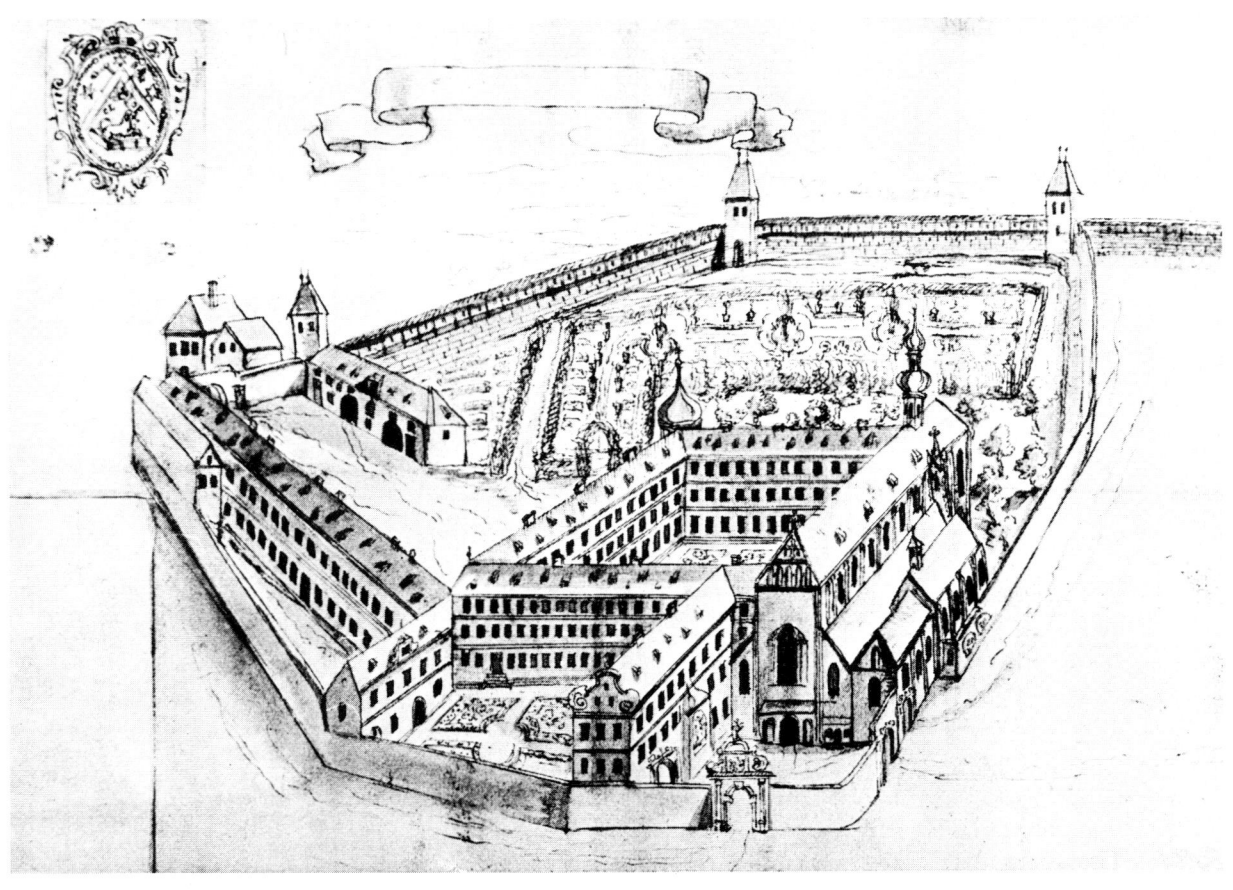

Gesamtansicht des Dominikanerklosters in Landshut 1722. Zeitgenössische getuschte Federzeichnung

Durch diese weise Wahl des Königs wurden in einem würdigen Bauwerk die Akademie der Wissenschaften und der Künste, die Hof- und Staatsbibliothek, das Kupferstich-Kabinett, das Reichsarchiv und fast alle höheren Anstalten untergebracht. Durch eine Kommission wurden die der Universität gehörenden Sammlungen für Zoologie, Botanik, Mineralogie und Chemie in Landshut in Empfang genommen und nach München gebracht. Außerdem brachte die Universität ein mathematisches und physikalisches Kabinett, einen chirurgischen und einen pharmazeutischen Apparat, eine Modellsammlung, eine Gemäldesammlung, ein Kupferstich-Kabinett sowie die zum sogenannten „Orbanschen Saale"

gehörigen wissenschaftlichen und artistischen Gegenstände nach München mit.

Diese Sammlungen blieben zwar Eigentum der Universität, wurden aber nach Möglichkeit mit den übrigen Sammlungen des Staates in unmittelbare Verbindung gebracht. Die Mitglieder der Akademie, die bereits in München vorhandene größere Sammlungen dieser Art verwalteten, wurden zu Professoren der Universität ernannt.

Durch diese Maßnahmen war die nach München verlegte Universität gegenüber allen ähnlichen Instituten sowohl hinsichtlich ihrer Einrichtungen als auch vor allem bezüglich der Erhaltung und Vermehrung der wissenschaftlichen Sammlungen bevorzugt, denn für die nicht der Universität gehörenden Anstalten sorgte der Staat. Die Sternwarte, das anatomische Theater, das chemische Laboratorium, der botanische Garten, die Kabinette für Naturgeschichte, Physik, Polytechnik, Münz- und Altertumskunde wurden von der Akademie der Wissenschaften erhalten und aus ihren Mitteln weiter ausgebaut, so daß die Universität ihre eigenen Finanzen für den unmittelbaren Zweck der Forschung und der Lehre verwenden konnte.

„Der Zusammenfluß vieler Menschen, der größere geistige Verkehr und Austausch der Ideen, welcher dort stattfindet, sowie die Erweiterung nützlicher und erhebender Bekanntschaften wirken besser als Vorschriften und Gesetze auf das frühzeitige Eintreten des Studierenden in das geregelte Leben seiner Mitbürger und ziehen ihn von den veralteten Universitäts-Gebräuchen ab, die den Anforderungen der Zeit nicht mehr genügen und die

den herrschenden Sitten und Ordnungen der übrigen Klassen der Gesellschaft nur zu oft sich störend entgegensetzten . . .“ (G. Krämer, 1834).

Ludwig I. sorgte sich auch für das bessere Unterkommen der akademischen Lehrer und der Studierenden. Er ernannte zu diesem Zweck eine eigene Kommission, der auch Mitglieder des Magistrats angehörten und die die Aufgabe hatte, Einwohner ausfindig zu machen, die bereit waren, den übersiedelnden Universitätsangehörigen Wohnung und Kost zu geben. Neben den bereits in Landshut ernannten Professoren versuchte der König auch berühmte Gelehrte von außerhalb Bayerns für München zu gewinnen.

Nachdem auf diese Weise die Verlegung vorbereitet worden war, wurde durch Allerhöchstes Rescript vom 3. Oktober 1826 die offizielle Versetzung der Ludwig-Maximilians-Universität von Landshut nach München

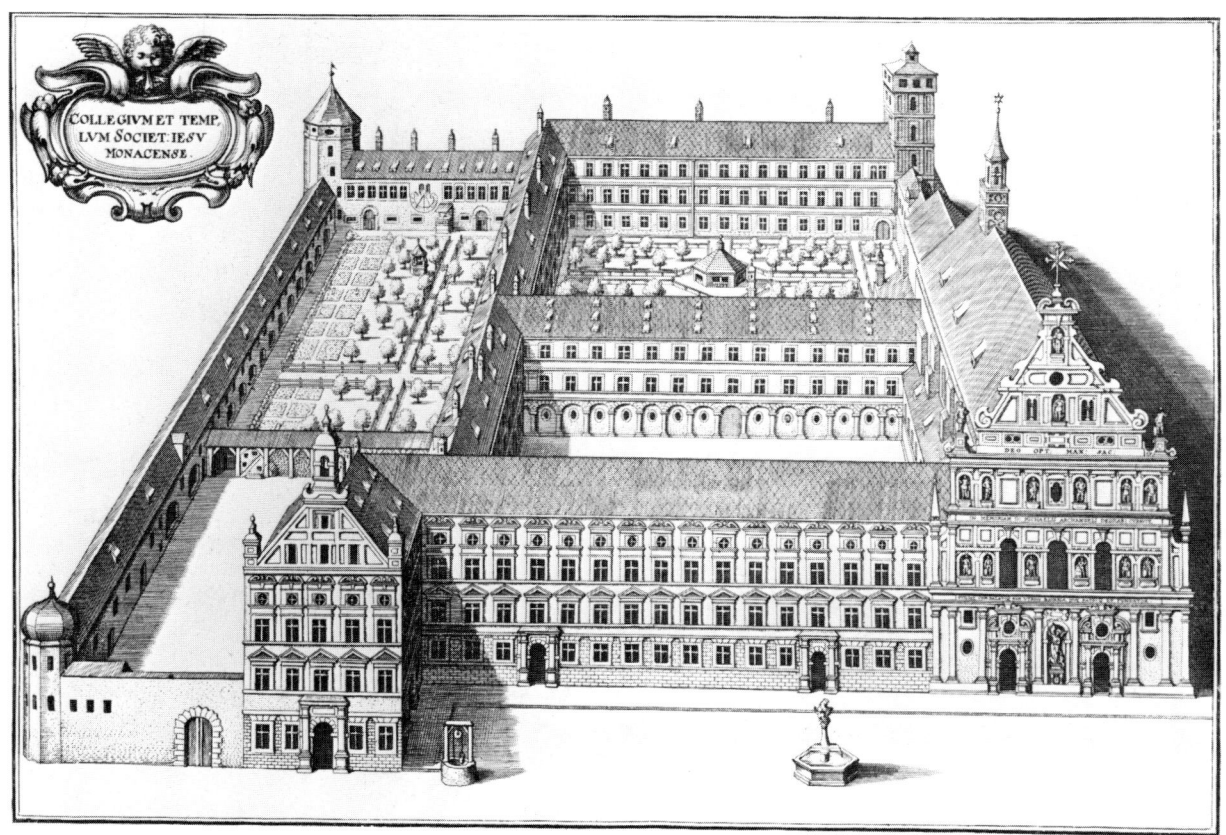

Altes Jesuitenkolleg in München nach Merian; Sitz der Akademie

verfügt und gleichzeitig ihre Eröffnung auf den 15. November festgelegt. Die königliche Verordnung mit der vollständigen Organisation ist im Regierungsblatt für das Königreich Bayern vom 4. Oktober 1826 bekanntgemacht worden.

Ferner wurden die Statuten der Universität durchgesehen und nach den Bedürfnissen der Zeit und der Wissenschaft berichtigt. Um auch „den äußeren Anstand und die Würde der Hochschule mehr zu heben", erhielten die ordentlichen Professoren eine besondere Amtskleidung für dienstliche Gelegenheiten und öffentliche Feierlichkeiten. Für die theologische Fakultät wurde damals ein schwarzer, für die juristische und staatswirtschaftliche ein hellscharlachroter, für die medizinische ein grüner und für die philosophische Fakultät ein dunkelblauer Talar mit Barett von gleicher Farbe bestimmt.

Die neue Amtstracht der Professoren: Schwarze Talare der theologischen Fakultät

Der Rektor aber erhielt eine goldene Kette mit einer das Brustbild des Königs zeigenden Medaille. Außerdem wurde ihm die sogenannte „Hoffähigkeit" erteilt und damit der Repräsentant der Wissenschaft den edelsten Geschlechtern im Land ebenbürtig gemacht.

Am 15. November 1826 wurde in der Hofkirche zum heiligen Michael ein festlicher Gottesdienst gehalten, an dem sämtliche Professoren in der neuen Amtstracht teilnahmen. In feierlichem Zug kehrten sie dann in die Aula zurück, wo der Monarch dem Eröffnungsakt der Universität beiwohnte.

Schon nach wenigen Jahren gehörte die Ludwig-Maximilians-Universität sowohl durch ihre große Studentenzahl, wie auch durch die Berühmtheit ihrer Professoren zu den ersten Hochschulen Deutschlands. Das Vorlesungsverzeichnis des Winter-Semesters 1833/1834 wies 160 Lehrveranstaltungen auf, die von 60 ordentlichen und außerordentlichen Professoren und 15 Privatdozenten vorgetragen wurden. Vom Lehrkörper gehörten 7 Professoren der theologischen, 9 der juristischen, 10 der staatswirtschaftlichen, 16 der medizinischen und 33 der philosophischen Fakultät an. Es gab eigene Lehrstühle für die hebräische, arabische, aramäische, armenische, chinesische, persische und Sanskrit-Sprache. Bei der Eröffnung des Winter-Semesters waren über 1600 Studierende eingeschrieben, unter ihnen 150 Ausländer (im damaligen Sprachgebrauch alle Studenten von außerhalb des Königreiches Bayern).

Die Verlegung der Ludwig-Maximilians-Universität war für König Ludwig I. Anlaß zur Ausgabe eines eigenen Geschichtskonventionstalers, der 1833 erschien. Diese Münze trägt auf der Vorderseite wieder das bekannte Kopfbild des Monarchen mit der Umschrift: LUDWIG I. KŒNIG VON BAYERN. Die Rückseite zeigt, von einem Lorbeerkranz umschlungen, auf dem links und rechts die Wappen der Städte Landshut und München (Modell 1808 – 1834) angebracht sind, die zehnzeilige Inschrift: VERLEGUNG ı DER ı LUDWIG ı MAXIMILIANS ı HOCHSCHULE ı VON ı LANDSHUT ı NACH ı MÜNCHEN ı 1826. Der Rand ist geriffelt.

Literatur: AKS 115, Davenport 559, Jaeger 34, Wittelsbach 2725

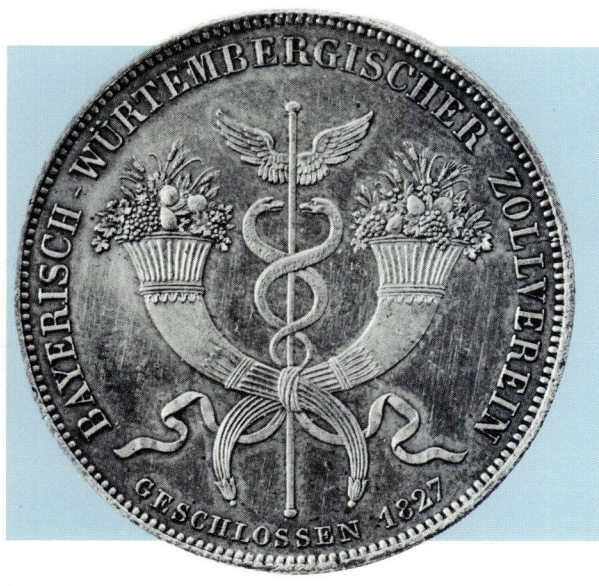

Geschichtskonventionstaler auf den Abschluß des Bayerisch-Württembergischen Zollvereins 1827

Metall: Silber, Rohgewicht: 28,06 g, Feingewicht: 23,38 g, Feingehalt: 833,3 ‰, Durchmesser: 38 mm

Nach der Thronbesteigung galt das besondere Interesse König Ludwigs I. dem Ackerbau und der Industrie Bayerns. Dabei hatte er schon frühzeitig erkannt, daß der Handel mit der Kultur in engem Zusammenhang steht und beide eine wohltätige Wechselwirkung ausüben. Um nun den Handel zu unterstützen, ließ er ein Zollsystem aufstellen, das die Einfuhr ausländischer Waren beschränkte. Dadurch sollten die anderen Mächte veranlaßt werden, ihrerseits die Ausschließung bayerischer Fabrikate aufzugeben und sich mit Bayern zu gemeinschaftlichen Interessen zu vereinen. Es wurden deshalb hohe Zölle eingeführt, die nicht nur die Einkünfte der Staatskasse sichern sollten, sondern vor allem den Zweck hatten, die Nachbarstaaten zu veranlassen „zur gemeinschaftlichen Erleichterung des Verkehrs mit Bayern in Unterhandlung zu treten" (Krämer, 1834).

Als erster Nachbarstaat gab die Königlich Württembergische Regierung zu erkennen, daß sie durchaus geneigt sei, sich mit dem bayerischen System zu verbinden. Ein vorläufiger Vertrag über die gegenseitige Erleichterung des Handels und Verkehrs wurde bereits am 12. April 1827 unterzeichnet. Er leitete einen neuen Abschnitt im deutschen Zollwesen und im Verhältnis der deutschen Staaten untereinander ein.

Nachdem der „Vertrag über die gegenseitigen Zoll- und Handels-Verhältnisse zwischen den Königreichen Bayern und Württemberg" am 16. April 1827 von König Ludwig I. von Bayern und am 17. April 1827 durch den König von Württemberg ratifiziert worden war, wurde er in seinem vollen Wortlaut im Regierungsblatt Nr. 17 für das Königreich Bayern veröffentlicht.

Der vorläufige Vertrag sah die Verbindung der beiden Länder zu einem gemeinsam Zoll- und Handelssystem vor. Die Zollämter an den gemeinschaftlichen Gebietsgrenzen sollten aufgelöst, die Eingangs-, Durchgangs- und Ausgangszölle an den äußeren Grenzen der beiden Staaten künftig nur mehr für gemeinsame Rechnung erhoben werden. Außerdem verzichteten die beiden Regierungen für die Dauer des Vertrages auf alle einseitigen Handelsverträge mit dem Ausland.

Zur Erleichterung des Grenzverkehrs wurde in Artikel V. folgendes bestimmt:

„1. Die Natur-Erzeugnisse, welche die Gränz-Unterthanen von ihren im Gebiete des andern Staats gelegenen Grundbesitzungen an Gärten, Weinbergen, Feldern, Wiesen und Waldungen gewinnen, und unmittelbar über die Gränze bringen, sollen gegenseitig vom Ausgangs- und Eingangs-Zolle frey seyn.

2. Eben so sollen die Naturalgülten und Zehenten aller Art, welche die Unterthanen, Stiftungen, Communen und Staats-Cassen des einen Staates aus dem andern zu beziehen haben, gegenseitig von allem Ausgangs-

und Eingangszolle frey seyn, wenn sie mit der nöthigen Legitimation begleitet sind.

3. Gegen Anmeldung bey den Zollstätten und Entrichtung einer Stempelgebühr von einem Kreuzer für den Zollschein sind gegenseitig vom Eingangs- und Ausgangszolle frey:

a) ohne Beschränkung der Quantität: Abfälle, als Scherben, Schnitze, Späne etc., Bäume zum Verpflanzen, Dachschiefer, Dünger, Erde, Thon-, Mergel-, Torf-, auch Töpfer- und Ziegel-Erde, Erze (rohe, im unverpackten Zustande), Fische (gemeine), Frösche und Krebse, Futterkräuter, Geflügel (zahmes), Gemüse (frische), Gras, Gips (ungemahlen und gemahlen), Grummet, Hornspäne (nicht Hornspitzen), Kalk- und Kalksteine, Kies, Kleyen, Mühlsteine, Reben, Sand, Schaftheu, Schilf, Spreu, Steine zum Bauen und für Unterhaltung der Straßen, Stroh, Ziegelarbeiten (gemeine);

b) mit Beschränkung auf eine Trag-, Karren- oder Handschlitten-Last: Bienenkörbe, Brechen, Bücheln, Butter (unverpackt), Eicheln, Eyer, Erdengeschirr (gemeines), Garten-Sämerey, Holzschuhe, Holzwaaren (gemeine und unverpackt), Käse (gemeine oder s. g. Handkäse), Kartoffeln, Klauen, Knochen, Kübler- und Kiefer-Arbeiten (Fässer, Butten etc.), Kümmel, Milch, Nüsse, Obst (frisches), Rechen (hölzerne), Schleifsteine im unverpackten Zustand, Schmalz (im unverpackten Zu- und Schmeerstande), Schreiner-Arbeiten (gemeine), Spanferkel, Speck, Spindeln und Spuhlen, Spinnrocken (gemeine), Wagner-Arbeiten, Wetzsteine im unverpackten Zustande, Wildpret, Wurzelgewächse (frische), Ziegen (junge);

c) mit Beschränkung auf ein Stück: Gefährte zum Oekonomie-Dienste, unbeschlagen und beschlagen;

d) mit Beschränkung auf zehn Pfund bayerischen Gewichts und im unverpackten Zustande: Bäcker-Waaren (gemeine), Flachs, Hanf, Wolle, Garne von Flachs, Hanf u. Wolle;

e) mit Beschränkung auf $1/2$ Schäffel bayerischen Maaßes: Feldfrüchte (rauhe und glatte), Hülsenfrüchte, Mehl.

4. In allen Fällen, wo der Zoll von den Waaren, die ein Zollpflichtiger mit sich führt, nicht mehr als 4 Kreuzer beträgt, sollen sie ganz zollfrey bleiben, jedoch ebenfalls zur Anmeldung bey den Zollstätten verbunden seyn.

5. Das Getraide, das Holz, die Lohe und die Oelsaamen, welche die Gränz-Unterthanen des einen Staats zum Abgerben, Vermahlen, Schneiden und Stampfen auf die Mahl-, Säge-, Lohe- und Oel-Mühlen des anderen Staates bringen und in abgegerbten Kernen oder in Mehl, in geschnittener Waare, gestampfter Lohe und Oel wieder zurückführen, sollen gegenseitig vom Eingangs- und Ausgangszolle frey seyn.

6. Das Vieh, welches die Unterthanen des einen Staates, während der Weidezeit auf die Alpen und Weiden des andern Staates ein- und zurücktreiben, wird bey den Zollstätten blos vorgemerkt, und ist zollfrey. Nur von dem Ab- und Zugang wird bey dem Zurücktriebe die betreffende Zollgebühr erhoben, insofern nicht nachgewiesen werden kann, daß die abgängigen Stücke auf der Alpe oder Weide durch Unglück zu Verlust gegangen sind. Die während der Weidezeit gewonnenen Produkte, als: Milch, Butter, Schmalz, Käse, Wolle etc. unterliegen nur der Hälfte des Ausgangszolles, und im Heimathstaate sind sie vom Eingangszolle ganz frey.

7. Die Gegenstände, welche die beyderseitigen Gränzbewohner zur Verarbeitung, Veredlung, Ausrüstung und Ausbesserung einander sich zubringen, sollen bis zu Quantitäten von 1 Centner oder bis zu ganzen Stücken in beyden Staaten, gegen Entrichtung einer Stempelgebühr von 1 Kreuzer für den auszustellenden und wieder einzuziehenden Zollschein, vom Eingangs- und Ausgangszolle ganz frey seyn, jedoch unter der Bedingniß, daß die Gegenstände der Verarbeitung, Veredlung u.s.w. in angemessenen Terminen bey den nämlichen Zollstätten ein- und wieder ausgebracht werden.

8. Das Vieh, welches aus einem der beyden Staaten auf die Viehmärkte des andern Staats gebracht wird, unterliegt den gegenseitigen Ausgangs- und Eingangs-Zöllen nur in soweit, als es auf den Märkten verkauft wird. Das unverkaufte und wieder zurückgehende Vieh soll gegen Entrichtung der Stempelgebühr von 1 Kreuzer für den Vormerkschein vom Eingangs- und Ausgangs-Zolle ganz frey seyn, wenn es zum Behufe der Controle über die nämliche Zollstätte ein- und wieder ausgeführt, und mit dem Vormerkscheine begleitet wird.

9. Die an der Gränze wohnenden Gewerbsleute, welche mit den von ihnen selbst verfertigten Artikeln die Gränzmärkte des andern Staates besuchen, haben zwar bey der Eintrittszollstätte von den Waaren den ganzen Eingangszoll zu deponiren, erhalten aber denselben von

Staats-Ministerium des K. Hauses und des Aeussern.

(Die gegenseitigen Zoll- und Handels-Verhältnisse zwischen den Königreichen Bayern und Württemberg betr.)

Der in Abschrift folgende Vertrag über die gegenseitigen Zoll- und Handels-Verhältnisse zwischen den Königreichen Bayern und Württemberg ist, nachdem derselbe unterm 16. d. M. von des Königs Majestät und unterm 17. von Sr. Königl. Maj. von Württemberg ratificirt worden, durch das Regierungsblatt alsbald zur öffentlichen Kunde zu bringen.

München den 22. April 1827.

Graf v. Thürheim.

Durch den Minister,
der General-Sekretär,
v. Baumüller.

Amtliche Bekanntmachung vom 22. April 1827 über den Abschluß des Bayerisch-Württembergischen Zollvereins im Regierungsblatt für das Königreich Bayern den unverkauft zurückgehenden Parthien wieder ganz zurück, wenn

a) der Ort sowohl, wo die Gewerbsleute wohnen, als der Ort des Marktes, den sie besuchen, von der gemeinschaftlichen Gränze nicht über drey Stunden entfernt ist;

b) die Gewerbsleute bey den Zollstätten durch obrigkeitliche Zeugnisse nachweisen, daß die Gewerbsartikel, die sie zu Markte bringen, von ihnen verfertigt seyen;

c) die Einfuhr und Wiederausfuhr der Waaren bei einer und der nämlichen Zollstätte geschieht;

d) die Eigenthümer ihre Waaren entweder selbst verführen, oder wenn diese durch Fuhrleute besorgt werden, wenigstens persönlich begleiten, und den Zollbehandlungen selbst beiwohnen, endlich,

e) die unverkauften Waaren längstens am dritten Tage nach dem notorisch beendigten Markte wieder zurückgehen."

Am 18.. Januar 1828 wurde dann der vorläufige Vertrag durch einen Grundvertrag abgelöst, und am 31. Januar 1828 bestätigte der königl. Staatsminister des Äußeren, Freiherr von Zentner, auf Befehl König Ludwigs I., „daß Wir zwischen Uns und des Königs von Württemberg Mayestät abgeschlossenen Grundvertrag über die gegenseitigen Zoll- und Handelsverhältnisse beider Staaten seinem ganzen Inhalte nach genehm halten und ratificiren, auch versprechen, denselben genau zu beobachten und beobachten zu lassen".

Zur Erinnerung an den Abschluß des Bayerisch-Württembergischen Zollvereins ließ König Ludwig I. einen Geschichtskonventionstaler prägen mit seinem Bild auf der Vorderseite und zwei sich umschlingenden Füllhörnern auf der Rückseite, die gegen die Mitte, Segen ausgießend, sich vereinigen und sich an einem Merkurstab (caduceus) festhalten. Die Umschrift lautet: BAYERISCH-WÜRTEMBERGISCHER ZOLLVEREIN. | Unten: GESCHLOSSEN 1827. Der Rand ist geriffelt.

Literatur: AKS 116, Davenport 559, Jaeger 34 und Proben IV. (Jahreszahl: MDCCCXXVII), Wittelsbach 2725

Allegorische Zeichnung von L. Koenig auf den Handel und Verkehr im Königreich Bayern unter König Ludwig I. Entstanden 1887.

Geschichtskonventions- taler auf die Stiftung des Ludwigs-Ordens 1827

Metall: Silber, Rohgewicht: 28,06 g, Feingewicht: 23,83 g, Feingehalt: 833,3 ‰, Durchmesser: 38 mm

Der Ludwigs-Orden wurde von König Ludwig I. am 25. August 1827 gestiftet, und zwar wurde er „zur Belohnung von Hof- und Staatsdienern für in Rechtschaffenheit und Fleiß und zur Allerhöchsten Zufriedenheit zurückgelegte 50 Dienstjahre" verliehen. Feldzugsjahre wurden bei der Berechnung der 50 Dienstjahre doppelt gezählt. Das „Ehrenkreuz" des Ludwigs-Ordens erhielten nur Personen im Rats- oder Offiziersrang. Das Kreuz war aus Gold. Ab 1918 wurde es nur noch silbervergoldet verliehen.

Die für Personen niederen Ranges bestimmte „Ehrenmünze" war zunächst ebenfalls aus Gold. Infolge des Metallmangels konnten sie ab Februar 1918 nur noch aus vergoldetem Silber geprägt werden, wobei das Gewicht der Goldmünzen durch zusätzliche Dicke erreicht wurde. Insgesamt sind 50 Stück aus vergoldetem Silber hergestellt worden.

Das auf dem Geschichtskonventionstaler abgebildete Ehrenkreuz hat geschweifte, spitz zulaufende Arme, darüber eine 15 Millimeter hohe offene Königskrone, durch deren Reichsapfel der Tragering gesteckt ist. Im runden, weiß emaillierten Mittelschildchen der Vorderseite steht der in Gold geprägte, rechts gewendete Kopf des Stifters. Auf den Armen ist die geprägte Inschrift LUDWIG | KOENIG | VON | BAYERN verteilt. Die Rückseite zeigt im weißen Mittelschildchen die sechs-

zeilige Inschrift FÜR | EHREN | VOLLE | FÜNFZIG | DIENSTES | JAHRE, umgeben von einem grünen Eichenlaubkranz. Auf den Armen steht geprägt AM 25. AUGUST 1827. Die Größe beträgt 65 x 40 Millimeter. Das anfänglich 40 Millimeter und später 35 Millimeter breite Band war karmesinrot und hatte je 4 Millimeter breite hellblaue Ränder.

Die goldene Schaumünze brachte auf der Vorderseite ebenfalls den nach rechts gewendeten Stifterkopf mit der

Ehrenkreuz des Ludwigs-Ordens

Inhalt.

Königliche Allerhöchste Verordnung. Bestimmungen über die Errichtung des Ludwigs-Ordens.

Bekanntmachungen: Pfarreyen- und Beneficien-Verleihungen und Bestätigungen. — Dienstes-Nachrichten. — Verleihung des Verdienst-Ordens der Bayerischen Krone. — K. Genehmigung zur Annahme fremder Dekorationen. — K. Consulat zu Leipzig. — Die theologische Preisfrage für das Jahr 18$\frac{26}{27}$ betr.

Königliche Allerhöchste Verordnung.

(Bestimmungen über die Errichtung des Ludwigs-Ordens betr.)

Ludwig,
von Gottes Gnaden König von Bayern,
ꝛc. ꝛc.

Nachdem Wir Uns entschlossen haben, zur Belohnung derjenigen Diener, die nach Unserem in diesem Jahre eintretenden allerhöchsten Geburts- und Namenstage das fünfzigste Dienstjahr vollenden, einen Orden unter der Benennung: „Ludwigs-Orden" zu stiften, so wollen wir die hier nachstehenden näheren Bestimmungen erlassen:

Umschrift. Die Rückseite trägt in einem dichten Kranz aus Eichenlaub die sechszeilige Inschrift FÜR | EHREN | VOLLE | FÜNFZIG | DIENSTES | JAHRE. Am unteren Rand steht klein AM 25. AUGUST 1827.

Ehrenmünze des Ludwigs-Ordens

Der erste Stempel der Ehrenmünze wurde von dem Münzmedailleur Stiglmaier geschnitten. 1847 fertigte der Medailleur Ries dann neue Stempel. Die Inschriften wurden von ihm in etwas größeren, dem Zeitgeschmack gemäß veränderten Buchstaben ausgeführt. Die Größe der Ehrenmünze für 50 Dienstjahre mißt 40 Millimeter. Das Gewicht in Gold bzw. in vergoldetem Silber beträgt etwa 35 Gramm. Das 35 Millimeter breite Band entsprach dem des Ehrenkreuzes.

Der Geschichtskonventionstaler von 1827 zeigt das Ordenskreuz (ohne die Krone) zwischen einem Lorbeer- und einem Eichenzweig. Darüber die Inschrift: STIFTUNG DES LUDWIGS-ORDENS. Unten die Jahreszahl. Der Rand ist geriffelt. Stücke mit den Buchstaben C.V. unter dem Kopf auf der Vorderseite sind Proben.

Literatur: AKS 118, Davenport 560, Jaeger 35 und Proben V. (nur C.V. statt C. VOIGT unter dem Kopf des Königs), Wittelsbach 2727

Geschichtskonventionstaler auf die Stiftung des Theresien-Ordens 1827

Metall: Silber, Rohgewicht: 28,06 g, Feingewicht: 23,38 g, Feingehalt: 833,3 ‰, Durchmesser: 38 mm

Die Gattin König Ludwigs I., Königin Therese, stiftete am 12. Dezember 1827 für Damen des bayerischen Adels den Theresien-Orden. Auch dieses Ereignis wurde auf einem Geschichtskonventionstaler festgehalten.

Die Anwärterinnen des Theresien-Ordens mußten christlich, ehelich geboren und ledig sein. Die zwölf Präbenden (Pfründen) des Ordens beliefen sich auf je 300 Gulden oder, seit 1875, auf 516 Mark.

Neben den „präbendierenden Damen" gab es Ehrendamen; auch Ausländerinnen wurden von der Königin in ihrer Eigenschaft als Großmeisterin mit Billigung des Königs zu Ehrendamen ernannt. Sie hatten keinen Anspruch auf Präbenden und mußten eine Aufnahmegebühr von 220 Gulden (später 600 Mark) entrichten. Inländerinnen zahlten als Aufnahmegebühr 55 Gulden (seit 1876: 100 Mark). Am 2. Januar 1904 wurde diese Gebühr auf 200 Mark erhöht.

Seit dem 10. März 1858 gab es genaue Bestimmungen über das Tragen des Ordenskreuzes und des Ordenskleides aus „hellblauem Seidenstoff".

Das goldene Ordenskreuz der Damen und Ehrendamen hat Malteser-Form; die himmelblau emaillierten Arme sind weiß gerandet, zwischen den Armen liegen die bayerischen Wecken; darüber ist die 25 Millimeter hohe Königskrone angebracht. Auf dem runden, weiß emaillierten Schildchen steht der goldene Buchstabe T

in gotischer Schrift, umfaßt von einem grünen Rautenkranz auf der Vorderseite. Die Rückseite trägt die goldene Jahreszahl 1827 mit der Umschrift: UNSER LEBEN SEY GLAUBE AN DAS EWIGE. Die Größe ist 72 x 40 Millimeter.

Das 40 Millimeter breite Band ist weiß mit je einem 4 Millimeter breiten himmelblauen Seitenstreifen, dem in einem Abstand von 0,5 Millimeter ein weiterer himmelblauer Streifen von 8 Millimeter folgt. Der weiße Rand hat dann noch eine Breite von 15 Millimeter.

Neben diesem in Doppelschleife an der linken Schulter getragenen Band wurde zur großen Robe noch ein Schulterband von rechts nach links angelegt. Die himmelblauen Seitenstreifen dieses 72 Millimeter breiten Schulter-Bandes rechneten 5 bzw. 15 Millimeter, die weiße Kante 2 Millimeter.

Der Geschichtskonventionstaler zeigt das Ordenskreuz zwischen zwei Lilienzweigen. Darüber die Inschrift: DIE KOENIGIN VON BAYERN STIFTET DEN THERESIEN ORDEN. Unten die Jahreszahl. Der Rand ist gerifft.

Literatur: AKS 119, Davenport 561, Jaeger 36 und Proben VI. (Umschrift: STIFTUNG DES THERESIEN-ORDENS AM 12 DEC. 1827), Wittelsbach 2728 und 2729 (Probe)

Königin Therese von Bayern (Prinzessin von Sachsen-Hildburghausen, 1810 Kronprinzessin, 1825 Königin von Bayern). Lithographie von G. Kraus 1837. Photo: Stadtmuseum München

Damenorden gestiftet von der Königin Therese

Geschichtskonventionstaler „Segen des Himmels" auf die acht Kinder König Ludwigs I. mit Königin Therese 1828

Metall: Silber, Rohgewicht: 28,06 g, Feingewicht: 23,38 g, Feingehalt: 833,3 ‰, Durchmesser 38 mm

„Hoch bedroht war der uralte Stamm, der von so vielen hundert edlen und kräftigen Reisen nur noch einen einzigen Zweig enthielt, aber der Himmel wachte über der geheiligten Eiche Wittelsbach, und unter seinem Segen blühte aufs Neue ein reicher, ungetheilter Gipfel des Baumes auf . . .", schreibt G. Krämer 1834 in seiner Einführung zur historischen Erläuterung des sogenannten „Königlichen Familien-Talers."

Dieser zur „Erinnerung an den segensreichen Königlichen Familienstand" im Jahre 1828 geprägte Geschichtskonventionstaler zeigt auf der Vorderseite das Brustbild des Königs mit der Umschrift LUDWIG I. KOENIG VON BAYERN. Auf der Rückseite trägt er in einem großen Medaillon das Brustbild Ihrer Majestät der Königin mit der Umschrift THERESE KOENIGIN I VON BAYERN.

Von Zeitgenossen wird uns die Königin Therese „als eine Frau von bezaubernder Anmut und Liebenswürdigkeit geschildert. Ausgezeichnet durch eine wahrhaft junonische Gestalt, edlen Wuchs und würdevolle Haltung, wirkte ihre ganze Erscheinung geradezu majestätisch. Ihr schönes ovales Antlitz mit der hochgewölbten Stirn, ihren großen, seelenvollen Augen, der regelmäßig gebildeten wohl proportionierten Nase, den schön geschwungenen Augenbrauen, den dunklen, kastanienbraunen Locken, dem sanftgeschwellten freundlichen

Munde, die vollen weichen, schön geformten Arme und Hände, die breite volle Büste mit den herrlichen Linien des Halses und des Nackens, ihr ganzes Wesen voll Gesundheit, Frische und Biegsamkeit gewähren das Bild vollendeter schöner Weiblichkeit, ebenso durch Liebreiz gewinnend und bezaubernd, als durch angeborenen Adel Hochachtung und Ehrfurcht gebietend" (H. Reidelbach, 1888).

Das Brustbild der Königin ist kreisförmig von kleineren Medaillons mit den Brustbildern sämtlicher lebender Kinder umgeben, und zwar auf der linken Seite die der vier Prinzen und auf der rechten die der vier Prinzessinnen jeweils nach dem Alter von oben nach unten geordnet.

Bei den Knaben ist dementsprechend links oben das Bild des Kronprinzen Maximilian (geb. 28. November 1811), darunter Prinz Otto Friedrich Ludwig (geb. 1. Juni 1815), dann Prinz Luitpold Karl Joseph Wilhelm Ludwig (geb. 14. März 1821) und schließlich Prinz Adalbert Wilhelm Georg Ludwig (geb. 19. Juli 1828). Die Abkürzung „V. B." steht für „VON BAYERN".

Die Bilder der Mädchen beginnen mit der Prinzessin Mathilde Caroline Wilhelmine Charlotte (geb. 30. August 1813), es folgen Adelgunde Auguste Charlotte Caroline Elisabethe Amalie Sophie Marie Louise (geb. 19. März 1823), Hildegard Louise Charlotte Therese Frie-

41

derike (geb. 10. Juni 1825) und Alexandra (geb. 26. August 1826). Nicht mitaufgeführt ist die am 7. Oktober 1816 geborene und bereits am 12. April 1817 verstorbene fünfte Tochter Theodolinde Charlotte Louise Marie Anne Therese.

Über den neun Köpfen der königlichen Familie steht die von König Ludiwg I. persönlich angeordnete Umschrift SEGEN DES HIMMELS. Im Abschnitt die Jahreszahl 1828. Daneben kommen in einigen Exemplaren auch Stücke mit der Aufschrift DES HIMMELS SEGEN

Bild von König Ludwig I. von Bayern und Königin Therese mit den vier Prinzen und vier Prinzessinnen (v.l.n.r.: Otto, Mathilde, Luitpold, Maximilian, Alexandra, Adalbert, Adelgunde, Hildegard)

und der römischen Jahreszahl MDCCCXXVIII vor. Obwohl sich die beiden Familientaler äußerlich gleichen, handelt es sich um von zwei verschiedenen Künstlern angefertigte Stempel.

Die Familientaler mit der Rückseiten-Aufschrift DES HIMMELS SEGEN zeigen keine Künstlersignatur und rühren von J. B. Stiglmaier, der zunächst von König Ludwig I. den Auftrag hatte, die Entwürfe und Stempel für die ersten Geschichtskonventionstaler zu liefern. Die weniger seltenen Stücke mit der Aufschrift SEGEN DES HIMMELS tragen deutlich sichtbar unter dem Bild des Königs auf der Vorderseite den Namen des Künstlers C. Voigt.

G. Krämer führt als Zeitgenosse dazu aus (1834): „Es war ein ebenso schöner, als frommer und mit Begeisterung von treuer Untertanen-Liebe in der Verwirklichung aufgenommener Gedanke unseres guten Königs, sein Fa-

Therese Charlotte Louise Friederike Amalie wurde als herzogliche Prinzessin von Sachsen-Altenburg am 8. Juli 1792 geboren. Das königliche Paar heiratete am 12. Oktober 1810. Ludwig I. starb am 29. Februar 1868 in Nizza. Königin Therese war bereits 1854 verstorben.

Von den auf dem Familientaler abgebildeten Kindern wurde der Kronprinz Maximilian Joseph durch Verzicht seines Vaters am 20. März 1848 als Maximilian II. König von Bayern. Er verheiratete sich mit Marie (1825 bis 1889), Tochter des Prinzen Wilhelm von Preußen. Sein ältester Sohn war der am 25. August 1845 geborene spätere König Ludwig II. (reg. 1864 bis 1886). König Maximilian II. starb am 10. März 1864 in München. Durch Heirat wurden die Prinzessin Mathilde Großherzogin von Hessen-Darmstadt, Prinzessin Adelgunde Herzogin von Modena und Prinzessin Hildegard die Gemahlin des Erzherzogs Albrecht von Österreich.

Stempel von Johann Baptist Stiglmaier mit Rs.-Aufschrift DES HIMMELS SEGEN und römischer Jahreszahl

Stempel von Carl Friedrich Voigt mit Rs.-Aufschrift SEGEN DES HIMMELS und arabischer Jahreszahl

milien-Glück und den Segen des Himmels, der so sichtbar mit Ihm und Seinen erlauchten Familien-Gliedern ist, dadurch zum Gemeingute der Nation zu machen, daß der im Jahre 1828 geprägte, unter der Benennung Königlicher Familien-Thaler näher bekannt gewordene historische Conventions-Thaler die theuren Züge Seiner edlen Gemahlin und Seiner erhabenen Kinder trägt."

Zur Genealogie der Wittelsbacher ist zu ergänzen, daß König Ludwig I. von Bayern (Taufname Ludwig Karl August) aus der Ehe des Königs Maximilian I. Joseph von Bayern mit Wilhelmine Auguste von Hessen-Darmstadt (vermählt am 30. Oktober 1785) stammte. Er wurde am 25. August 1786 geboren und folgte seinem Vater am 13. Oktober 1826 auf den Thron. Seine Gattin

Der Vergleich der beiden Prägungen ist interessant, denn obwohl sie fast gleichzeitig entstanden, lassen sie doch die unterschiedlichen Künstler und auch ein Stückchen Kunstentwicklung erkennen. Der Aufbau des Arrangements ist in beiden Fällen völlig gleich und geht auf die Vorstellungen König Ludwigs I. zurück. Der Gedanke, mehrere Miniaturmedaillons auf einer Seite zu vereinen, findet sich übrigens schon früher auf anderen Münzen und Medaillen. So gibt es u. a. eine Schaumünze des alten Augsburger Meisters Anton Stadler von 1620, die in zierlicher und sorgfältiger Ausführung die Bilder von sieben Mitgliedern des Hauses Wittelsbach vereinigt, in der Mitte Kurfürst Maximilian I. (siehe Münz- und Medaillenkatalog Wittelsbach Nr. 787).

Betrachtet man nun die Porträts der Prinzen und Prinzessinnen näher, so wird in der Vergrößerung ein Unterschied in der künstlerischen Auffassung deutlich:

Links: Bild des Prinzen Luitpold im Stempel von J. B. Stiglmaier
Rechts: Bild des Prinzen Luitpold im Stempel von C. F. Voigt

Während der Medailleur Voigt sichtlich den Traditionen des auf Stilisierung im Sinne der Antike gerichteten Klassizismus folgt, speziell dem archaisierenden Empire-Stil, hat sich Stiglmaier als freier Bildhauer eine selbständigere Ausdrucksweise erlaubt. Obwohl der Stempel von Stiglmaier zeitlich früher angefertigt wurde, gibt er die Natur bereits unmittelbarer wieder. Auch den Kopf König Ludwigs I. und der mit dem Diadem dargestellten Königin Therese hat Voigt mehr dem antiken Ideal angenähert.

Stiglmaier hat das Porträt des Königs reicher modelliert und mit lebendigeren Linien gezeichnet. Die Königin ist bei ihm in ihrer natürlichen Anmut ohne äußere Zeichen ihrer Würde dargestellt. Der Knabenkopf des jugendlichen Prinzen Luitpold erscheint bei Stiglmaier mit natürlich gekraustem Haar und „in der Profillinie individueller, den Proportionen des Knabenalters besser entsprechend, ja ein oder den anderen von den bekannten Zügen glaubt man in dieser frühesten Darstellung bereits vorgebildet zu finden" (Heinrich Buchenau, 1901). Bei Voigt ist die Haartracht des Prinzen stilisiert.

Der „Familien-Thaler" war der erste bayerische Geschichtskonventionstaler. Auch wenn andere Gedenkmünzen dieser Serie frühere Jahreszahlen (1825: Regierungsantritt; 1826: Reichenbach-Fraunhofer, Verlegung der Ludwig-Maximilians-Universität; 1827: Abschluß des Bayerisch-Württembergischen Zollvereins, Stiftung des Ludwigs- und des Theresien-Ordens) tragen, so sind diese Prägungen erst später ausgegeben worden. Bei den Jahreszahlen handelt es sich also nicht um das Ausgabejahr, sondern um das Datum des jeweiligen historischen Ereignisses, an das der Geschichtstaler erinnern sollte.

Dem Familientaler kommt deshalb unter den Geschichtskonventionstalern eine besondere Bedeutung zu. Daß er auch heute noch verhältnismäßig häufig im Handel vorkommt, ist weniger auf eine große Auflage als eher darauf zurückzuführen, daß er bereits unter König Ludwig I. von der Bevölkerung gesammelt und von den nachfolgenden Generationen gut aufbewahrt worden ist. Die Darstellung stieß auf großes Interesse und war auch sonst an historischen Ereignissen weniger bewanderten Personen verständlich.

Literatur: AKS 121, Davenport 561, Jaeger 36 und Proben VII. (DES HIMMELS SEGEN MDCCCXXVIII), Wittelsbach 2728 und 2733 (Probe)

Kronprinz Maximilian (geb. am 28. November 1811). Der älteste Sohn König Ludwigs I. von Bayern

Geschichtskonventions-taler auf die Einweihung der Verfassungssäule bei Gaibach 1828

Metall: Silber, Rohgewicht: 28,06 g, Feingewicht: 23,38 g, Feingehalt: 833,3 ‰, Durchmesser: 38 mm

Noch heute erhebt sich drei Kilometer nördlich vom Main- und Weinstädtchen Volkach auf einer kleinen Anhöhe zwischen Steigerwald und Main die 1828 zur Erinnerung an die bayerische Verfassung vom 26. Mai 1828 errichtete Konstitutionssäule von Gaibach. Auftraggeber des etwa 30 Meter hohen Monuments aus marmorähnlichem Randersacker Stein war der Graf Franz Erwein von Schönborn.

Gaibach ist jetzt ein Stadtteil von Volkach. Bis zu der Grundsteinlegung der Verfassungssäule war es ein wenig bekanntes unterfränkisches Städtchen in einer Mulde der fränkischen Mainhügel. Im 12. Jahrhundert wird erstmals in der Gegend ein Rittergeschlecht der Gubach erwähnt, das aber schon 1303 wieder aus den Lehensbüchern des Würzburger Bischofs verschwindet. 1492 waren die Zöllner von der Halburg im Besitz von Gaibach. Obwohl damals ein festes Bauwerk mit Mauern, Graben und Zwinger errichtet wurde, fiel die Burg 1525 im Bauernkrieg unter den Angriffen der Bauern von Gerolzhofen und Volkach.

Ende des 16. und im 17. Jahrhundert gehörte das Dorf Gaibach der reichsritterschaftlichen Familie Echter von Mespelbrunn, und zwar einem Bruder des bekannten Würzburger Fürstbischofs Julius. Er errichtete ein befestigtes Renaissance-Wasserschloß mit gewaltigen Kanonentürmen und Bastionen. 1651 schließlich fiel das

Schloß an Philipp Erwein von Schönborn, den Bruder des Würzburger Bischofs und Mainzer Kurfürsten Johann Philipp von Schönborn, der als Erzkanzler des Reiches den Frieden zu Münster und Westfalen schloß.

Um die Wende des 17. zum 18. Jahrhundert wurde das Schloß unter der Leitung von Leonhard Dientzenhofer zeitgemäß und repräsentativ umgebaut. Es entstanden zwei Gartenflügel und vor allem auch neue Fassaden mit einem großen, künstlich angelegten französischen Park. Die Innenräume aber wurden mit wertvollen Sammlungen ostasiatischen Porzellans, mit Gemälden, einer Bibliothek und Handschriften versehen.

In den zwanziger und dreißiger Jahren des 19. Jahrhunderts baute dann Graf Franz Erwein von Schönborn das Schloß nochmals um und gab ihm die heutige Gestalt. Der Wassergraben wurde zugeschüttet, die Bastionen geschleift und der französische Park in einen englischen umgewandelt. Auch das Innere des Schlosses wurde umgestaltet. Der Graf beschäftigte die bedeutendsten Künstler seiner Zeit, unter ihnen Thorwaldsen, Dannecker, Leeb, Aquati und Belloni. Bei der Schaffung und Ausgestaltung des Konstitutionssaales beriet der Münchner Hofbauintendant Leo von Klenze. Er erhielt auch den Auftrag zum Entwurf der Konstitutionssäule auf dem nahen Sonnenberg.

Graf Franz Erwein von Schönborn zählte zu dem im

ersten Drittel des 19. Jahrhunderts in Unterfranken durch liberale Anschauungen besonders hervortretenden „Dreigestirn der Verfassungsfreunde" (Dr. Max Domarus), zu dem auch Kronprinz Ludwig und der Würzburger Bürgermeister W. J. Behr gehörten. Franz Erwein Graf zu Schönborn (1776–1840) entstammte einer der standesherrlichen Familien Bayerns, die vor dem Ende des Heiligen Römischen Reiches Deutscher Nation 1806 in Reichsterritorien als Landesherren gewirkt hatten. Der Graf hatte jedoch nicht mehr selbst regiert, sondern im Jahre 1807 die ehemalige Reichsgrafschaft Wiesentheid von seinem Vater, dem letzten regierenden Grafen übernommen, der sich – verärgert über die politischen Veränderungen – nach Wien ins Privatleben zurückgezogen hatte. Der junge, begeisterungsfähige Graf nahm dagegen sofort eine positive Haltung zu Bayern ein und warb sowohl im Kreis seiner Standesgenossen als auch in breiten Volksschichten für ein gutes Verhältnis zu München (Dr. Max Domarus, 1971).

Als erster der Mediatisierten in Franken, d. h. der ehemals regierenden Fürsten und Grafen, unterzeichnete er am 16. Mai 1807 in Gaibach die Subjektionsurkunde für Bayern und verpflichtete sich, „alles das zu tun, was ein getreuer Untertan seinem rechtmäßigen Souverain schuldig und verpflichtet ist".

Ein Jahr später hatte er immer noch allein die Urkunde unterzeichnet, und der bayerische Generallandkommissar Graf Friedrich von Thürheim berichtete an König Maximilian I. Joseph: „Von den Mediatisierten in Franken hat bis jetzt nur der einzige Graf von Schönborn zu Wiesentheid, Franz Erwein, mir eine solche Subjektions-Urkunde zugestellt."

Zusammen mit Kronprinz Ludwig hatte sich Graf Franz Erwein dann während der Befreiungskriege gegen Napoleon zum aktiven Kampf zur Verfügung gestellt. In England lernten beide den freiheitlichen Geist der dortigen Verfassung kennen. Schließlich verbanden ihn mit dem späteren König Ludwig I. auch starke künstlerische Interessen. Zeitweise beschäftigten sie die gleichen Künstler wie Kobell, Stiglmaier, Schwanthaler, Peter Heß, Klenze, Ernst Klein, Stiehler und Quaglio.

Als erblicher Reichsrat gehörte Graf Franz Erwein von Schönborn der Ständeversammlung an. Um seiner Begeisterung über die bayerische Verfassung allgemein und sichtbar Ausdruck zu verleihen, beschloß er, den Jahrestag der Verfassung zu einem Festtag zu machen. Er plante deshalb auf einer freien Fläche in der Nähe von Gaibach ein großes Konstitutionsmonument zu errichten, um das sich jeweils am Jahrestag der Verfassung Zehntausende von Menschen zum festlichen Gedenken versammeln konnten. Es gelang ihm, für diesen Plan den Kronprinzen zu gewinnen.

Am dritten Jahrestag der Verfassung, dem 26. Mai 1821, wurde dann in Anwesenheit von Kronprinz Ludwig und seiner Gemahlin auf der Gaibacher Anhöhe der Grundstein für die Konstitutionssäule gelegt. Zu dieser Grundsteinlegung waren zahlreiche Mitglieder der Ständeversammlung, unter ihnen auch W. J. Behr, erschienen. Die Festansprache hielt der Bundestagsgesandte Arnold von Mieg. Der Münchner Maler Peter Heß hat die großartigen Szenen mit dem von Gruppen des Adels, des Nähr-, Wehr- und Gewerbestandes umgebenen Kronprinzen und dem Grafen Schönborn in einem großen Historienbild festgehalten.

Es dauerte dann sieben Jahre bis zur Vollendung des Denkmals. Kronprinz Ludwig hatte zwischenzeitlich (1826) selbst den Thron bestiegen, und sein Geburtstag, der 25. August, war Nationalfeiertag geworden. Deshalb wurde die feierliche Einweihung des Konstitutionsdenkmals in Gaibach vor seinem Geburtstag, am 23. August 1828 vorgenommen. Der erste Sekretär der Kgl. Hof- und Staatsbibliothek G. Krämer berichtete 1834 über den Ablauf des Festes: „Unter Kanonendonner, Glockengeläute und lauten Vivatrufen traf der König am 22ten August 1828 um 5 Uhr nachmittags zu Gaibach ein, wurde von dem Reichsrathe, Grafen von Schönborn, und den versammelten Gästen mit freudiger Ehrfurcht empfangen, und in die mit fürstlicher Pracht ausgeschmückten Appartements geführt. Gegen 6 Uhr begann die Mittagstafel. Zur Rechten seiner Majestät saß der Staatsminister des Innern und der Finanzen, Seine Excellenz Graf von Armansperg, zur Linken der beglückte Festgeber, Herr Graf von Schönborn. Das Gastmahl, bei welchem zwei Musik-Chöre im Vorsaal abwechselnd spielten, war mit äußerster Eleganz und Pracht angeordnet; ebenso imposant die Beleuchtung, die um 1/2 9 Uhr ihren Anfang nahm."

Der König fuhr dann von sämtlichen Gästen in einer Reihe glänzender Equipagen begleitet zu der Konstitutionssäule. Dort hielt in dem von etwa 30 000 Zuschauern

Die Konstitutions-Säule bei Gaibach. Entworfen und gezeichnet von Leo von Klenze. Lithographie von Carl Heinzmann. 510 x 392 mm. Photo: Staatliche Graphische Sammlung München

gebildeten Kreis der Reichsrat und Staatsminister Fürst von Wallerstein die Festansprache. Der Ortspfarrer aber verteilte „nach einigen eindringlichen Worten an die Jugend" an die in Volkstrachten der acht bayerischen Kreise gekleideten acht Jünglinge und acht Mädchen auf die Festlichkeit geschlagene Medaillen.

Im Archiv des Historischen Vereins von Unterfranken hat der Kgl. Studienlehrer Dr. G. J. Becker 1848 eine anschauliche Schilderung der weiteren Einweihungsfeierlichkeiten gegeben: „Während der Enthüllung der Verfassungssäule wurde nach der bekannten Melodie Rule Britannia ein von dem Regierungspräsidenten Eduard von Schenk (dem späteren Innenminister) gedichtetes Festlied gesungen. Dem hierauf in das Innere des Schlosses zurückkehrenden Zuge leuchteten von den umherliegenden Hügeln herab unzählige Freudenfeuer, und im Schloßgarten ergötzten das überraschte Auge sinnreich erfundene Transparente abwechselnd mit blendender Beleuchtung. Nicht lange verweilte man im Schlosse, sondern begab sich wieder zur Konstitutionssäule, auf deren Kandelaber sich inzwischen eine riesige Opferflamme entzündet hatte. Da nahm Seine Majestät der König den Zivildienstorden der bayerischen Krone von seiner Brust, um jene des Reichsrates, des Grafen von Schönborn, damit zu schmücken. Ein großes Feuerwerk endete das Fest, dessen nicht geringer Schmuck der Umstand ist, daß trotz der mehr als zwanzigtausend Köpfe zählenden Menschenmenge nicht die geringste Unordnung entstand.“

Die durch den Grafen von Schönborn verteilten Medaillen zeigen auf der Vorderseite die Konstitutionssäule mit der Jahreszahl MDCCCXXVIII und tragen auf der Rückseite die Worte: DER VERFASSUNG BAYERNS. IHREM GEBER MAXIMILIAN JOSEPH, IHREM ERHALTER LUDWIG ZUM DENKMAL!

Um den hochherzigen Patriotismus zu ehren, ließ König Ludwig I. den bekannten Geschichtskonventionstaler mit seinem Bild und der Umschrift: LUDWIG I. KOENIG VON BAYERN auf der Vorderseite und der Abbildung der Verfassungssäule sowie der Umschrift VERFASSUNGSSAEULE I ERRICHTET VOM GR. V. SCHOENBORN (und im Abschnitt) EINGEWEIHT 1828 auf der Rückseite prägen.

Am 12. Juni 1831 übersandte er ein Exemplar dieses Geschichtskonventionstalers dem Grafen Schönborn mit folgenden Worten zu: „Ich beeile mich, den ersten geprägten, die Verfassungssäule darstellenden Taler ihrem edlen Errichter zuzustellen. Ein inniger Verfassungsfreund schickt ihn einem anderen. Die Säule ist ein herrliches Denkmal, welches nach Jahrhunderten noch rühmlich von der Gesinnung dessen zeugen wird, dem sie

ihre Entstehung zu verdanken hat. Würde die Verfassung auch zur Verhinderung manches Wünschenswerten, manches Trefflichen mißbraucht, so bestimmt mir dieses die Überzeugung nicht, daß wesentlich heilsam sie sei, der ich bereits in den Tagen napoleonischer Zwangsherrschaft sowie nach errungener Befreiung für Verfassung lebhaft fühlte.“

Der Jahrestag der Bayerischen Verfassung am 27. Mai 1832 war wieder Anlaß zu einem Fest in Gaibach. Die vor etwa 5000 bis 6000 Teilnehmern gehaltene Rede des Würzburger Ersten Bürgermeisters W. J. Behr führte am 19. September 1832 zu seinem Sturz und am 24. Januar 1833 sogar zu seiner Verhaftung. Nach zweieinhalbjähriger Untersuchungshaft in München wurde Behr am 18. September 1835 vom Appellationsgericht in Landshut wegen Hochverrats und Majestätsbeleidigung zur Abbitte vor dem Bild des Königs und zu unbeschränkter Festungshaft verurteilt. Dabei wurde ihm u. a. auch seine Gaibacher Rede vom 27. Mai 1832 zum Vorwurf gemacht.

Graf Franz Erwein von Schönborn aber zog sich vom politischen Leben zurück und nahm aus Protest gegen die Maßnahmen des Königs nicht mehr an den Sitzungen der Reichsrätekammer teil. So sank die Konstitutionssäule in Gaibach, die er mit so großen Hoffnungen errichtet hatte, noch zu seinen Lebzeiten zu einem Monument der Vergangenheit herab und ist es bis in die Gegenwart geblieben.

Einem Aufruf der Bayerischen Einigung und der Bayerischen Volksstiftung folgend haben sich 1978 gut zweitausend bayerische Bürger zur 150-Jahr-Feier des „Sinnbildes der Stärke, Festigkeit und Dauer“ in Gaibach versammelt. So steht die Verfassungssäule heute „für ein freiheitlich verfaßtes Bayern, in dem wie in jedem Staat Ordnung herrscht, welcher wir zu gehorchen haben“ (Festansprache von Ministerpräsident Dr. h. c. Alfons Goppel, 1978). Der Rand der Geschichtskonventionstaler von 1828 ist geriffelt. Exemplare, bei denen die Steine der drei Stufen deutlich zuerkennen sind, sind Proben. Bei den endgültigen Prägungen sind diese Stufen glatt ausgeführt worden.

Literatur: AKS 123, Davenport 562, Jaeger 38 und Proben IX., Wittelsbach 2732. Nach Jaeger kommen auch Kupferabschläge mit Riffelrand, genau wie die normalen Gepräge vor

Geschichtskonventionstaler auf den Handelsvertrag zwischen Bayern, Preußen, Württemberg und Hessen 1829

Metall: Silber, Rohgewicht: 28,06 g, Feingewicht: 23,38 g, Feingehalt: 833,3 ‰, Durchmesser: 38 mm

Der Zollverein zwischen Bayern und Württemberg von 1827 zeigte nicht nur für diese beiden Länder sehr günstige Auswirkungen, sondern eröffnete auch die Aussicht, nach und nach in allen deutschen Gebieten die den Handel hindernden Zollschranken aufheben zu können. Bereits wenige Wochen nach seinem Abschluß ging Preußen mit Hessen-Darmstadt einen ähnlichen Vertrag ein, und kaum drei Monate später entstand ein dritter Zollvertrag zwischen mehreren mitteldeutschen Staaten.

Gab es noch bei dem Regierungsantritt von König Ludwig I. zweiundzwanzig Zollgrenzen, so entstanden in wenigen Jahren durch das Vorbild Bayerns und Württembergs drei große Zollunionen, und neunzehn sich in ihren Interessen bekämpfende Handelsschranken konnten beseitigt werden.

Einen weiteren Zusammenschluß brachte das Jahr 1829, in dem der Bayerisch-Württembergische und der Preußisch-Hessische Verein miteinander verschmolzen wurden. Durch den von König Ludwig I. von Bayern mit König Wilhelm I. von Württemberg 1828 abgeschlossenen Vertrag waren sechs Millionen Menschen innerhalb einer Handelsgrenze zusammengefaßt worden, durch den Handelsvertrag von 1829 waren es 18 Millionen Deutsche.

Der am 27. Mai 1829 geschlossene Handelsvertrag wurde am 25. Juli 1829 im Regierungsblatt für das Kö-

nigreich Bayern amtlich bekannt gemacht. Er hatte in seinen wesentlichen Bestimmungen folgenden Inhalt:

Art. I.

Vom 1ten Januar 1830 an sollen, bis auf die in folgenden Artikeln bestimmten Ausnahmen, alle inländischen Erzeugnisse der Natur, des Gewerbfleißes und der Kunst aus den Königlich Bayerischen und Königl. Würtembergischen Staaten in das Königreich Preussen und in das Großherzogthum Hessen, und ebenso aus diesen Staaten in die Königreiche Bayern und Würtemberg frei von den auf dem Eingange ruhenden Abgaben eingeführt und zum Verbrauch in den Verkehr gebracht werden können.

Art. II.

Ausgenommen von dieser Befreiung sind:

I. fortwährend:

a) Kochsalz (Siedsalz und Steinsalz) und alle Stoffe, aus welchen Kochsalz ausgeschieden zu werden pflegt.

b) Die Spielkarten

Der Verkehr mit Salz und Spielkarten (a und b) bleibt den in jedem der contrahirenden Staaten hierüber bestehenden Anordnungen unterworfen.

c) Bier, Branntwein, Liqueure, Cyder, Essig, geschrotetes Malz.

Hievon muß bei dem Eingang über die Gränze eines andern der contrahirenden Staaten eine Abgabe entrichtet werden, die derjenigen gleichkommt, mit welcher die eigenen inländischen Erzeugnisse dieser Art in jedem Lande besteuert sind. Die nach diesem Grundsatze in den einzelnen Staaten zur Anwendung kommenden Steuersätze wird jede der contrahirenden Regierungen öffentlich bekannt machen.

d) Inländischer Taback, Wein und Most.

Von diesen Gegenständen, wenn sie in das Gebiet eines andern der contrahirenden Staaten eingeführt werden, sind, und zwar:

1) von inländischen Tabacksblättern 40 pCt.

2) von dem im Inland fabrizirten Taback aller Art 50 pCt.

3) von inländischem Wein und Most 40 pCt. der Abgaben zu entrichten, womit ausländische Artikel dieser Art nach den Bestimmungen des allgemeinen Tarifs belegt sind. In Beziehung auf den aus Bayern und Würtemberg nach Preussen und in das Großherzogthum Hessen eingehenden Wein sind 40 pCt. des allgemein für die westlichen preussischen Provinzen bestehenden Tarif-Satzes zu entrichten, denen jedoch bei der Einführung des Weines in die östlichen preussischen Provinzen die Abgabe hinzutritt, welche von den Weinen des eigenen Landes bei dem Eingange in die östlichen Provinzen zu erlegen ist.

e) Der in inländischen Siedereyen raffinirte Zucker aller Art, und der im Inlande bereitete Syrop.

Diese unterliegen den nämlichen Eingangs-Abgaben, welche von den gleichartigen ausländischen Artikeln zu entrichten sind. Jedoch findet dabei, zum Besten der inländischen Gewerbsamkeit der contrahirenden Staaten eine gegenseitige Erleichterung von 20 pCt. gegen den allgemeinen Tarif statt, und zwar unter Modalitäten und Bedingungen, die noch näher verabredet werden.

f) Mehl aller Art, Malz (gemalztes Getraide), Graupen, Gries, Nudeln, Puder und Stärke, deßgleichen Schlachtvieh, Rind-, Schaaf- und Schweine-Fleisch, es sey frisch ausgeschlachtet, gesalzen oder geräuchert.

Diese Gegenstände können zwar frei von Abgaben über die Landesgränze eingeführt werden, wenn sie aber ferner in eine Stadt oder Gemeine eingehen sollen, wovon inländischen Waaren dieser Gattung für Rechnung des Staats eine Consumptions-Abgabe (Mahl- und Schlacht-Steuer) entrichtet werden muß, so bleiben solche diesen Abgaben, gleich den inländischen Producten und Fabrikaten dieser Art unterworfen.

g) Gegenstände, von welchen für Rechnung einer Stadt oder Gemeine ohne Rücksicht, ob dieselben ausländische oder inländische Erzeugnisse sind, eine gleiche Abgabe (Octroi) erhoben wird. Dieser unterliegen bei dem Eingang in die Stadt oder Gemeine, welche zur Erhebung der Abgabe befugt ist, auch Waaren derselben Art, welche aus einem der contrahirenden Staaten über die Gränzen des andern eingebracht worden sind.

Die hohen contrahirenden Theile werden jedoch dafür Sorge tragen, daß diese Communal-Abgaben nicht auch bloß transitirende Gegenstände treffen, und daß durch die Erhebungs-Weise der Verkehr so wenig als möglich erschwert werde.

II. zeitweise:

a) Baumwollene, gewebte und gestrickte Waaren, auch baumwollene Posamentir-Waaren (Königl. Bayerischer und Königl. Würtembergischer Vereins-Tarif Ziffer 38 d. 1 – 4. Königl. Preussischer Tarif Nro. 2. litt. c. Abthl. II);

b) seidene und halbseidene, gewebte und gestrickte, so wie Posamentir-Waaren (K. Bayer. und K. Würtembergischer Vereins-Tarif Ziff. 40S e. 1. 2. Ziffer 123, Königl. Preussischer Tarif Nro. 31. lit. c. et d. Abthl. II).

c) Wollene, gewebte und gestrickte Waaren, ferner dergleichen Waaren aus Thier-Haaren obiger Art, wie auch halbwollene Waaren mit Ausnahme von Teppichen aus Wolle oder andern Thierhaaren mit Leinen vermischt, und mit Ausnahme der Hutmacher-Arbeit (gefilzter) (Königlich Bayerischer und Königl. Würtembergischer Vereins-Tarif. Ziff. 456, 489. s. Königlich Preussischer Tarif Nro. 41. lit. c et e. Abtheilung II).

d) Leder und Lederwaaren. (Königl. Bayerischer und Königl. Würtembergischer Vereinstarif. Ziff. 254. a, b, d. 351, 371, 170. a. 2. 443, 360, 320, 214, 399. a, b. Königl. Preussischer Tarif Nro. 21. a, b, c, d. Abthl. II).

e) Zu Waaren verarbeitetes Kupfer und Messing, Kessel, Pfannen und dergleichen (Königlich Bayerischer und Königlich Würtembergischer Vereins-Tarif. Ziffer 247. d. 282, e. 183, a, b. 283, c. 1, 2. Königlich Preussischer Tarif Nro. 19. litt. c. Abtheilung II).

Diesen unter a – e genannten Gegenständen wird bei

Bekanntmachung.

(Den zwischen den Königreichen Bayern und Württemberg, dann dem Königreiche Preußen und dem Großherzogthume Hessen abgeschlossenen Handels-Vertrag betr.)

Staats-Ministerium des K. Hauses und des Aeußern.

Der nachstehende zwischen Ihren Majestäten den Königen von Bayern und von Württemberg einerseits, dann Seiner Königlichen Majestät von Preußen und des Großherzogs von Hessen und bey Rhein Königlicher Hoheit andererseits, unterm 27. May d. J. geschlossene und von des Königs von Bayern Majestät unterm 12.

Regierungsblatt vom 25. Juli 1829 mit der amtlichen Bekanntmachung des zwischen Bayern, Preußen, Württemberg und Hessen abgeschlossenen Handelsvertrages

dem Eingang in einen andern der contrahirenden Staaten eine Erleichterung in der allgemeinen Tarifs-Abgabe von 25 pCt. bis zum 1. Januar 1831, und von da an von 50 pCt. zugestanden, bis eine völlige Befreiung eintreten wird.

f) Geschmiedetes Eisen und grobe Eisenwaaren (Königlich Bayerischer und Königlich Würtembergischer Vereins-Tarif Ziff. 123, c, e, g, i, 1, 2. l, 1, 2, ferner 387 und Ziffer 424, 427. a, b, 1. e. Königl. Preussischer Tarif Nro. 6, c, d, e. II. Abthl.)

g) Gegenstände, welche ohne Eingriffe in die von einem der contrahirenden Staaten ertheilten Erfindungs-Patente oder Privilegien nicht nachgemacht oder eingeführt werden können. Diese bleiben für die Dauer der Patente oder Privilegien von der Einfuhr in den Staat, welcher dieselben ertheilte, ausgeschlossen.

Für die Zukunft wird man sich wegen Bewilligung solcher Patente über gemeinschaftliche Grundsätze aus dem Gesichtspunkte vereinigen, daß sie in keinem der contrahirenden Staaten auf Gegenstände bewilligt werden sollen, die weder neu noch eigenthümlich sind.

Art. III.

Waaren und Güter, welche aus einem der contrahirenden Staaten durch das Gebiet eines andern in das Ausland, oder von dem Auslande in das Gebiet eines der contrahirenden Staaten in das Gebiet eines andern geführt werden, sollen im Durchgange möglichst erleichtert werden. Die hohen contrahirenden Theile bestimmen daher vorläufig, daß in den Staaten derselben, vom 1. Januar 1830 anfangend, in den obenbezeichneten Fällen die inländischen Erzeugnisse der Natur, des Gewerbfleißes und der Kunst von den eigentlichen Durchgangs-Abgaben (ausschließlich der Chaussee- oder Weggelder und der Wasser-Zölle auf Strömen, bei welchen die Wiener-Congreß-Acte, oder besondere Staatsverträge Anwendung finden) gänzlich befreit seyn sollen.

Bei der Ausführung von Salz aus einer Staats- oder Privat-Saline durch das Gebiet eines der contrahirenden Staaten wird jedoch, unbeschadet des freien Ausgangs und Durchgangs, über die Straßen für den Transport, und über die dabei erforderlichen Sicherheits-Maßregeln die nähere Verabredung vorbehalten.

Art. IV.

Den Ausgangs-Zoll von inländischen Erzeugnissen der Natur, des Gewerbfleißes und der Kunst, kann zwar jeder der Zollvereine, bei welchen die contrahirenden Staaten betheiligt sind, nach eigenem Ermessen anordnen; die Gegenstände aber, welche von einem der contrahirenden Staaten ausgehen, um in das Gebiet eines andern derselben eingeführt zu werden, sind von dem Ausgangszolle befreit. Ebenso unterliegt die Regulirung des Ausgangszolles von ausländischen Erzeugnissen der Natur, des Gewerbfleißes und der Kunst der besondern Anordnung der bei dem gegenwärtigen Vertrage betheiligten Zoll-Vereine; wenn aber diese Erzeugnisse in einem der contrahirenden Staaten bereits in völlig freien Verkehr gekommen sind, und aus diesem in einen andern der mitcontrahirenden Staaten übergehen sollen, so sind sie ebenfalls von dem Ausgangs-Zolle befreit.

Die aus Preussen nach Bayern und Würtemberg ausgehende rohe Schafwolle hingegen kann nur dann frei von der tarifsmäßigen Ausgangs-Abgabe ausgeführt werden, wenn nachgewiesen wird, daß dortige Fabrikanten solche für ihr Gewerbe angekauft haben.

Art. V.

Die hohen contrahirenden Theile wollen dahin wirken, daß dem gewerblichen Verkehr Ihrer Unterthanen in Ihren Staaten gegenseitig die möglichste Erleichterung und Freiheit gewährt werde.

Vorläufig sollen Handels-Reisende als solche, welche nicht Waaren, sondern nur Muster bei sich führen, oder für inländische Etablissements bei Gewerbtreibenden Bestellungen suchen, in keinem der Staaten der hohen contrahirenden Theile besonderen Abgaben oder Steuern unterliegen.

Art. VI.

Die hohen contrahirenden Staaten verbinden sich gegenseitig zu dem Grundsatze, daß Chaussee-Abgaben, oder andere statt derselben übliche Reichnisse, wie z. B. der in den Königreichen Bayern und Würtemberg zur Surrogirung des Weggeldes von eingehenden Gütern eingeführte fixe Zoll-Beischlag, ebenso Pflaster-, Damm-, Brücken- und Fährgelder, oder unter welchen andern Namen dergleichen Abgaben bestehen, ohne Unterschied, ob die Erhebung für Rechnung des Staats, oder eines Privatberechtigten, namentlich einer Commune, geschieht, nur in dem Betrage beibehalten, oder neu eingeführt werden können, als sie den gewöhnlichen Herstellungs- und Unterhaltungs-Kosten angemessen sind.

Das Nähere über die Ausführung dieses Grundsatzes in den Landen der hohen contrahirenden Theile bleibt einer besondern Uebereinkunft vorbehalten, wobei man

überhaupt auf gleiche Behandlung und insbesondere auf möglichste Gleichstellung der Chaussee-Geld-Abgaben Bedacht nehmen wird.

Das dermalen in Preussen nach dem allgemeinen Tarife vom Jahre 1828 bestehende Chaussee-Geld soll als ein Maximum der Chaussee-Gebühr angesehen und hinführo in keinem der contrahirenden Staaten überschritten werden.

Was insbesondere die Separat-Erhebungen von Thorsperr- und Pflastergeldern betrifft, so sollen sie auf chaussirten Strassen, da wo sie noch bestehen, dem vorstehenden Grundsatze gemäß aufgehoben, und die Ortspflaster den Chaussee-Strecken dergestalt eingerechnet werden, daß davon nur die Chaussee-Gelder nach dem allgemeinen Tarif zur Erhebung kommen.

Art. VII.

Auch machen sich die hohen contrahirenden Theile verbindlich, auf alle Weise dahin zu wirken, daß ihre ohnehin schon auf derselben Grundlage beruhenden Zoll-Systeme, insbesondere die Eingangs-Zollsätze, die Stellung und Fassung des Tarifs, nicht minder die Verwaltungs-Formen mehr und mehr in Uebereinstimmung gebracht werden.

Art. VIII.

Zur Erleichterung der Versendung von Waaren aus einem der contrahirenden Staaten in den andern, und zur schnellern Abfertigung dieser Sendungen an den Zoll-Stellen werden die hohen contrahirenden Theile bei den in Ihrem Zolltarif vorkommenden Maaß- und Gewichts-Bestimmungen vorläufig eine Reduction auf das Maaß und Gewicht, welche in den Tarifen der andern contrahirenden Staaten vorgenommen sind, entworfen, und zum Gebrauche sowohl Ihrer Zollämter, als des Handel treibenden Publikums öffentlich bekannt machen lassen.

Art. IX.

Zugleich wollen die hohen contrahirenden Theile dahin wirken, daß in Ihren Staaten ein gleiches Maß-, Gewichts- und Münz-System in Anwendung komme.

Art. X.

Die Wasser-Zölle, oder auch Weg-Geld-Gebühren auf Flüssen, mit Einschluß derjenigen, welche das Schiffsgefäßtreffen (Recognitions-Gebühren) sind von Waaren, welche auf solchen Flüssen bezogen werden, auf welche die Bestimmungen des Wiener Congresses Anwendung finden, ferner gegenseitig nach jenen Bestimmungen zu entrichten.

Die Fortentrichtung gilt auch von solchen Abgaben dieser Art, welche durch besondere Staatsverträge regulirt sind.

Auf den übrigen Flüssen in den kontrahirenden Staaten, bei welchen weder die Wiener-Congreß-Akte, noch andere Staatsverträge Anwendung finden, werden die Wasser-Zölle nach den privativen Anordnungen der betreffenden Regierungen erhoben. Doch sollen bei Flüssen der letzten Art in jedem contrahirenden Staate die Erzeugnisse der andern contrahirenden Staaten in Hinsicht der Strom- und Flußgebühren, wie die eigenen inländischen Erzeugnisse, behandelt werden.

Art. XI.

Kanal-, Schleusen-, Brücken-, Fähr-, Hafen-, Waage-, Krahnen- und Niederlags-Gebühren sind Leistungen für Anstalten, die zur Erleichterung des Verkehrs bestimmt sind, werden von den Unterthanen der andern contrahirenden Staaten auf völlig gleiche Weise, wie von den eigenen Unterthanen erhoben. Auch sind dieselben, wenn sie bei dem Eintritt auf das Stromgebiet eines andern der contrahirenden Staaten die Vorschriften über die Ursprungs-Zeugnisse und andere Erfordernisse, um den freien, oder erleichterten Eingang zu genießen, erfüllt haben, zur Sicherung der Zollabgaben keinen andern Maßregeln unterworfen, als welche den eigenen Unterthanen auferlegt, oder vorgeschrieben sind.

Art. XII.

Der freie, oder erleichterte Uebergang der Erzeugnisse aus einem der contrahirenden Vereine in den andern, wie solcher in den Art. 1 und 2 verabredet ist, bleibt an die Einhaltung bestimmter Zoll-Strassen gebunden, worüber eine besondere Vereinbarung Statt finden wird.

Den kleinen Gränz-Verkehr der Unterthanen an den Gränzen, wo der Preussisch-Hessische und der Bayerisch-Würtembergische Zollverein sich berühren, wird man durch eine eigene Uebereinkunft zu erleichtern suchen.

Art. XIII.

Da die in den Art. 1 und 2 vereinbarte Befreiung und Erleichterung auf fremde Gegenstände, d. h. auf solche, welche weder in Preussen, noch in dem Großherzogthume Hessen, noch in Bayern und Würtemberg durch die Natur erzeugt, oder durch die Kunst bearbeitet, oder verfertigt worden sind, sich nicht erstreckt, dergleichen Gegenstände aller Art sonach bei dem Uebergange aus Preussen und dem Großherzogthume Hessen den Abgaben, welchen sie in jedem Lande nach dem dortigen allgemeinen Tarif unterworfen sind, auch ferner unterliegen, so behalten sich die contrahirenden Theile vor, durch ein gemeinschaftlich zu verabredendes Reglement alle Erfordernisse, besonders in Absicht der beizubringenden Zeugnisse zu bestimmen, welche von Handels- und Gewerbebetreibenden zu beachten sind, um der für inländische Erzeugnisse der Natur und Kunst zustehenden Befreiung oder Erleichterung bei der Einführung in das Gebiet eines andern der contrahirenden Staaten, oder bei der Durchführung theilhaftig zu werden.

Art. XIV.

Zur Aufrechthaltung Ihres Handels- und Zoll-Systems und zur Unterdrückung des gemeinschädlichen Schleichhandels, wollen sich die hohen contrahirenden Theile gegenseitig kräftig unterstützen, auch zu diesem Behufe die erforderlichen Anordnungen und Maßregeln durch besondere Uebereinkunft verabreden, und insbesondere ein förmliches Zoll-Cartel abschließen lassen.

Art. XV.

Die Preussischen Seehäfen sollen dem Handel der Königlich Bayerischen und K. Würtembergischen Unterthanen gegen völlig gleiche Abgaben, wie solche von den K. Preussischen Unterthanen entrichtet werden, offen stehen.

Art. XVI.

Die in fremden See- und andern Handelsplätzen angestellten Consuln eines oder des andern der contrahirenden Theile sollen veranlaßt werden, den Unterthanen der übrigen contrahirenden Staaten Schutz und Unterstützung zu gewähren.

Art. XVII.

Sobald in dem Bayerischen Rheinkreise die Zoll-Ordnung des Bayerisch-Würtembergischen Vereins eingeführt und durch eine gehörig sichernde Zoll-Linie geschützt seyn wird, sollen sämmtliche Bestimmungen des gegenwärtigen Vertrags und insbesondere auch jene, welche sich auf die Befreiung oder Erleichterung inländischer Erzeugnisse der Natur, des Gewerbfleißes und der Kunst in Ansehung der auf dem Eingang ruhenden Abgaben beziehen, auch auf den genannten Kreis ihre volle Anwendung finden.

Art. XVIII.

Es soll dieser Vertrag auch den Unterthanen derjenigen Regierungen, welche sich bereits dem Bayerisch-Würtembergischen, oder dem Preussisch-Hessischen Zoll-Systeme angeschlossen haben, oder künftig einem dieser Zoll-Systeme noch beitreten werden, wie den Unterthanen der hohen contrahirenden Theile zu statten kommen.

Art. XIX.

Von jedem der hohen contrahirenden Theile werden Bevollmächtigte jährlich einmal in einer der Residenzen sich vereinigen, um die Mittel zur Befestigung und Erweiterung dieses Vertrages zu berathen, und die Erledigung derjenigen Bedenken herbeizuführen, welche sich im Laufe des Jahres bei Ausführung desselben ergeben haben möchten.

Art. XX.

Die Dauer des gegenwärtigen Vertrages wird vorläufig auf 12 Jahre, vom 1. Jan. 1830 an gerechnet, festgesetzt. Wird während dieser Zeit der Vertrag nicht aufgekündigt, so soll er abermals auf 12 Jahre und sofort von 12 zu 12 Jahren verlängert angesehen werden.

Ueber die Art und Zeit der Aufkündigung wird eine besondere Verabredung getroffen werden.

Art. XXI.

Gegenwärtiger in zwei Exemplaren ausgefertigter Vertrag soll alsbald zur Ratification der hohen contrahirenden Höfe vorgelegt, und die Auswechslung der Ratifications-Urkunden spätestens in sechs Wochen in Berlin bewirkt werden.

Zur Urkunde dessen haben die Bevollmächtigten denselben unterzeichnet und mit ihren Wappen versehen. So geschehen Berlin den 27. May 1829.

Friedrich Christian Johann Graf v. Luxburg. (L. S.)	Johann Friedrich Frhr. v. Cotta. (L. S.)
Ludwig Heinrich August Frhr. v. Blomberg. (L. S.)	Mr. Haub. v. Schönberg. (L. S.)
Albr. Fr. Eichhorn. (L. S.)	A. Frhr. v. Hoffmann. (L. S.)

So genehmigen und ratificiren Wir hierdurch und Kraft dieses, vorstehenden Verträg in allen seinen Punkten und Klauseln, und versprechen, denselben getreulich in Erfüllung bringen und beobachten zu lassen.

Dessen zur Urkunde haben Wir gegenwärtige Ratification unter Unserer eigenhändigen Unterschrift und Beidrückung Unseres königlichen Insiegels ausfertigen lassen.

So geschehen und gegeben Bad Brückenau den zwölften July. Ein Tausend acht hundert und neun und zwanzig

Ludwig
(L. S.)
Graf v. Armansperg.

Wie 1827 auf den Abschluß des Bayerisch-Württembergischen Zollvereins wurde auch 1829 ein historischer Konventionstaler auf das Ereignis geprägt. Er zeigt auf der Vorderseite das Brustbild des Königs und auf der Rückseite zwei gegeneinandergestellte Füllhörner, in deren Mitte der Merkur-Stab (caduceus); außen herum sind in Form eines Kreuzes die Wappen von Bayern, Preußen, Württemberg und Hessen-Darmstadt gestellt. Die Umschrift lautet: HANDELSVERTRAG ZWISCHEN BAYERN, PREUSSEN, WÜRTEMBERG UND HESSEN. Unter dem Wappen von Hessen (aufgerichteter Löwe) befindet sich die Jahreszahl. Der Rand ist gerifelt.

Literatur: AKS 124, Davenport 564, Jaeger 39, Wittelsbach 2733

Geschichts- konventionstaler auf „Bayerns Treue" 1830

Metall: Silber, Rohgewicht: 28,06 g, Feingewicht: 23,38 g, Feingehalt: 833,3 ‰, Durchmesser: 38 mm

Als besondere Tugend der Bayern gilt seit je in der Geschichte neben der Tapferkeit und der Gastfreundschaft die Treue. Um sie zu ehren, ließ König Ludwig I. 1830 sogar einen eigenen Geschichtskonventionstaler prägen. Auf der Rückseite zeigt diese Gedenkmünze die Bavaria, in der Rechten einen Eichenkranz hochhaltend und mit der Linken auf eine antike Säule gestützt. Zu ihren Füßen liegt als besonderes Symbol der Treue ein Hund. Die einzeilige Umschrift lautet: BAYERNS TREUE. Im Abschnitt die Jahreszahl.

Unmittelbaren Anlaß zu diesen Prägungen gaben die Juli-Unruhen 1830 in Frankreich, über die der erste Sekretär der königlichen Hof- und Staatsbibliothek G. Krämer in seiner 1834 in Nürnberg erschienenen Beschreibung und Erläuterung der bayerischen Geschichtskonventionstaler wörtlich schreibt: „Die blutige Völkerschlacht auf den Feldern von Waterloo schien den gräßlichen Kampf eines Vierteljahrhunderts beendigt zu haben, und Europa, vom Tajo bis zur Newa mit Blut bedeckt und durch seine furchtbaren Anstrengungen und langjährigen politischen Kämpfe bis zum Tode erschöpft, schien sich wieder den Segnungen des Friedens und der Erholung freuen zu dürfen, als das allgewaltige Siegesschwert Napoleons bei Belle-Alliance auf immer zerbrach. Aber zu groß waren die Erschütterungen, die der gesamte Weltteil, vorzüglich Frankreich, dieser Herd der

Revolutionen und Umwälzungen, erduldet, zu chaotisch lagen nach dem langen Wirren alle Elemente der Gesellschaft am Rande der Zertrümmerung, und das lebende Geschlecht, selbst unter Jammer und Gräueln aufgewachsen, war des Ungeheuern, des Unglaublichen und des Unerhörten zu gewöhnt worden, als daß es in dem Gewöhnlichen, in Ruhe und Ordnung, im Gesetze und in der Religion sein einziges wahres, lang entbehrtes Bedürfnis, sein rettendes Asyl sogleich wieder zu erkennen vermocht hätte. Aus dieser furchtbaren Gärung der gesellschaftlichen Stoffe, welche in ihrem politischen Prozesse durch des neuen Attila's Fall und Tod nur momentan die wirksame Kraft der Erregung verlor, nährt sich das Gespenst der Revolution aufs neue, denn es lag nicht in den blutigen Katakomben derselben begraben, sondern hatte sich nur aus ängstlicher Scheu vor der gigantischen Faust seines Bezwingers feig verkrochen und fortwährend in seinen unterirdischen Labyrinthen die große Saat verbreitet, aus der ihr das Opfer neuer Generationen erblühen sollte, nachdem der Moder der Vergangenheit für seinen Heißhunger nicht mehr nachhaltig war . . . Die blutigen Julius-Tage von Paris erneuten die Gräuel und Folgen der Revolution nicht, sie setzen sie nur wieder offen fort. Dem Sturm der Tuilerien antwortete bald das Echo in Brüssel und Warschau, und unter der Maske der Begründung neuen Völkerglücks zog die Versuchung von Westen her von einem Ende Europas bis zum andern. Leider war im Kampfe zwischen Wahrheit und Lüge die letztere eine Zeitlang Siegerin, und selbst die deutsche Treue wankte hier und da in ihrer achthundertjährigen Erstarkung. Nicht so in Bayern!"

Der zeitgenössische Chronist fährt fort: „. . . in der Vaterlandsliebe und Volkestreue vermögen nur wenige Nationen von allen, die die Weltgeschichte nennt, mit Bayern zu wetteifern und den hohen Ruhm mit ihm zu teilen, den es sich dadurch errang, daß sich in seinen geschichtlichen Annalen auch nicht eine einzige Tatsache von Abfall, Empörung und Verrat oder von Treulosigkeit gegen sein angestammtes Fürstenhaus aufgezeichnet findet. Dieser hohe Ruhm, durch Jahrhunderte ein National-Gemeingut geblieben, endlich zum historischen Sprichworte geworden, ‚Bayerns Treue steht fest wie seine Berge!' unterlag in keiner Versuchung . . ."

So kam es, daß auch in jenen Tagen des Jahres 1830, „wo mit Frankreichs July-Revolution von neuem alle Grundfesten des Weltteils erschüttert zu werden bedroht wurden, wo Fürsten und Völker in unseliger Entzweiung bewaffnet einander gegenübertraten, die Bande des Gehorsams und der Bürgertreue in vielen Ländern rissen, in angezündeten Städten ein mörderischer Bürgerkrieg

Weibliche Gewandstatue aus Erz.
Zeichnung aus dem Buch von H.
Reidelbach, 1888

zu wüten begann und Könige von ihren Thronen sanken", in Bayern die tiefste Ruhe herrschte. König Ludwig I. konnte sogar beim Oktoberfest 1830 in München in der Mitte von 60000 Menschen erscheinen, wobei ihn die Bevölkerung mit großem Jubel begrüßte. An diesem Tag soll der König zu den ihn umgebenden Bayern angesichts des erst kurz vor dem Fest aufgeklärten Wetters gesagt haben: „Der Himmel ist mit uns, er ist rein und blau, wie Bayerns Treue."

Die Treue der Bayern spielt aber auch in den Gedichten König Ludwigs I. von Bayern eine große Rolle. Nachstehend einige Beispiele (aus Charitas, Festgabe von Eduard von Schenk):

An die Bayern!

Biedres Volk! In angestammter Treue
Hältst Du an Dein altes Fürstenhaus,
Dich verlocket nicht das falsche Neue,
Nicht der Liebe Flamme löscht Dir's aus.

Ja! An alter Treue, altem Glauben
Hältst Du immer unerschütterlich,
Läßest sie nicht von der Zeit Dir rauben,
Treue niemals von den Bayern wich.

Unerschüttert, wenn's von oben stürmet,
Unerschüttert, wenn die Erde bebt,
Wenn sich's feindlich gegen Dich auch türmet:
Nichts Dich stürzet, nichts Dich untergräbt.

Eine tausendjähr'ge, kräft'ge Eiche
Stehest Du, die niemals wird gefällt;
In sie dringen können keine Streiche,
Und die Axt zurück vom Stamme prellt.

Siegend alle Proben schon bestanden,
Bleibt Ihr immerdar bei Eurer Pflicht,
Selbst die früh'sten Zeiten so Euch kannten;
Bayern, zu verderben seid Ihr nicht!

Der Rand des Geschichtskonventionstalers auf „Bayerns Treue" ist gerifelt.

Literatur: AKS 125, Davenport 566, Jaeger 40, Wittelsbach 2734

Geschichts-konventionstaler „Gerecht und beharrlich" 1831

Metall: Silber, Rohgewicht: 28,06 g, Feingewicht: 23,38 g, Feingehalt: 833,3 ‰, Durchmesser: 38 mm

Der einzige Geschichtskonventionstaler mit der Jahreszahl 1831 ist dem Wahlspruch König Ludwigs I. von Bayern gewidmet. Ein aufgerichteter Löwe – das Wappentier Bayerns – hält einen Schild mit der vierzeiligen Inschrift: GERECHT I UND I BEHARRLICH.

Als selbstgewählte Norm des eigenen Denkens und Verhaltens ist der Wahlspruch ein Spiegel des Charakters. Die hier verwendete Form der Spruchpoesie wurde im 16. und 17. Jahrhundert ausgebildet und geht auf mittelalterliche und antike Ursprünge zurück. Der Wahlspruch ist gleichbedeutend mit dem italienischen „Motto" und, insofern derjenige, welcher ihn führt, nach seinem Denken und Handeln daran erkannt werden will, auch mit dem griechischen „Symbolum".

Verschieden vom Wahlspruch ist dagegen die sogenannte „Devise", die immer in Verbindung mit einem Sinnbild erscheint, dasselbe gleichsam verdeutlichend. Auch der Sinnspruch (Sentenz) ist nicht wesensgleich. Der Sinnspruch ist seinem Inhalt nach umfangreicher und belehrender als der Wahlspruch. Der Wahlspruch soll kurz und anregend sein. Kennzeichnend ist bei ihm im Gegensatz zum Sinnspruch die Selbständigkeit.

Die Wahl- und Sinnsprüche sind in der Regel aus den Werken der älteren oder zeitgenössischen Dichter und Schriftsteller oder auch aus der Heiligen Schrift entlehnt.

Als Kronprinz Ludwig im Alter von 39 Jahren den bayerischen Königsthron bestieg, wählte er ganz bewußt den deutschen Wahlspruch „Gerecht und beharrlich". Während zahlreiche andere Wahlsprüche mehrfach von Herrschern verwendet wurden, führt der kgl. preussische geheime Regierungsrat und Generalsekretär der königlichen Museen J. Dielitz in seiner alphabetisch geordneten Sammlung von Wahl- und Denksprüchen (erschienen in Frankfurt a. M., 1884) bei diesem deutschen Spruch nur den König von Bayern auf. Dielitz kennt daneben noch den deutschen Wahlspruch „Gerecht und treu" (Sommaruga) und außerdem eine große Anzahl lateinischer Formulierungen, wie u. a. „Justus et audax" (Gerecht und kühn), „Justus et fidelis" (Gerecht und treu), „Justus et fortis" (Gerecht und stark), „Justus et integer" (Gerecht und rechtschaffen).

Bei den lateinischen Formulierungen findet sich auch der Satz „Justus et propositi tenax", d. h. „Gerecht und beharrlich in (seinen) Vorsätzen". Er stammt aus den Oden von Horaz (III. 3, 1) und wurde u. a. von Cattanei, Chedworth, How und Penrice verwendet. Vermutlich hat ihn König Ludwig I. aufgrund seiner guten Kenntnisse der antiken Schriftsteller unmittelbar dem Werk des römischen Dichters Quintus Horatius Flaccus (geb. 65 v. Chr. – gest. 8 v. Chr.) entnommen. Der Rand des Geschichtskonventionstalers ist geriffelt.

Literatur: AKS 126, Davenport 567, Jaeger 41, Wittelsbach 2735

Geschichts-konventionstaler auf den Prinzen Otto von Bayern als erstem König von Griechenland 1832

Metall: Silber, Rohgewicht: 28,06 g, Feingewicht: 23,38 g, Feingehalt: 833,3 ‰, Durchmesser 38 mm

„Lieber denn Erbe des Thrones wär' ich ein hellenischer Bürger", hatte der Kronprinz Ludwig 1817 unter den griechischen Tempelhallen von Pästum in überschäumender Begeisterung für das antike Hellas gesungen, in dessen Kunst und Poesie, Geschichte und Sprache er so tief eingedrungen war und in dem er ein unerreichbares hohes Ideal des Schönsten und Herrlichsten, was auf Erden blühte, zu finden glaubte (H. Reidelbach).

Als nun die Söhne des von ihm so hoch verehrten hellenischen Volkes einen Freiheitskampf gegen die Türken begannen, unterstützte er sie nicht nur mit flammenden Gedichten, sondern auch mit erheblichen finanziellen Mitteln. So übernahm er den Vorsitz eines in München gebildeten Griechenkomitees und erließ einen Aufruf zu einer Geldsammlung für die Griechen, an deren Spitze stand: „20000 Gulden von einem alten Griechenfreund". Im folgenden Jahr sandte König Ludwig I. an den berühmten Philhellenen Eynard in Genf eine weitere Summe von 45000 Franken und nach dem Untergang von Missolunghis nochmals 20000 Franken, „um griechische Weiber und Kinder aus der türkischen Sklaverei zu befreien".

„Nehmen Sie", schrieb der König an Eyard, „ohne einen Augenblick zu verlieren, die ernstlichsten Maßregeln, um diesen Zweck zu erreichen; helfen Sie diesen unglückseligsten Opfern, retten Sie sie von der Entehrung und dem Verluste ihres Glaubens." Als der griechische Präsident Kopodistria eine Kreditanstalt für die durch den Krieg Verarmten errichtete, spendete Ludwig I. wiederum 50000 Gulden.

Am 9. Mai 1828 schrieb der König eigenhändig an den Oberst von Heydeck, der mit Erlaubnis und Aufmunterung des Königs zusammen mit einigen Offizieren nach Griechenland gegangen war, um an der Seite anderer Philhellenen am Kampf gegen die Türken teilzunehmen: „Heydecker und ihr Bayern alle, die Ihr in Hellas seyd, Ihr gereicht Bayern zur Ehre, und Ihr hauptsächlich rettet den Teutschen Namen in diesem Kampfe . . . Daß ich der erste Fürst war, der sich für diese Sache ausgesprochen in Wort und That, ist mir ein wohltuendes Gefühl. Hellas Unabhängigkeit war mein Wunsch lange vor des Kampfes Beginn, sie ist mir eine Sache des Herzens, als Kronprinz, als König, wie ich denn überhaupt glaube, der nähmliche geblieben zu seyn."

Die mit zahlreichen materiellen Opfern verbundene Begeisterung Ludwigs I. wurde nicht überall in Bayern geteilt, und so schrieb der König an seinen Sekretär Kreuzer: „Es wird freilich bey uns Menschen geben, wohl nicht wenige, die, wenn ich das Jahr die paar tausend und einige hundert Gulden zur Anschaffung arabischer Pferde für meinen Marstall verwendete, es ganz in Ordnung fänden, aber schreyen werden, daß ich dafür

Griechen erziehen lasse; aber ich lasse die Hunde bellen und gehe meinen Weg fort."

Dagegen erhielt der König Anerkennung zum Beispiel durch Heinrich von Gagern, der 1829 schrieb: „Ja, wohl können Ew. Majestät mit dem edelsten Bewußtsein sagen und fühlen, was Sie für Griechenland gethan haben! Sie haben ganz Deutschland vertreten, gerechtfertigt und geehrt! Aber verfolgen Sie diese Bahn, setzen Sie diese menschenfreundliche Theilnahme fort! Die Griechen werden kommen, den schuldigen Dank vor Ihren Thron zu bringen ...“

Nachdem in der Seeschlacht von Navarin die türkisch-ägyptische Flotte vollständig vernichtet worden war, erkannte die Türkei 1830 den Beschluß der Großmächte auf der Londoner Konferenz an, durch den die Unabhängigkeit Griechenlands in allerdings nur sehr engen Landesgrenzen festgesetzt wurde.

Da der mehr nach England orientierte Prinz Leopold von Sachsen-Coburg die Krone eines Griechenlands mit ungenügenden Grenzen ausschlug, entschieden sich die drei Schutzmächte England, Frankreich und Rußland, sie dem für die Befreiung Griechenlands politisch tätigen König Ludwig I. von Bayern anzubieten, und zwar zunächst für seinen Bruder Karl. Als Karl aber ebenfalls ablehnte, entschloß man sich für den zweiten Sohn Ludwigs I., den Prinzen Otto von Bayern.

Otto war am 1. Juni 1815 nach dem Erbprinzen Maximilian als Sohn des Kronprinzen Ludwig in Salzburg geboren worden und war eigentlich für den geistlichen Stand bestimmt. Erzogen wurde er deshalb unter der Leitung des Geistlichen Rates Oettl. Außerdem erhielt er durch den Neuhumanisten Friedrich Thiersch und den Philosophen Schelling Unterricht. Durch Reisen in Deutschland und Italien hatte er eine „gediegene Bil-

„Landung der Freiwilligen K. Griechischen Truppen in Nauplia im Jahre 1833". Lithographie von Gustav Kraus 1833. Photo: Münchner Stadtmuseum

Prinz Otto von Bayern (geb. am 1. Juni 1815 in Salzburg, gest. am 26. Juli 1867 in Bamberg). König von Griechenland seit 1832. Vorbild für diesen Stich war ein Staatsbildnis von Carl Stieler, das Otto in der Uniform des königlich-bayerischen Infanterie-Leibregiments mit dem Stern des Sankt-Georg-Ordens und dem großen Band des Hubertus-Ordens zeigt

die Linie Arta-Volo verlegt werden; viertens müsse der neue Staat unter die Garantie der vier Mächte England, Frankreich, Rußland und Bayern gestellt werden; fünftens müßten England, Frankreich und Rußland die Bürgschaft für eine Anleihe von 60 Millionen Franken übernehmen. Umgekehrt verpflichtete sich Ludwig I.: Dem Prinzen Otto seine Apanage weiterzuzahlen; ihm auf griechische Kosten ein Schutzkorps zu geben, das die alliierten Truppen in Griechenland so schnell wie möglich ablösen werde; bayerische Offiziere und Beamte zur Organisation des griechischen Staates und der griechischen Armee zur Verfügung zu stellen; bis zur Volljährigkeit des Prinzen Otto am 1. Juni 1835 eine Regentschaft zu berufen und schließlich niemals die bayerische und die griechische Krone auf einem Haupt zu vereinigen.

Der Geschichtskonventionstaler auf dieses Ereignis zeigt eine antik gekleidete Frau (Hellas) mit dem griechischen Wappen zur Seite. Sie überreicht dem vor ihr stehenden Prinzen Otto eine Krone. Je nach der Abnützung des Stempels lassen sich die bayerischen Rauten im Griechenkreuz des Schildes mehr oder weniger gut erkennen. Stücke mit leerem Schild und ohne Umschrift sind Proben. Gelegentlich kommen auch Exemplare mit „ausradierten" Rauten vor. Sie sind zur Täuschung von Sammlern verändert. Die Umschrift lautet: OTTO PRINZ V. BAYERN GRIECHENLANDS ERSTER KOENIG. Im Abschnitt die Jahreszahl 1832. Der Rand ist geriffelt.

dung auf christlich-humanistischer Grundlage" (Hans Rall) erworben.

Am 7. Mai 1832 nahm König Ludwig I. die ihm von den drei Mächten für den minderjährigen Prinzen Otto angebotene Krone an. Durch eine besondere Vereinbarung wurden 1833 dessen Brüder zur Nachfolge in Griechenland für den Fall bestimmt, daß die Linie von Otto erlöschen sollte.

König Ludwig I. hatte außerdem folgende Bedingungen gestellt: Erstens müsse die griechische Nation ihr Einverständnis geben; zweitens müsse Otto den Königstitel erhalten; drittens müsse die Nordgrenze wieder auf

Literatur: AKS 127 (kennt Varianten der Rückseite mit drei verschiedenen Wappen: a) ohne Kreuz, b) mit Rautenschild im Kreuz, c) mit Phönix. Es handelt sich dabei um Proben), Davenport 568, Jaeger 42 und Proben VIII., Wittelsbach 2736

Geschichtskonventionstaler auf den Zollverein mit Preußen, Sachsen, Hessen und Thüringen 1833

Metall: Silber, Rohgewicht: 28,06 g, Feingewicht: 23,38 g, Feingehalt: 833,3 ‰, Durchmesser: 38 mm

Als König Ludwig I. von Bayern den Thron bestieg, war es mit dem deutschen Handel schlecht bestellt. Von den achtunddreißig voneinander getrennten und zum Teil sehr kleinen Staaten Deutschlands, deren Gebiete sich zum Teil sogar durchkreuzten, suchte jeder nur seinen eigenen Vorteil auf Kosten des anderen. Ohne die geringste Rücksicht auf den Nachbarn, wurden überall an den Grenzen und Flüssen Schlagbäume und Zollstätten errichtet und die Anlage von Kanälen und Verkehrsstraßen gehemmt. Fast jeder Staat hatte seine eigene Münzwährung, sein eigenes Gewicht, Hohl- und Flächenmaß. Es zählt mit zu dem persönlichen Verdienst des Königs, daß sich die Handels- und Verkehrsverhältnisse wesentlich verbesserten.

So ist es seiner Initiative zu verdanken, daß 1827 zwischen Bayern und Württemberg ein Zollverein abgeschlossen wurde, der sich 1829 durch die Verbindung mit Preußen und Hessen erweiterte und dann 1833 zum Zollverein mit Preußen, Sachsen, Hessen und Thüringen führte. Hieraus bildete sich schließlich der deutsche Zollverein, dem Baden 1835 beitrat. Auf alle vier Zollbündnisse hat Ludwig I. Geschichtskonventionstaler prägen lassen.

Dem am 1. Januar 1834 in Kraft tretenden großen deutschen Zollverein gehörten Bayern, Preußen, Württemberg und Hessen, das Königreich Sachsen, das Groß-

herzogtum Sachsen-Weimar-Eisenach, die Herzogtümer Sachsen-Meiningen, Sachsen-Altenburg und Sachsen-Coburg-Gotha, die Fürstentümer Schwarzburg Sondershausen, Schwarzburg-Rudolstadt, Reuß-Schleiz, Reuß-Greitz sowie Reuß-Lobenstein und Ebersdorf an. Die Grundverträge mit diesen Staaten und die dazugehörenden Ausführungsbestimmungen sind in den Nummern 42, 43, 44, 45, 46, 47 und 49 des königlich bayerischen Regierungsblattes von 1833 veröffentlicht.

Zweck des Zollvereins war es, alle inneren Zölle und Hemmungen des Verkehrs, mit Ausnahme der Weggelder und Kanalgebühren, aufzuheben und dem ganzen Handelsverein eine einzige Grenze zu geben. Diese Grenze reichte von Österreich bis Frankreich und von der Schweiz bis nach Polen. Längs dieser ganzen Linie sollte künftig ein einziger Tarif und eine gemeinschaftliche Zollerhebung gelten. Innerhalb des Gebietes wurde die vollkommene Freiheit des Verkehrs vereinbart und zugleich versucht, zur Erleichterung des Austausches ein gemeinschaftliches Münz-, Maß- und Gewichtssystem zu begründen.

Diese Handelsvereinigung des größten Teiles von Deutschland wurde von zeitgenössischen Chronisten als „das größte und erfolgreichste Ereignis in der neuesten deutschen Geschichte" gefeiert (G. Krämer, 1834). Für eine „Bevölkerung von größerem Umfange als die meisten Königreiche Europas, nämlich von Köln bis Schlesien und Tyrol bis Memel" waren auf einen Schlag die „inneren Hemmungen des Verkehrs" beseitigt.

Der auf den großen Zollverein mit Preußen, Sachsen, Hessen und Thüringen geprägte Geschichtskonventionstaler trägt auf der Vorderseite das Brustbild des Königs und die Umschrift: LUDWIG I. KOENIG VON BAYERN. Auf der Rückseite zeigt er eine stehende weibliche Figur, die in der rechten Hand den Merkur-stab und in der Linken das auf eine Säule gestützte Füllhorn hält, zu ihren Füßen liegen ein Schiffsvorderteil und ein Anker. Die Umschrift lautet hier: ZOLL-VEREIN MIT PREUSSEN, SACHSEN, HESSEN UND THÜRINGEN. Im Abschnitt steht die Jahreszahl 1833. Der Rand ist geriffelt.

Literatur: AKS 128, Davenport 569, Jaeger 49, Wittelsbach 2737

1303   ───   1304

Regierungs-Blatt
für das
Königreich Bayern

Nro. 46.

München, Montag den 23. Dezember 1833.

Inhalt:

Bekanntmachung den Zollvereinigungsvertrag zwischen Bayern und Württemberg, ferner Preußen, Kurhessen und dem Großherzogthume Hessen, sodann Sachsen einerseits; und den zu dem Thüringischen Handelsvereine verbundenen Staaten andererseits betr.

Geschichtstaler auf den Obelisk am Karolinenplatz in München 1833

Metall: Silber, Rohgewicht: 28,06 g, Feingewicht: 23,38 g, Feingehalt: 833,3 ‰, Durchmesser: 38 mm

Durch den zwischen Frankreich und den deutschen Staaten – außer Preußen und Österreich – am 12. Juli 1806 abgeschlossenen Rheinbundvertrag war Bayern gegenüber Kaiser Napoleon I. zur Aufstellung eines Hilfscorps in Stärke von 30 000 Mann verpflichtet. Von diesen unter den bayerischen Generälen Deroy und Wrede stehenden Soldaten kehrten aus dem russischen Feldzug 1812 nur 2 000 Mann in die Heimat zurück.

Dabei hatte der Feldzug zunächst erfolgreich begonnen. So wurde nach den siegreichen Treffen vom 16., 17. und 18. August 1812 aus dem Hauptquartier Polozk in einem Schreiben des Feldmarschalls Fürst von Wrede an den König, datiert vom 9. September 1812, der Wunsch des bayerischen Heeres laut, für den bei Polozk gefallenen General, Graf von Deroy, sowie die übrigen in den bisherigen Feldzügen gebliebenen tapferen Bayern ein Denkmal in der bayerischen Hauptstadt zu setzen.

Dieser Wunsch wurde am 11. Oktober von König Maximilian Joseph genehmigt. Aber noch bevor seine Entscheidung das bayerische Heer oder vielmehr dessen Rest erreicht hatte, war die russische Hauptstadt Moskau verbrannt, das französische Heer nicht nur auf dem Rückmarsch, sondern in voller Auflösung, und der Rest der bayerischen Truppen versuchte, den Rückzug zu decken. Dabei fielen die meisten bayerischen Soldaten bis auf 2 000 Mann.

So kam es, daß die von der im Felde stehenden bayerischen Armee beschlossenen Beiträge zur Errichtung des Denkmals nicht mehr geleistet werden konnten, weil diejenigen, welche das Andenken der Gefallenen ehren wollten, selbst nur im Andenken übrigblieben. Lediglich bei zwei Regimentern waren in den Kassen bare Beträge hinterlegt worden, und zwar 1080 Gulden bei dem 10. und 969 Gulden 44 Kreuzer bei dem 8. Linieninfanterieregiment. Weitere 330 Gulden hatte die Witwe des selbst in den glorreichen Tagen von Polozk gebliebenen Generalmajors von Siebein beigetragen.

„Es schien daher der schöne und ruhmwürdige Wunsch eines tapferen, nur durch fürchterliche Naturereignisse gefallenen Heeres mit demselben erstorben zu seyn, da weder die baare Summe von 2 380 fl. noch die Kräfte der wenigen Übriggebliebenen, meistens selbst an Wunden oder anderen aus dem unerhörten Feldzuge mitgebrachten Leiden Kämpfenden, hinreichen konnten, die Kosten eines der Sache und der bayerischen Hauptstadt angemessenen und würdigen Monuments zu bestreiten . . .“ (Augsburger Allgemeine Zeitung Nr. 292 vom 19. Oktober 1833).

Doch da entschied König Ludwig I., der schon als Kronprinz einen Beitrag zur Ausführung des Denkmals für den russischen Feldzug versprochen hatte, am 23. Mai 1828: „Ein eherner Obelisk solle als Denkmal errichtet, das Metall von den in früheren Kriegen eroberten Kanonen mit Vorbehalt des Staatseigenthums genommen werden."

Der König übernahm alle Kosten auf seine Kabinettskasse und überließ es den Gebern, der bereits eingesammelten baren Summe einen anderen Zweck zu bestimmen. Dabei machte er den Zusatz, daß es ihm angenehm wäre, wenn die Geber diese Summe dem Militärunterstützungsfonds als ein verzinslich anzulegendes Kapital überließen. Die Geber entsprachen diesem Wunsch, und so wurden 1330 Gulden mit Einschluß der Gabe der Generalin von Siebein dem Offiziers- und 1000 Gulden dem Unterstützungsfonds zugewendet. 52 Gulden 54 Kreuzer erhielten das 8. und das 10. Infanterieregiment zur eigenen Verwendung.

Nachdem sich die ursprüngliche Absicht des Königs, das Denkmal aus einem einzigen Stein errichten zu las-

Der Obelisk am Karolinenplatz in München. Zeitgenössischer Stich (19. Jahrhundert)

sen, wegen der damaligen unüberwindlichen Transportschwierigkeiten als unausführbar erwies, wurde die königliche Erzgießerei J. B. Stiglmaier mit der Herstellung des ehernen Obelisken nach einem Entwurf von Leo von Klenze beauftragt.

In feierlichem Zug wurden 450 Zentner Metall aus eroberten Kanonen in die Erzgießerei gebracht, und zwar von den aus dem Meer gehobenen Geschützen der türkischen Kriegsschiffe, die in der Seeschlacht bei Navarino (Griechenland) am 20. Oktober 1827 gesunken waren. Das noch fehlende Erz ließ der König auf Kosten seiner Kabinettskasse anschaffen. Insgesamt sind für das Denkmal 618 Zentner Bronze im Wert von 39 552 Gulden verwendet worden. In der Augsburger Allgemeinen Zeitung vom 19. Oktober 1833 wird der Aufwand des Königs für den Obelisken mit ungefähr 50 000 Gulden angegeben.

Der Obelisk sollte zunächst in Verbindung mit einem Brunnen auf dem Universitätsplatz aufgestellt werden und wurde dann zunächst für den Odeonsplatz vorgesehen. Schließlich bestimmte der König endgültig den runden Karolinenplatz als Ort der Aufstellung. Dort erhebt er sich noch heute im Schnittpunkt zweier nach bayerischen Siegen benannter Straßen, der Brienner und der Barer.

Unter Einrechnung des sechs Fuß hohen Marmorunterbaues und des mit Widderköpfen geschmückten, zehn Fuß hohen Sockels mißt der Obelisk genau 100 bayerische Fuß (= 29 Meter). Auf dem Sockel sind an den vier Seiten folgende vom König selbst verfaßte Inschriften angebracht:

Den dreyssig tausend / Bayern) die im russischen / Kriege / den Tod fanden
Auch sie starben / für / des Vaterlandes / Befreyung
Errichtet / von Ludwig I. / Koenig von Bayern
Vollendet / am / XVIII October / MDCCCXXXIII

Das Denkmal wurde am 18. Oktober 1833 enthüllt. Die gleiche Jahreszahl trägt der Geschichtskonventionstaler. Seine zweizeilige an die französischen Tournosen erinnernde Inschrift lautet: DENKMAHL DER DREYSSIG TAUSEND BAYERN WELCHE IM RUSSISCHEN KRIEGE DEN TOD FANDEN. Der Rand ist geriffelt.

Literatur: AKS 129, Davenport 569, Jaeger 44, Wittelsbach 2737. (Nach Jaeger kommen auch Kupferabschläge mit Riffelrand, genau wie die normalen Gepräge vor)

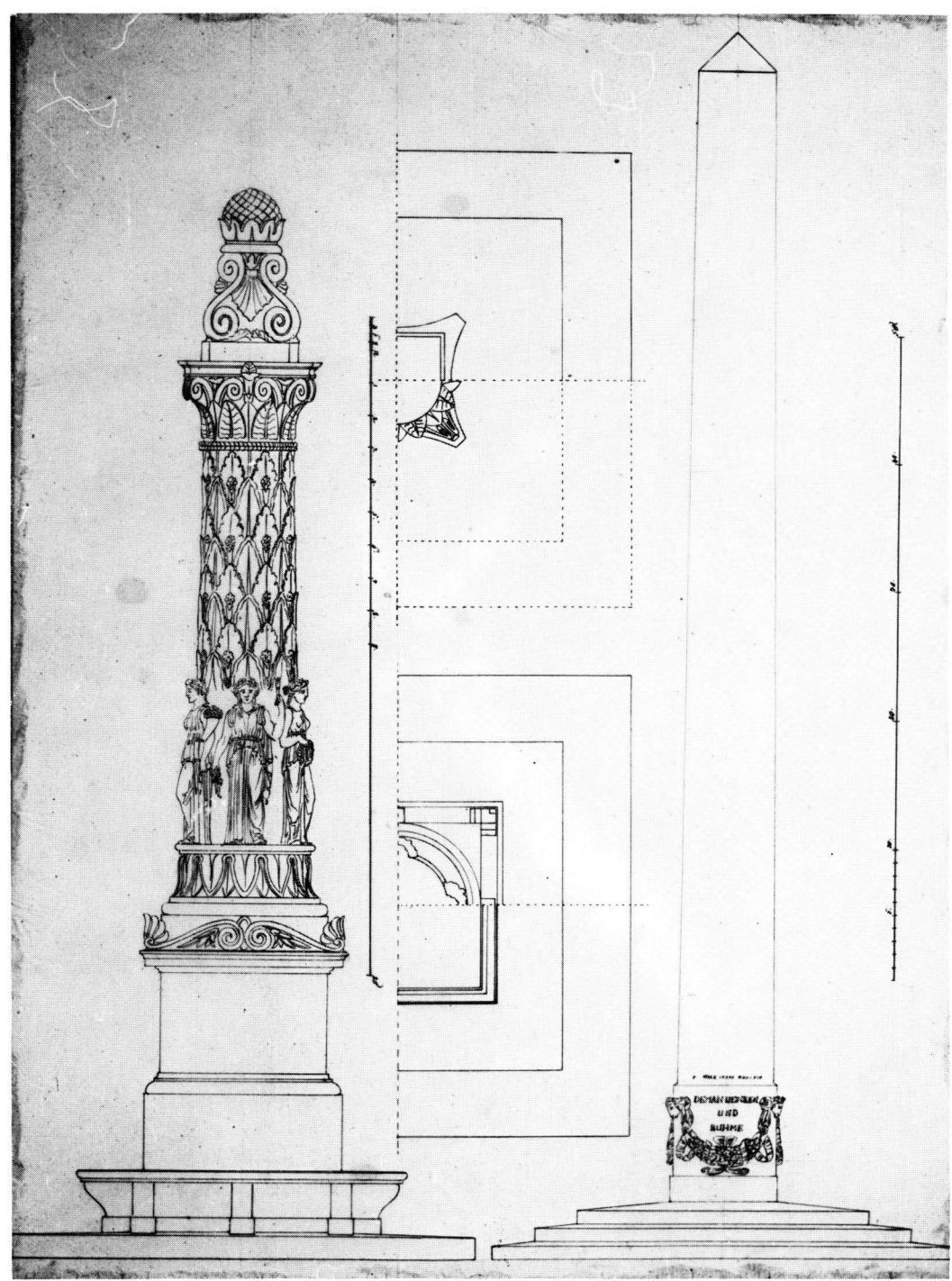

Entwurf zur Gestaltung des „Denkmals der Dreißigtausend im Russischen Krieg gefallenen Bayern". Photo: Stadt-archiv München

65

Geschichts- konventionstaler auf den Bayerischen Landtag 1834

Metall: Silber, Rohgewicht: 28,06 g, Feingewicht: 23,38 g, Feingehalt: 833,3 ‰, Durchmesser: 38 mm

Ludwig I. war mit dem Verlauf des Landtags 1834 so zufrieden, daß er auf ihn einen eigenen Geschichtskonventionstaler mit der Aufschrift EHRE DEM EHRE GEBÜHRT prägen ließ. Der König erhielt in diesem Jahr nicht nur eine permanente Zivilliste mit einer dauernden und unveränderlichen Leibrente bewilligt, sondern glaubte auch die Richtigkeit seiner reaktionären Politik bestätigt.

Der Historiker M. Doeberl stellt unter der Überschrift „Reaktion und Revolution" im dritten Band seiner Entwicklungsgeschichte Bayerns (erschienen in München, 1931) zu dem Landtag 1834 wörtlich fest: „Der Liberalismus hatte durch die Übertreibungen der radikalen Gruppe, durch ihr maßloses Auftreten gegen das historische Recht an Boden verloren. Darüber siegte das konservative Prinzip bei den Wahlen zur Kammer der Abgeordneten. Wie gefügig der Landtag war, offenbarte sich bei den Verhandlungen über die Zivilliste. Der Minister legte dem Landtag einen Gesetzentwurf vor, der eine dauernde und unveränderliche Jahresrente des Königs festsetzte, und zwar in der Höhe, wie sie im Jahre 1831 von einem Landtag zum andern zuletzt bewilligt worden war. Der Entwurf fand – namentlich dank der glänzenden parlamentarischen Vertretung durch Ignaz von Rudhart – die Zustimmung der Ständeversammlung und wurde am 1. Juli 1834 zum Gesetz erhoben. Mit der permanenten Zivilliste schien die Person des Königs der parlamentarischen Verhandlung entzogen."

Auch sonst war der Landtag 1834 in den Augen des Königs fruchtbar. Er errichtete die Bayerische Hypotheken- und Wechselbank und genehmigte den Kanal zur Verbindung des Mains mit der Donau. Auf beide Ereignisse wurden von Ludwig I. eigene Geschichtskonventionstaler geprägt.

Schließlich wurde mit der Regelung der bürgerlichen und politischen Rechte des griechischen Glaubensbekenntnisses ein weiterer „Herzenswunsch" des Königs erfüllt. Die Bekenner der unierten wie der nicht unierten griechischen Kirche erhielten künftig die gleichen bürgerlichen und politischen Rechte wie die Katholiken und Protestanten.

Durch den Verlauf des Landtags 1834 wurde Ludwig I. nach M. Doeberl „nicht zur Zurücknahme, sondern zum Ausbau seines reaktionären Systems veranlaßt". Er drängte in den kommenden Jahren das konservativliberale System so zurück, daß ein erneuter Zusammenstoß mit den Ständen unvermeidlich war. Dieser Zusammenstoß erfolgte dann auf dem Landtag 1837.

Am 8. April 1834 ordnete der Finanzminister von Lerchenfeld an, daß die Diäten der Mitglieder der Kammer in einer eigens dafür bestimmten Geschichtstalersorte zu bezahlen seien. Dieser also zu einem besonderen Anlaß

Uebersicht
der Durchschnittssummen des gesammten Staats-Aufwandes für Central-Lasten.

	Staats = Ausgaben.	Betrag.			
		Partial=		Total=	
		fl.	fr.	fl.	fr.
I.	Auf die Staatsschuld	—	–	8,100,668	—
II.	Hof = Etat:				
	1) Civilliste Sr. Majestät des Königs .	2,350,760	–		
	2) Apanagen	337,000	—	3,000,000	—
	3) Wittwengehalte	312,240	—		
III.	Etat des Staatsrathes	—	—	60,000	—
IV.	„ der Ständeversammlung ꝛc. ꝛc.	—	—	50,000	—
V.	„ des Staatsministeriums des K. Hauses und des Aeussern	—	—	480,000	—
VI.	Etat des Staats = Ministeriums der Justiz . . .	—	—	245,925	—
VII.	„ „ „ „ des Innern . .	—	—	704,900	—
VIII.	Gemeinschaftlicher Etat der Staats-Ministerien der Justiz und des Innern, resp. Etat der Landgerichte	—	—	96,942	—
IX.	Etat des Staats = Ministeriums der Finanzen .	—	—	772,000	—
X.	Staats = Anstalten:				
	1) Erziehung und Bildung	311,700	—		
	2) Kultus	1,346,617	—		
	3) Gesundheit	22,086	—		
	4) Wohlthätigkeit	162,312	—		
	5) Sicherheit	484,000	—		
	6) Industrie und Kultur	143,591	—		
	7) Besondere Leistungen des Staatsärars für die Gemeinden	109,000	—		
	8) Zuschüsse an die Kreisfonds	801,150	—		
	9) Straßen=, Brücken= und Wasserbau . . .	611,421	—	3,991,877	—
XI.	Militär = Etat:				
	1) Active Armee, ausschließlich des Festungsbaues von Ingolstadt: a) in Geld . . 4,872,903 fl. b) „ Naturalien 627,097 „	5,500,000	—		
	2) Gendarmerie	613,976	—		
	3) Topographisches Bureau	50,000	—		
		6,163,976	—		

Amtlicht Übersicht der Durchschnittssummen des gesamten Staatsaufwandes des Königreichs Bayern für Central-Lasten 1834

ausgegebene Geschichtskonventionstaler von 1834 trägt neben den bereits genannten Worten EHRE DEM EHRE GEBÜHRT in einem Eichenkranz die Inschrift LAND-TAG I 1834. Der Rand ist geriffelt.

Literatur: AKS 130, Davenport 571, Jaeger 45, Wittelsbach 2740. (Nach Jaeger kommen auch Kupferabschläge mit Riffelrand, genau wie die normalen Gepräge vor)

Geschichts-konventionstaler auf das Denkmal zu Oberwittelsbach 1834

Metall: Silber, Rohgewicht: 28,06 g, Feingewicht: 23,38 g, Feingehalt: 833,3 ‰, Durchmesser: 38 mm

Am 25. August 1834 wurde in Oberwittelsbach festlich ein Nationaldenkmal enthüllt, das zugleich Anlaß zur Ausgabe eines neuen Geschichtskonventionstalers bildete. Das aus patriotischer Gesinnung von König Ludwig I. gestiftete neugotische Denkmal wurde von Daniel Ohlmüller entworfen. Es liegt auf einer kleinen Anhöhe und hat die Form einer Fiale, d. h. eines gotischen Spitztürmchens.

Eine im Münchner Stadtmuseum aufbewahrte Bleistiftzeichnung von 1834 (links) des Chronisten der Biedermeierzeit, Gustav Kraus (1804–1852), gibt einen anschaulichen Eindruck von der offiziellen Feierlichkeit, die in Anwesenheit des Königs stattfand. Das Denkmal steht zwischen der Kirche und dem Schloß von Oberwittelsbach. Dazwischen bildete die Landwehr ein Spalier. Während die Landwehr-Kavallerie links im Bild zu sehen ist, standen die Landwehr-Grenadiere rechts. Aus der ganzen Umgebung war die Bevölkerung in ihren Trachten herbeigeeilt, um das Ereignis zu feiern.

Gustav Kraus hat diese Bleistiftzeichnung als Vorlage für eine Lithographie verwendet, die bei der lithographischen Anstalt I. B. Dreseli in München gedruckt wurde.

Auf dem Geschichtskonventionstaler ist nur das neugotische Türmchen zu sehen. Die zweizeilige Umschrift lautet: DENKMAHL DER ANHAENGLICHKEIT BAYERNS AN SEINEN HERRSCHERSTAMM | ERRICHTET ZU OBERWITTELSBACH. Unten steht die Jahreszahl 1834. Der Rand ist geriffelt.

Literatur: AKS 131, Davenport 572, Jaeger 46, Wittelsbach 2741

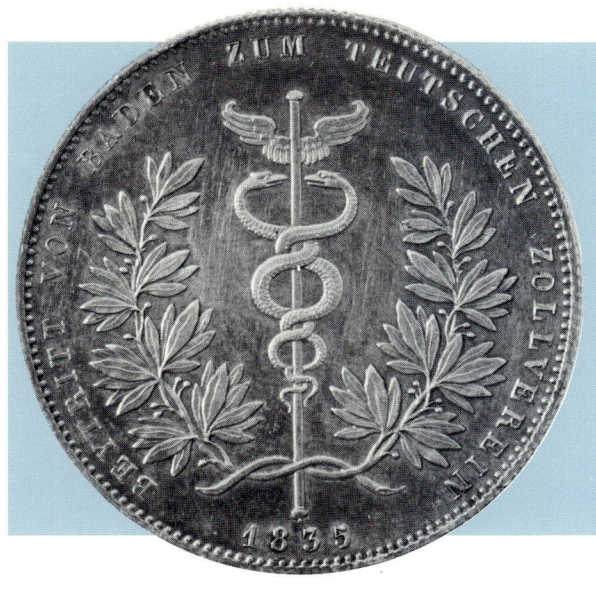

Geschichtskonventionstaler auf den Beitritt von Baden zum Deutschen Zollverein 1835

Metall: Silber, Rohgewicht: 28,06 g, Feingewicht: 23,38 g, Feingehalt: 833,3 ‰, Durchmesser: 38 mm

Der persönlichen Initiative König Ludwigs I. ist es zu verdanken, daß 1827 zwischen Bayern und Württemberg ein Zollverein abgeschlossen wurde, der sich 1829 durch die Verbindung mit Preußen und Hessen erweiterte und 1833 zum Zollverein mit Preußen, Sachsen, Hessen und Thüringen führte.

Aus diesen Zusammenschlüssen bildete sich schließlich der „Deutsche Zollverein", dem 1835 Baden beitrat. „Im stolzen Gefühl über diese merkantile Einigung des deutschen Vaterlandes" (H. Reidelbach, 1888) ließ König Ludwig I. auf diese vier Zollbündnisse vier Geschichtskonventionstaler prägen.

In der außerordentlichen Beilage zur Augsburger Allgemeinen Zeitung Nr. 351 und 352 vom 4. September 1835 ist folgender am 28. August 1835 in Mainz über den Beitritt Badens zum Deutschen Zollverein abgefaßte Bericht in der Rubrik „Deutschland" veröffentlicht:

Mainz, 28. Aug. Durch den Beitritt Badens und Nassaus zu dem allgemeinen deutschen Zollverband und durch das unzweifelhaft nahe Hinzutreten Frankfurts beginnt für die Handelswelt eine neue wohlthätige Epoche, besonders indem dadurch eine Arrondirung gebildet wird, die dem so verderblichen Schmuggelhandel den Todesstoß versetzt. Der Großhandel, besonders mit überseeischen Produkten, ehemals so blühend an hiesi-

gem Plaze, wurde, troz der Vortheile des Freihafens, fast gänzlich vernichtet durch den unredlichen Verkehr des Schwärzers; der Staat wurde betrogen, der ehrliche Kaufmann in seinem Verdienst gekränkt, der Konsument erhielt die Waare nicht um einen Pfenning wohlfeiler, und – das Unangenehmste und Störendste von Allem – die Zollverwaltung war gezwungen, die Formalitäten verwikelter und schärfer zu machen. Für die Zukunft wird eine solche Strenge nur etwa für die Gränz-Zollämter nöthig seyn, im Innern hingegen dürfte ein ganz einfaches Verfahren eintreten.

So wird der hiesige Plaz für die Folge zwei Häfen, einen inländischen und einen ausländischen, haben, so eingerichtet, daß der Fiskus Sicherheit und der Handelsstand alle Gemächlichkeit freier, ungestörter Bewegung hat. – Auch unser Speditionshandel, der seither durch eine einseitige Begünstigung der rheinpreußischen Häfen, besonders des Kölner, sehr gelähmt war, wird mit dem Zollanschluß der genannten Staaten seine frühere Wichtigkeit wieder erhalten, da gelegentlich des Zollanschlusses Badens die übrigen Rheinstaaten Veranlassung nahmen von Preußen eine desfallige Gleichstellung zu begehren, welches auch von preußischer Seite als der Billigkeit angemessen zugestanden wurde. Es bleibt nun für den Verkehr auf dem Rhein kein anderer Wunsch mehr übrig, als daß das Abfertigungsverfahren der Segelschiffe an den Oktroi-Aemtern ebenso zu jeder Stunde des Tages stattfinden möge, wie dis der Fall bei den Dampfschiffen ist, und daß überhaupt erstere, die nur mit großer Anstrengung eine Konkurrenz mit der neuen Einrichtung aushalten können, mit letztern, die ohnehin so sehr begünstigt sind, in ein gleiches Verhältnis der Vortheile gestellt werden. Für unsern Transithandel zu Lande aber bleibt uns noch mancher Wunsch übrig. Dieser Verkehr, der den reinsten Verdienst ohne Wagniß abwirft, der auf den Landstraßen den Arbeitern, Pferdebesizern, Wirthen, Handwerksleuten etc. eine fortwährende Nahrungsquelle zuwendet, scheint überhaupt noch nicht mit der Wichtigkeit betrachtet zu werden, als er es verdient. Die Abfertigungs-Formalitäten müßten einfacher, schneller und weniger kostspielig seyn. Von hier aus beträgt in neuerer Zeit der Transitzoll nur $31^{1}/_{4}$ kr., dem Anschein nach ein gewiß nicht hoher Betrag, wodurch indessen doch schon die meisten englischen und französischen Waaren, namentlich Twiste, Baumwolle, Weine etc. von unserer Landstraße entfernt wurden. Man ermäßige den Transitzoll oder hebe ihn ganz auf und mache ihn so wenig lästig und zeitraubend wie möglich; dis wird eine der ehrendsten und segensreichsten Finanzspekulationen seyn!

Im Regierungsblatt für das Königreich Bayern wurde auf Befehl des Königs eine amtliche Bekanntmachung vom 24. Dezember 1835 mit dem nachstehenden Wortlaut aufgenommen:

Bekanntmachung,
die in Folge des Anschlusses des Großherzogthums Baden an den Zollverein eintretenden Veränderungen bezüglich auf die Zoll-Erhebungs- und Aufsichts-Behörden und Einrichtungen betreffend.

In Folge des am 1. Januar künftigen Jahres vertragsmäßig eintretenden freien Verkehrs mit dem Großherzogthum Baden verändern sich die Anordnungen, welche bisher an der Grenze des Königreiches gegen das Großherzogthum Baden zum Zwecke der Zollerhebung und der Zoll-Aufsicht bestanden haben; es wird demnach, mit Beziehung auf das dem Regierungs-Blatte Nro. 9 vom 7. März 1834 (S. 189–200) beigefügte Verzeichniß der Hauptzoll-Aemter und der Nebenzoll-Aemter erster Klasse an den Grenzen des Königreichs Bayern, so wie auf die im Regierungs-Blatte Nro. 10 vom 10. März des nämlichen Jahres (S. 205 und 206) verkündete Uebersicht der Hauptzoll- und Nebenzoll-Aemter im Innern des Königreichs, endlich auf das im Regierungs-Blatte Nro. 17 vom 5. April vorigen Jahres (Seite 471 bis 480) enthaltene Verzeichniß der Oberkontroleure an den Grenzen, hiedurch zur öffentlichen Kenntniß gebracht, daß, vorbehaltlich der weiteren Bestimmung, zur Zeit die bisherigen Grenz-Hauptzollämter Würzburg, Miltenberg, Rheinschanze und Speyer in die Reihe der Hauptzoll-Aemter im Innern übergehen, und daß die Nebenzollämter Frankenthal und Germersheim künftig als Nebenzoll-Aemter im Innern, Oggersheim und der Posten am Krahnen bei Speyer als Exposituren beibehalten seyen, den Beamten und Bediensteten, welche durch die Erweiterung des Zollvereins ihre amtliche Wirksamkeit verlieren, wird zu ihrer Beruhigung das Nähere durch die General-Zolladministration ohne Verzug eröffnet werden.

München den 24. Dezember 1835.
Auf Seiner Majestät des Königs allerhöchsten Befehl:
O. Wirschinger.
Durch den Minister
der General-Sekretär.
Gietl.

Der Geschichtskonventionstaler von 1835 zeigt den Merkurstab zwischen zwei Lorbeerzweigen und die Umschrift: BEYTRITT VON BADEN ZUM TEUTSCHEN ZOLLVEREIN. Es kommen auch Exemplare mit der Inschrift ZUM DEUTSCHEN ZOLLVEREIN vor. Die Jahreszahl befindet sich unter dem Merkurstab. Der Rand ist geriffelt.

Literatur: AKS 132, Davenport 573, Jaeger 47, Wittelsbach 2742

70

Geschichts- konventionstaler auf die Errichtung der Bayerischen Hypotheken- und Wechselbank 1835

Metall: Silber, Rohgewicht: 28,06 g, Feingewicht: 23,38 g, Feingehalt: 833,3 ‰, Durchmesser: 38 mm

Die Napoleonischen Kriege und die damit in Zusammenhang stehende Kontinentalsperre der Engländer hatten zunächst in Europa eine wirtschaftliche Scheinblüte gebracht, sich dann jedoch bald lähmend auf Wirtschaft und Handel ausgewirkt. Durch die Feldzüge waren nicht nur die fruchtbaren Äcker verwüstet, es fehlten auch die nötigen Arbeitskräfte zum Wiederaufbau. Die Hungersnot 1816/1817 brachte in Bayern zusätzlich eine schwere Teuerung.

Die Entdeckung Thaers ermöglichte dann den allmählichen Übergang von der Dreifelderwirtschaft zur wesentlich ergiebigeren Fruchtwechselwirtschaft. Die nunmehr folgenden fruchtbaren Jahre senkten die Preise für landwirtschaftliche Erzeugnisse so, daß die verschuldeten Grundeigentümer vielfach ihre Gläubiger nicht mehr befriedigen konnten. Die Folge war, daß die Bauernhöfe oft von Wucherern aufgekauft wurden.

Infolge der darniederliegenden Landwirtschaft litt in dem Agrarstaat Bayern auch das Gewerbe. Strenge Zunftvorschriften behinderten zusätzlich die unternehmerischen Planungen. Nur in Augsburg und Nürnberg war eine einflußreiche Kaufmannschaft vorhanden, die genügend Kapital hatte, um den Handel vorzufinanzieren. Der Staatshaushalt war durch die Kriege zerstört. Der private und der öffentliche Wiederaufbau wurden schließlich auch dadurch behindert, daß es weder ein

allgemeines deutsches Münzwesen noch ein einheitliches Wechselrecht gab.

Andererseits wurden gerade in dieser vorindustriellen Zeit dringend Geld und Kredite benötigt, um die neuen technischen und chemischen Erfindungen einzuführen und zu verbessern. Die Dampfmaschine, das Dampfschiff, der automatische Webstuhl und die Eisenbahn sind in diesen Jahren entwickelt worden.

Um nun das für Landwirtschaft, Handel und Industrie benötigte Kapital zu beschaffen, forderte der Landwirtschaftliche Verein in Bayern schon 1818 die Einrichtung einer sogenannten „Hypothekenbank". Der erste Entwurf zur Schaffung einer „Bayerischen Notenbank" wurde 1819 von Geheimrat von Böhnen der Staatsregierung und der Ständeversammlung vorgelegt. Die Bank sollte die „Kreditlosigkeit des Grundbesitzes steuern, die Höhe des Zinsfußes herabsetzen und dem herrschenden Wucher Einhalt gebieten".

Der Entwurf von 1819 war allerdings noch weit von der endgültigen Form entfernt, und in den folgenden Jahren tauchten immer wieder neue Projekte auf. Dabei stritt man u. a. auch über den Sitz der Bank. Vor allem die alte Fugger- und Welserstadt Augsburg wollte der Ort sein.

In einer am 29. März 1822 vor der Kammer der Abgeordneten gehaltenen Rede schilderte der königlich baye-

10-Gulden-Note der Bayerischen Hypotheken- und Wechsel-Bank von 1836. Entwurf: Leo von Klenze. Format: 148 x 102 mm. Die 1835 gegründete Bayerische Hypotheken- und Wechselbank war die einzige Notenbank Bayerns bis zur Gründung der Reichsbank. Außer den Noten über 10 Gulden gab sie auch 100-Gulden-Noten aus. Bayerisches Staatspapiergeld gab es ab 1866 in den Werten 2,5 und 50 Gulden. Photo: Bayerische Hypotheken- und Wechselbank

rische Finanzminister Freiherr von Lerchenfeld den damaligen wirtschaftlichen Zustand Bayerns wie folgt: „Seit dreißig Jahren hat der Krieg in allen Welttheilen in dem gewöhnlichen Gange der Nationalöconomie bedeutende Veränderungen herbeigeführt. Die Production wurde vermehrt, Preise und Löhne stiegen, weil die Armeen viel consumirten, die Conscription raffte die Blüthe der Jugend weg, nach einer außerordentlichen Theuerung entstand Ueberfluß aller Erzeugnisse, allgemeine Verminderung der Einnahmen bei noch gleichgebliebenen Ausgaben."

Um dem Hin und Her der Meinungen endlich ein Ende zu machen, beauftragte König Ludwig I. den Minister des Inneren, Fürst von Oettingen-Wallerstein, sich mit erfahrenen Bankiers in Verbindung zu setzen und ein Gutachten anzufordern. Auf diese Weise kam endlich ein brauchbarer Vorschlag zustande. Der Aufgabenkreis des zu gründenden Instituts wurde in dem Gutachten folgendermaßen umschrieben: „Es erübrige sich nur eine Bank, diese müsse eine der Natur des bayerischen Staates entsprechende Hypothekenbank sein, die zwei Drittheile ihres Capitals auf Hypothek leihe, wobei das Annuitätensystem als Hauptsächliches, nicht aber als Ausschließliches festgesetzt werde."

Die Bayerische Hypotheken- und Wechsel-Bank wurde unter den Schutz und die Oberaufsicht des Staates gestellt. Sie erhielt das Notenprivileg und sollte 3/5 ihrer Mittel zu Anleihen auf Grund und Boden und 2/5 für andere Bank- und Wechselgeschäfte „vorzüglich im Interesse der Gewerbe treibenden Klasse" verwenden. Die Bank sollte außerdem die Wechselrechte des Augsburger Handelsplatzes genießen.

Die Gründungsurkunde wurde bereits am 18. Juni 1835 von Ludwig I. unterzeichnet. An der Gründungsversammlung nahmen der König und die Königin-Witwe Karoline teil. Ein königliches Handbillet drückte die volle Zufriedenheit des Königs mit dem Wirken des vorbereitenden Bankausschusses aus, „wodurch das Zustandekommen einer hochwichtigen, vaterländischen Anstalt, welche den minderbemittelten Landwirt und Gewerbsmann dem Wucher und Zwischenhändler entrücke, so wesentlich gefördert wurde".

Nach den durch den König genehmigten Statuten war die Bank sowohl eine Hypotheken- als auch eine Wechsel-Bank mit der Berechtigung zur Notenausgabe. Als dritten Geschäftszweig durfte sie auch Lebensversicherungen, Leibrenten und ähnliche Geschäfte, die dem Gemeinnutzen dienten, betreiben. Obwohl es damals in Bayern noch kein kodifiziertes Aktienrecht gab, war die Bank als Aktiengesellschaft organisiert. Um auch den

Zeitgenössisches Bild des maßgeblich an der Gründung der Bayerischen Hypotheken- und Wechsel-Bank beteiligten Simon Freiherr von Eichthal (1787–1854).

Augsburger Wünschen gerecht zu werden, wurde in Augsburg eine Filiale errichtet.

Die Bankleitung wurde durch einen königlichen Kommissär überwacht. Vierzig der höher beteiligten

Gründungsurkunde der Bayerischen Hypotheken- und Wechsel-Bank vom 18. Juni 1835

Aktionäre bildeten einen Bankausschuß, der seinerseits wieder sieben Administratoren wählte. Aus ihrer Mitte berief man einen ersten und zweiten Direktor. Die ersten Direktoren waren Simon Freiherr von Eichthal und Franz Xaver Riezler, die sich beide schon im Ausschuß wesentliche Verdienste um das Zustandekommen des Instituts erworben hatten.

Mit dem Ausschreiben der ersten Einzahlung von einer Million Gulden auf ihre Aktien eröffnete die Bank nun den Betrieb. Am 15. Oktober 1835 bezog sie, zunächst mietweise, das am Rande des alten Münchens in der Nähe des Schwabinger Tors stehende Preysing-Palais.

Aus Anlaß der Geschäftsaufnahme ließ König Ludwig I. im Oktober 1835 einen Geschichtskonventions-

Der erste Sitz der Bayerischen Hypotheken- und Wechsel-Bank 1835 in dem zwischen 1740 und 1750 von J. Effner erbauten Palais Preysing

taler prägen, der auf der Vorderseite seinen Kopf und auf der Rückseite neben der Umschrift ERRICHTUNG DER BAYERISCHEN HYPOTHEKEN-BANK eine sich an einen Säulenschaft anlehnende Frau zeigt. Über die Darstellung gibt ein Schreiben des Münzdirektors von Leprieur vom 12. September 1835 an den Finanzminister von Wirschinger Aufschluß, in dem es wörtlich heißt: „Die Reversseite dieses Talers hat zur Bezeichnung der Gründlich- und Verlässigkeit dieser Staatsanstalt das Sinnbild der Sicherheit, so wie die Securitas auf antiken Münzen und anderen Gegenständen vorgestellt ist; sie wird als eine stattliche Frau abgebildet, die mit überschlagenen Beinen sich mit dem linken Arm auf eine Dauer und Festigkeit bezeichnende Säule stützt, und die Rechte ganz über den Kopf legt, mit ruhigem Blick in die Zukunft sehend."

Wie hoch König Ludwig I. die Gründung dieses – bis 1875 zugleich mit dem Privileg der Banknotenemission für das ganze Königreich Bayern ausgestattete – Kreditinstituts als Instrument seiner wirtschaftspolitischen Zielsetzungen veranschlagte und welche Erwartungen ganz allgemein in Bayern daran geknüpft wurden, geht aus der 1834 erschienenen zeitgenössischen Publikation „Bayerns Ehrenbuch" hervor. In seiner numismatischen, artistischen und historischen Beschreibung und Erklärung der Geschichtskonventionstaler lesen wir zu diesem Ereignis: „Dieser ruhmwürdigen Sorgfalt für National-Industrie, -Gewerbe, -Handel steht nicht nach, was der König für Landeskultur im allgemeinen und Ackerbau insbesondere, der Hauptquelle des Nationalreichtums, durch die weisesten und in ihren Folgen wohltätigsten Verfügungen getan, und der Glanzpunkt dieses Teiles seiner echt königlichen Vorsorge wird stets die Gründung der Hypotheken- und Wechsel-Bank, als Nationalbank für das Königreich Bayern, bleiben."

Der Säulenschaft auf der Münze ist mit dem Merkurstab (Caduceus) als Symbol des Handels geschmückt. Die Jahreszahl steht im Abschnitt. Der Rand ist geriffelt. Die Auflage betrug vermutlich etwa 1500 bis 2000 Stück.

Literatur: AKS 133, Davenport 574, Jaeger 48, Wittelsbach 2743

Geschichts-konventionstaler auf das von Bayerischen Frauen in Bad Aibling anläßlich der Trennung der Königin Therese von ihrem Sohn Otto errichtete Denkmal 1835

Metall: Silber, Rohgewicht: 28,06 g, Feingewicht: 23,38 g, Feingehalt: 833,3 ‰, Durchmesser: 38 mm

Zur Erinnerung an die Stelle, an der der junge König Otto von Griechenland zwischen Aibling und Rosenheim 1832 Abschied von seiner Mutter nahm, wurde anläßlich des 21. Geburtstages und damit der Volljährigkeit des Königs am 1. Juni 1835 von bayerischen Frauen das sogenannte „Theresienmonument" errichtet.

Nach einer teilweise sehr stürmischen Seefahrt von fast zwei Wochen landete Otto am 6. Februar 1833 unter dem Donner der Kanonen in Nauplia. Über seine Ankunft schrieb er selbst an seinen Vater: „Den 30. Januar warfen wir Anker im herrlichen Golf, dem Palamides und Itsch-Kale gegenüber. Vor beiden und eine Strecke die Anhöhe entlang war alles mit den bunten Trachten der harrenden Griechen bedeckt, die sich teils auf der Anhöhe zwischen den unendlich zahlreichen Kakteen gelagert hatten, teils wechselnd auf und ab gingen. Neben unserer Fregatte und hinter ihr wogten nah und fern die mit Truppen und Gepäck beladenen Schiffe herbei, ernst und feierlich im majestätischen Zuge ihre große Bestimmung für das befreite Griechenland verkündend. Bald näherten sich kleine Kähne, mit Griechen besetzt, friedlich unser mächtiges Kriegsschiff umkreisend. Möchte die Vorsehung meinen Thron ebenso machtvoll emporragen, die Nation so freudig und denselben sich bewegen lassen."

Über den Tag, an dem er den griechischen Boden betrat, berichtet der junge Otto: „Vom Fort Itsch-Kale herab verkündeten 21 Kanonenschüsse den Anbruch des Tages. Kein Wölkchen zeigte sich. Ungetrübt thronte über uns die ätherische Himmelskuppe, geschmückt mit dem freundlichen, heiteren Blau, Bayerns und Griechenlands Nationalfarben, als wollte sie hindeuten auf jene durch Zufall entstandene äußere Ähnlichkeit und Bayern und Griechen ermahnen, auch so im Inneren wie Verwandte sich zu lieben und einander zu nützen."

Ein von P. Heß gemaltes Bild in der Neuen Pinakothek in München gibt den Jubel der Bevölkerung wieder: „Man sieht da alt und jung, selbst Greise, Frauen, Knaben und Mädchen in begeistertem Jubel dem in jugendlicher Schönheit strahlenden König entgegeneilen, Palmen und Olivenzweige schwingend" (H. Reidelbach).

In Wirklichkeit traf Otto aber in einem unglücklichen, vom Krieg mit den Türken heimgesuchten und verwüsteten Land ein. Ein Augenzeuge vermerkte: „Wo man hinsah, kahle Felsen, ödes Land, nirgends Wege, keine Straßen, keine Brücken, die Bewohner in Höhlen oder in von Lehm und übereinandergelegten Balken gebauten Hütten. Zertrümmert lagen ganze Dörfer und Städte."

Nach den Londoner Beschlüssen sollten bis zur Volljährigkeit Ottos alle Souveränitätsrechte von einer Regentschaft ausgeübt werden. Präsident dieser Regentschaft war Graf Armansperg, ein ehemaliger bayerischer

Das Theresienmonument bei Bad Aibling nach einer Zeichnung in Hans Reidelbach: König Ludwig I. von Bayern und seine Kunstschöpfungen. München 1888

Finanzminister. Ihm standen als gleichberechtigte Mitglieder Professor Ludwig von Maurer und der Generalmajor von Heideck zur Seite. „Zur Theilnahme an den Geschäften sowie als Substitut" gehörte der Regentschaft ferner der Legationsrat von Abel an.

Dieser Regentschaft fehlte es nach Ansicht der Historiker an Eintracht und zielbewußter Energie. So wird berichtet, daß sie den sich vielfach kreuzenden Einflüssen und Ränken der Großmächte ausgesetzt waren: „Graf Armansperg stand unter englischem Einfluß, Maurer und

Abel wurden von Frankreich begünstigt, und Heydeck war der Liebling Rußlands (H. Reidelbach).

König Ludwig I. von Bayern versuchte mit allem Nachdruck, von München aus die Mißwirtschaft zu beseitigen und legte wiederholt sehr eindringlich dem Grafen Armansperg die Abstellung der Fehler ans Herz. So schrieb er am 27. Juni 1834: „Damit Gleichgewicht in den Finanzen werde, einfache Verwaltung (nicht das Abelsche Organisationswesen, das alles Französisch-Bayerisch in Hellas machen will), nicht mehr Truppen als nötig, und wenn nicht Einziehung aller Gesandtschaften, wenigstens doch große Verminderung derselben, sind ja die Bayerischen da."

Gleichzeitig tadelte er in einem Brief an seinen Sohn Otto das Vorgehen der Regentschaft gegen die Klöster: „Die Aufhebung fast aller griechischen Klöster will mir nicht gefallen, wäre sie auch mit Beystimmung der Synode geschehen, so folgt daraus keineswegs, daß sie die des Volkes habe, eine von allem übrigen abgesehen um so weniger rächliche Maßregel, da sie von Bekennern eines anderen Glaubens ausging. Was die Türken immerwährend verschont, das soll von Bayern vernichtet werden!! Ich wünsche, recht sehr, daß auch von diesem Abelschen Unternehmen zurückgekommen, das Fortbestehen der bey weit größten Zahl ausgesprochen werde . . . Noch eines wegen dem Staatshaushalt: gesäet muß werden damit geärntet werde."

König Ludwig I. rief deshalb von Maurer und von Abel zurück und entsandte an ihrer Stelle den Staatsrat Kobell und den Regierungsdirektor Greiner. Im Januar 1835 konnte er erfreut vermerken: „Daß Hellas Ehrenschulden, Pflicht der Dankbarkeit an die Pelaren, abzutragen begonnen wird, freut mich und gereicht der jetzigen Regentschaft zur Ehre. Kein Volk eignet sich weniger, um eine Verfassung zu ertragen, als jetzo das Hellenische, es wäre dessen Verderben, bekäme es gegenwärtig eine oder bei meines Sohnes wirklicher Thronbesteigung. Eine Verfassung, die Teutsche vertragen, können sobald noch Griechen nicht vertragen, in Hellas fehlen die Elemente."

In einem Brief vom 8. April 1835 schließlich schrieb der König: „Mit Freude vernehme ich, daß Sie die Ansicht haben, daß Griechenland griechisch regiert werden soll, möchte es doch ausgeführt werden! . . . Wünsche recht sehr, daß das letzte Bataillon meiner Truppen, was noch in Hellas ist, sobald wie nur immer möglich heimkehre."

Am Tag der Errichtung des Aiblinger Denkmals berichtete die Augsburger Allgemeine Zeitung in der Rubrik „Deutschland":

München, 1 Jun. Heute wurde der Geburtstag und die Volljährigkeit Sr. Maj. des Königs Otto von Griechenland von den hier sich aufhaltenden Griechen unter allgemeiner Theilnahme festlich begangen. Um 10 Uhr begann der Gottesdienst in der zu diesem Behufe prachtvoll ausgeschmückten griechischen Kirche „zum Erlöser", in welcher zur Seite des Aufgangs zum Altare sich ein königlicher Thron mit dem Wappen Sr. Majestät in Palmzweigen erhob. Außer dem griechischen Gesandten, Hrn. v. Maurokordato, waren der Hr. Baron v. Gise, Minister des Auswärtigen, die Gesandtschaften der drei Schutzmächte von Griechenland und viele ausgezeichnete Personen vom Civil und Militair gegenwärtig. Nach der in alterthümlicher Weise unter melodischen Gesängen gefeierten Liturgie ward vom würdigen Geistlichen der griechischen Kirche, Hrn. Kampanis aus Andros, eine Rede gehalten, in welcher er ausführte, daß das jetzt lebende Geschlecht der Griechen den Tag gesehen, welchen seit dem Umsturze des Throns des heiligen Konstantin die Väter ersehnt, und vorzüglich die griechische Jugend ermahnte, durch Eintracht, Tugend, Bildung und Anhänglichkeit an ihren Monarchen des ihnen und ihrer Heimath von Gott gegebenen Glückes würdig zu werden. Sichtbar war die Freude dieser uns so engverbundenen Fremdlinge und die Theilnahme der zahlreich versammelten Menge, welche die Feier und die Wichtigkeit des Tages herbeigezogen hatte, und Alle vereinigten sich in den Wünschen, welche für die glückliche und lange Regierung des jungen hoffnungsvollen Königs und für das Wohl von Griechenland zum Ruhme desjenigen gesandt wurden, in dessen Händen das Schiksal der Völker und der Fürsten liegt. Nachmittags um 4 Uhr hatte derz. griechische Gesandte die k. bayerischen Staatsminister und den Staatsrath, so wie das diplomatische Korps und mehrere durch sociale Stellung, oder ihr früheres Verhältniß zur Sr. Maj. dem König Otto, oder als Philhellenen ausgezeichnete Männer zu einem Mittagsmahl eingeladen, welches in dem großen Saale des zu diesem Behufe festlich ausgeschmükten Museums

König Otto von Griechenland in der griechischen National-tracht. Zeitgenössische Lithographie.
Photo: Stadtarchiv München

gehalten wurde. Auf morgen hat derselbe Hr. Gesandte sämtliche Griechen, welche sich hier befinden, in demselben Lokal zu einem Gastmahle geladen, und diese haben ihrerseits auf nächsten Donnerstag in der am Isar-Ufer gelegenen Minderschweig zur Feier desselben glückverkündenden Ereignisses ein ländliches Fest veranstaltet.

Die zweizeilige Inschrift des Geschichtskonventionstalers lautet: DENKM. DER TRENNUNG DER KOEN. THERESE VON IHREM SOHNE DEM KOEN. OTTO I ERRICHTET BEI AIBLING VON I BAYERISCHEN FRAUEN. Im Abschnitt die Jahreszahl 1835. Der Rand ist geriffelt.

Literatur: AKS 134, Davenport 575, Jaeger 49, Wittelsbach 2744. (Nach Jaeger kommen auch Kupferabschläge mit Riffelrand, genau wie die normalen Gepräge vor)

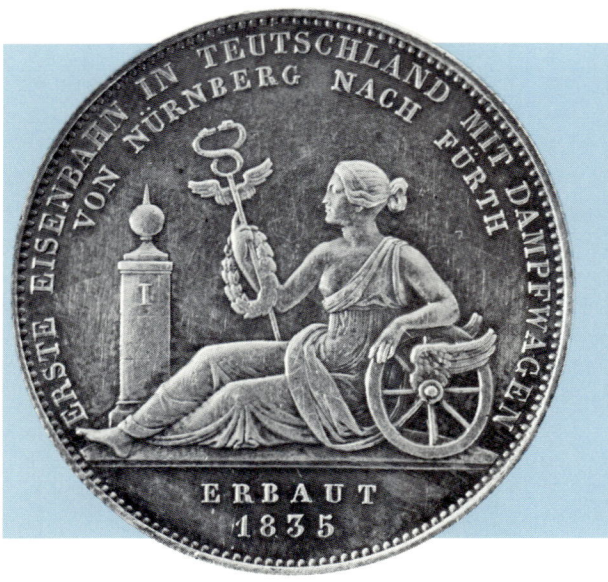

Geschichts- konventionstaler auf die erste Eisenbahn in Deutschland mit Dampfwagen von Nürnberg nach Fürth 1835

Metall: Silber, Rohgewicht: 28,06 g, Feingewicht: 23,38 g, Feingehalt: 833,3 ‰, Durchmesser: 38 mm

Das erste schnelle Massenverkehrsmittel der Neuzeit war die Eisenbahn. Sie übte einen großen Einfluß auf die technische, wirtschaftliche und politische Entwicklung der industrialisierten Staaten aus. Vor allem in Deutschland spielte sie eine wichtige Rolle bei der Überwindung der sogenannten „Kleinstaaterei".

Als Vorläufer der Eisenbahn werden allgemein die im deutschen und englischen Bergbau verwendeten Bahnen angesehen, bei denen von Pferden gezogene Wagen auf – ursprünglich ausgehöhlten – hölzernen, seit dem letzten Drittel des 18. Jahrhunderts auch auf gußeisernen Gleisen rollten. In dem 1837 in Leipzig erschienenen „Bilder-Conversations-Lexikon für das deutsche Volk" von F.A. Brockhaus findet sich unter dem Stichwort Eisenbahn folgende zeitgenössische Definition: „. . . sind fahrbare Straßen mit festen Geleisen von Eisenschienen oder von mit Eisen beschlagenem Holz und Steinen, auf denen die Räder der Wagen laufen, wodurch der Widerstand, welchen sie auf gewöhnlichen Wegen am Umfange erleiden, so weit aufgehoben wird, daß beinahe nur die Reibung an der Achse noch zu überwinden bleibt und ihre Fortbewegung durchschnittlich wenigstens zehnfach erleichtert ist."

Die erste Dampflokomotive wurde in den Jahren 1803/1804 von R. Trewithick gebaut. Es dauerte aber noch bis 1825, ehe die erste öffentliche Dampfeisenbahn mit einer Geschwindigkeit von etwa 15 Kilometern in der Stunde den Betrieb zwischen Darlington und Stockton in England aufnahm. 1830 wurde der Eisenbahnpersonenverkehr auf einer 48 Kilometer langen Strecke zwischen dem Industriezentrum Manchester und der Hafenstadt Liverpool eröffnet. Auf dem Kontinent fuhr die erste Dampfbahn auf der Strecke zwischen Brüssel und Mecheln. Sie konnte 1835 eingeweiht werden.

Über die Eröffnung der belgischen Eisenbahn berichtete die Augsburger Allgemeine Zeitung am 15. Mai 1835 in einer außerordentlichen Beilage: „Wer die Einfachheit der ganzen Einrichtung und Anlage und die Leichtigkeit und die Sicherheit sieht, mit welcher hier ungeheure Lasten auf die schnellste und bequemste Weise weiterbefördert werden können, dem drängt sich unwiderstehlich die Überzeugung auf, daß kein civilisierter Staat, dem es um Entwicklung des Wohlstandes seiner Bürger nur einigermaßen zu tun ist, mit der Anlegung von Eisenbahnen lange mehr zögern darf und daß hiemit dem gesamten Weltverkehr, besonders aber dem europäischen, ein unberechenbarer Umschwung bevorsteht. Von dem gestrigen Wagenzuge herab blickte man mit Mitleiden nach den Post- und Fuhrwagen hin, die sich noch mühsam auf der gepflasterten Landstraße einherschleppten."

So verwundert es nicht, daß auch in Deutschland große Anstrengungen gemacht wurden, um den Anschluß an das für die europäische Handels- und Kulturgeschichte wichtige Ereignis zu schaffen. Am 6. Juni 1835 berichtet die Augsburger Allgemeine Zeitung unter der Überschrift „Eisenbahn von Nürnberg nach Fürth", daß alle Verträge mit den Grundbesitzern über den Ankauf des erforderlichen Terrains vollzogen und der Kaufpreis bezahlt worden ist.

Mit der Herstellung der Durchlässe und Schutzmauern sowie von 13 000 Steinblöcken als Gleisunterlagen wurde der Steinhauer Jordan in Zirndorf beauftragt. Über die Lieferung der gewalzten Eisenschienen im Gesamtgewicht von 3 000 Zentnern wurde mit mehreren Eisenwerksbesitzern in Rheinpreußen verhandelt. Da es aber dort keine Eisenschienen nach englischer Konstruktion gab, schickte man Bevollmächtigte an den Rhein und an die Mosel. Schließlich konnte der Zentner Schienen in Rasselstein bei Neuwied für 11 Gulden 20 Kreuzer erworben werden.

Die Eröffnung der Eisenbahn von Brüssel nach Mecheln wurde von den Bevollmächtigten benutzt, um gleich bei J. Stephenson aus Newcastle einen Dampfwagen von 6 Tonnen Schwere mit 10 Pferdekräften für 750 bis 800 Pfund Sterling zu kaufen. Voll Bewunderung vermerkten sie als Gäste des kgl. belgischen Staatsministeriums, „daß die zahlreichen Reit- und Wagenpferde an beiden Seiten der Bahn durch den vorüberfliegenden Dampf- und Transportwagen keineswegs erschreckt wurden und bei dem Andrange von 100 000 Menschen kein Unfall stattfand".

Am 7. Dezember 1835 konnte dann der Nürnberger Korrespondent der Augsburger Allgemeinen Zeitung berichten:

Nürnberger Hauptbahnhof um 1840. Zeitgenössisches Bild. Photo: Verkehrsmuseum Nürnberg

Deutschland.

Nürnberg, 7 Dec. Heute Vormittags 9 Uhr ist die Eröffnung der Ludwigs-Eisenbahn mit der Feierlichkeit, welche das Programm bestimmt hatte, vor sich gegangen. In den Lokalitäten der Eisenbahngesellschaft hatten sich die anwesenden Aktionaire, die geladenen Gäste u. s. w. auf einer eigens erbauten Tribune versammelt. Der erste Bürgermeister, Hr. Binder, eröfnete die Feier mit einer Anrede. Während die Musik des königlichen Landwehrregiments das Nationallied „Heil unserm König Heil" spielte, wurde der Denkstein enthüllt, welcher auf der einen Seite den Namenszug Sr. Majestät des Königs mit der Inschrift: „Deutschlands erste Eisenbahn mit Dampfkraft, 1835." Auf der andern die vereinten Wappen beider Städte mit der Inschrift: „Nürnberg und Fürth" trägt. Nach kurzer Pause trat sodann der Dampfwagen mit den angehängten neun Personenwagen, sämtlich mit Nationalfahnen verziert, seine majestätische Fahrt nach Fürth an, während zahllose Massen von Zuschauern sich an die Heerstraße und deren Umgebungen drängten, um des schönen Anbliks zu genießen. In Fürth wurde im Gasthof zum Kronprinzen von Preußen ein Dejeuner eingenommen, und hierauf die Rükfahrt angetreten. Um elf Uhr fand die zweite, und um 1 Uhr die dritte Probefahrt, jedesmal bei vollständig besezten Wagen und gleichem Andrang Schaulustiger statt; bei jeder Abfahrt gab ein Kanonenschuß das Signal. Um drei Uhr versammelte sich eine zahlreiche Gesellschaft zum Diner im Museum, bei welchem ein von unserm Mitbürger Hrn. Magistratsrath Schnerr gedichtetes Festlied abgesungen wurde. Von morgen an beginnen nun die regelmäßigen Fahrten mit Dampf- und Pferdekraft, zu den in einer eigenen Bekanntmachung des Direktoriums festgesezten Preisen und Tagesstunden. Als Normalzeit sind 15 Minuten für die Fahrten mit Dampfkraft, und 25 für jene mit Pferdekraft bestimmt, wodurch den Bedürfnissen des Publikums genügt, und zugleich die nöthige Schonung der Bahn und der Wagen erzielt wird.

Der Aufwand für den Bau der Eisenbahn mit Maschine, Wagen, Pferden und Gerätschaften betrug 175 000 Gulden. Damit besaß die Nürnberg-Fürther-Eisenbahngesellschaft aber eine Eisenbahn, die nach dem Urteil der Sachverständigen sowohl an Solidität wie auch an Zweckmäßigkeit den besten englischen zur Seite stand.

Bei den Probefahrten konnte eine Last von 800 Zentnern ohne jede Beschädigung fortbewegt werden. Der jährliche Kostenbedarf wurde auf ungefähr 13 000 Gulden geschätzt. Bei Einsatz aller Wagen konnte die Dampfeisenbahn täglich 1150 Personen zwischen Nürnberg und Fürth befördern. Ausdrücklich betont wurde bei der sehr zahlreich besuchten Generalversammlung der Aktionäre, daß damit bei dem „nicht blos aus Spekulationssucht, oder Hoffnung einer großen Dividende, sondern hauptsächlich aus patriotischer Gesinnung durchgeführten Unternehmen" selbst dann eine befriedigende Dividende zu erwarten sei, wenn die Bahn nur zu einem Drittel des täglich möglichen Maximums ausgelastet wird.

Die Nürnberg-Fürther-Bahn, deren Bau und Einweihung für König Ludwig I. Anlaß zur Ausgabe eines weiteren Geschichtskonventionstalers bildete, wurde ein voller Erfolg. So erfüllte sie auch die Erwartungen in der Augsburger Allgemeinen Zeitung vom 11. Dezember 1835:

Nürnberg, 8 Dec. Die Feierlichkeiten zur Eröffnung der Ludwigs-Eisenbahn sind unter großem Zudrang und mit der lautesten Theilnahme, Freude und Bewunderung vorübergegangen. Wie viele Grade der Hofnungs-Barometer für die Aktionaire steigen kan, wird sich bald bemessen lassen, denn der Verkehr zwischen Nürnberg und Fürth ist ein so regelmäßiger, daß sich mit geeigneter Rüksicht auf das Sonntags-Publikum in wenig Monaten ein ziemlich genauer Ueberschlag der Jahres-Einnahme ergeben dürfte. Sehr wahrscheinlich bleibt eine ansehnliche Dividende, was um so wünschenswerther wäre, als die in Druk gegebenen Ansichten eines Direktions-Mitgliedes Besorgnisse, persönliche Reibungen und einen heftigen Wortkampf in der jüngsten General-Versammlung erregten. Die Vorlage des Rechenschaftsberichts hat die umsichtige Leitung dieses unter großen Schwierigkeiten begonnenen Unternehmens glänzend bewährt, und die in großer Zahl anwesenden Aktionaire haben den wakeren Männern ihres Direktoriums Dank und Vertrauen auf eine würdige Weise zu erkennen gegeben. Die Fahrten sind vorläufig von 8 Uhr Morgens bis 6 Uhr Abends anberaumt, so daß von Stunde zu Stunde Wagen mit Pferdekraft und zur Mittagszeit auch mit Dampfkraft von beiden Endpunkten abgehen. Die $^7/_4$ Stunden lange Streke wird mit Pferden durchschnittlich in 25, mit dem Dampfwagen in 15 Minuten zurükgelegt. Eine größere Geschwindigkeit wäre zwar möglich, würde aber hier keinen besondern Zweck erfüllen. Gestaltet sich der Verkehr nach den billigen und sogar nur mäßigen Erwartungen, so wird sich die Gesellschaft wohl bald mit einem zweiten Dampfwagen bereichern können, da der kunstvolle Bau dieser einzelnen wandelnden Cyklopen-Werkstätte oft Ausbesserungen nöthig macht. Zwischen Liverpool und Manchester, wo täglich neun und zehn solcher Maschinen arbeiten, sind deshalb auch 60 zum Wechsel und Ersaz vorräthig, und so im Verhältniß auf allen übrigen bestehenden Bahnen. Ein wesentliches Hinderniß häufigerer Benüzung der Dampfkraft bildet noch der durch den Transport veranlaßte zu hohe Preis der Steinkohlen des Auslandes. Um ein wohlfeiles Feuerungsmaterial zu erzielen, gedenkt man den Versuch im Großen auszuführen, die Steinkohlen von Stockheim nächst Kronach zu entschwefeln und das in ihnen enthaltene Gas zur Beleuchtung zu benüzen. Stadt und Umgegend könnten sich mit diesem herrlichen Lichtstoffe versehen, denn bekanntlich verkauft und verschikt man in England das Gas in wohlverschlossenen Behältern zu jeder beliebigen Quantität. Die Cokes würden sich durch dieses Verfahren im Preise ermäßigen, und bei großer Abnahme das Gas nur noch unbedeutende Kosten verursachen. Wie wichtig ein solches Resultat für Deutschland wäre, ergibt sich, wenn man an alle die Eisenbahnen denkt, die am Rhein und Main, an der Elbe, Weser, Leine bis zur Nordsee, an der Donau und dem Bodensee, am Lech und der Isar projektirt oder bereits begonnen sind und die ihren Zwek dann erst vollständig erfüllen werden, wenn sie, unter sich verbunden, Menschen und Erzeugnisse vielarmig nach allen Richtungen der Windrose tragen. Wie im spätern Mittelalter Nürnberg und Augsburg die nordeuropäischen Haupt-Stapelpläze waren, denen die Produkte zweier Weltheile zugeführt wurden, so können diese Städte, im Herzen Süddeutschlands gelegen, jetzt wieder ihre natürlichen Rechte erringen, wenn auf festen und geebneten Grundlagen der Dampf allenthalben seine zauberischen Kräfte entfaltet. Auch der neue große Kanal wird die Handelsthätigkeit der hiesigen Märkte erhöhen, vorzüglich für Artikel, wie Holz, Getreide, Eisen ec., die mehr ansehnliche Vorräthe an passenden Lagerpläzen als große Schnelligkeit des Transports be-

dingen. Beide Kommunikationsarten werden dann gleich wohlthätig auf die Bedürfnisse und Annehmlichkeiten des Lebens einwirken. – Diese Vortheile sind so allgemein anerkannt; der Wunsch sie zu erlangen ist so dringend geworden, daß der Augenblick nicht mehr ferne seyn kan, wo die Regierungen selbst sich an die Spize solcher Unternehmungen stellen werden, um für den öffentlichen Dienst, für die Postanstalten, für ihre äußeren Verbindungen jenen schnellen Verkehr einzurichten, den die fortschaffende Mechanik unserem Zeitalter bereitet hat. Von allem Anderen abgesehen möchten bald militairische Rüksichten gebieten, solchen Bahnen nicht nur allen Vorschub zu leisten, sondern deren auch selbst auszuführen. Man nehme nur beispielsweise an, daß die Bahnen von Paris nach Brüssel und Köln, nach Straßburg und an die Schweizer Gränzen vollendet seyen, so ist es für unsere westlichen Nachbarn nicht schwer in wenigen Tagen bedeutende Armeen mit allem Zugehör an den Rhein zu bringen, sie in 14 Tagen an der bayerischen Donau, an der preußischen Weser aufzustellen, unterdessen frische Massen mit gleicher Geschwindigkeit nachzuschiken, während die deutschen Bundesfürsten, wenn auch gerüstet, ihre Streitkräfte an strategischen Punkten nicht konzentrirt hätten. Da die größern Städte entweder an Flüssen oder im Knoten mehrerer Straßen liegen, so treffen hier die Interessen des Staats mit jenen des Handels zusammen. Ein Nez solcher Verbindungen auf deutschem Boden sichert uns gegen jede Ueberraschung, indem es die Mittel gleich anfänglich an die Hand gibt, Gleichem mit Gleichem zu begegnen, denn nach dem Ausspruch des größten Feldherrn ist der Krieg nur un calcul de temps.

Auf dem Geschichtskonventionstaler ist die Eisenbahn „antik" dargestellt. Neben einer liegenden Frauengestalt mit Merkurstab und Lorbeerkranz ist ein Wagenrad mit zwei Schwingen zu sehen. Die zweizeilige Umschrift lautet: ERSTE EISENBAHN IN TEUTSCHLAND MIT DAMPFWAGEN | VON NÜRNBERG NACH FÜRTH. Im Abschnitt die Jahreszahl.

Literatur: AKS 135, Davenport 576, Jaeger 50, Wittelsbach 2745

Geschichtskonventions-taler auf das von der Hauptstadt München errichtete Denkmal des Königs Maximilian Joseph 1835

Metall: Silber, Rohgewicht: 37,12 g, Feingewicht: 33,41 g, Feingehalt: 900 ‰, Durchmesser: 38 mm

Max I. Joseph wurde 1756 als Sohn des Pfalzgrafen Friedrich von Zweibrücken-Birkenfeld geboren und starb 1825 in Nymphenburg. Sein Grab befindet sich in der Theatinerkirche. Verheiratet war er in erster Ehe (1785) mit Wilhelmine von Hessen-Darmstadt und in zweiter Ehe (1797) mit Karoline Friderike von Baden. In Zweibrücken-Birkenfeld trat er die Regierung 1795

König Maximilian I. Joseph von Bayern (regierte als Kurfürst Maximilian IV. Joseph von 1799–1805, als König von 1806 bis 1825)

an, 1799 wurde er Kurfürst von Bayern und am 1. Januar 1806 als Parteigänger Napoleons König. Seine Regierungstätigkeit ist durch innenpolitische Reformen gekennzeichnet, von denen insbesondere die Bayerische Verfassung von 1818 und die Säkularisation zu nennen sind. Außerdem nahm er an den Feldzügen Napoleons bis zum Abschluß des Riedener Vertrages mit Österreich teil. Sein Sohn war König Ludwig I.

Das Denkmal am Max-Joseph-Platz vor der Residenz ist von der Münchener Bürgerschaft errichtet worden, und zwar als „Ausdruck ihrer herzlichen Liebe und Erkenntlichkeit gegenüber ihrem Königlichen Wohltäter." Es war bereits zu seinen Lebzeiten beabsichtigt, und Klenze fertigte schon 1823 in Rom gemeinschaftlich mit M. Wagner eine Skizze dazu. Der Entwurf zeigte den König jedoch in sitzender Haltung, was dem Dargestellten mißfiel. Klenze mußte deshalb eine zweite Skizze mit dem stehenden Standbild des Regenten entwerfen.

Da Max I. Joseph bald darauf starb, kam der zweite Plan nicht mehr zur Ausführung und König Ludwig I. griff auf die ursprüngliche Zeichnung zurück. Lediglich der Piedestal wurde gegenüber dem Entwurf von Klenze wesentlich vereinfacht. Mit der Ausführung wurde der Bildhauer Christian D. von Rauch beauftragt, denn Ludwig I. – der auch an der künstlerischen Gestaltung und Durchführung dieses Denkmals großen Anteil nahm – wollte gern von diesem berühmten Meister ein Werk in seiner Residenzstadt haben.

Am 15. Mai 1826 schrieb Klenze an M. Wagner: „Rauch, welchen Seine Majestät der König, wie sie wissen, berufen hat, um das Modell zur kolossalen Statue des höchstseligen Königs zu machen, war 16 Tage hier und ist gestern nach Paris abgereist. Seine Skizze hat alle Erwartungen übertroffen und ist wirklich vortrefflich. Die Schwierigkeiten der sitzenden Stellung sind mit großer Kunst beseitigt, und die Wirkung auf allen Punkten vollkommen und trefflich."

Auch die zeitgenössische Kritik pflichtete diesem Urteil bei, schränkte nur ein, „daß das Piedestal im Verhältnis zu der Figur des Königs zu klein ist, und die mit ih-

rem Körper zum teil in die Ecken hineingepreßten Löwen unnatürlich wirken". Das Denkmal wurde von J.B. Stiglmaier in Bronze gegossen und kostete insgesamt 211 600 Gulden.

Vom Stempel des Geschichtskonventionaltalers kommen zwei Varianten vor, und zwar mit kurzem und mit langem Zepter. Auch die Relieftafeln sind verschieden. Die zweizeilige Umschrift lautet: DENKMAHL DES KŒNIGS MAXIMILIAN JOSEPH I ERRICHTET VON DER HAUPTSTADT MÜNCHEN. Im Abschnitt befindet sich die Jahreszahl.

Literatur: AKS 136, Davenport 577, Jaeger 51, Wittelsbach 2746

„Feyerliche Enthüllung des Monuments von König Maximilian am 13. October 1835."
Lithographie von Gustav Kraus. Photo: Münchner Stadtmuseum

Geschichtskonventions-taler auf die Übergabe der Lehranstalt St. Stephan in Augsburg an die Benediktiner 1835

Metall: Silber, Rohgewicht: 37,12 g, Feingewicht: 33,41 g, Feingehalt: 900 ‰, Durchmesser: 38 mm

Es wird allgemein überliefert, daß König Ludwig I. von strenger Gläubigkeit und tiefer innerlicher Religiosität war. Jedoch sprach er sich wiederholt gegen „religiöse Schwärmerei, Bigotterie und Fanatismus" aus. Er hing deshalb mit großer Hingabe an der Lehre und den Vorschriften der katholischen Kirche. Den gottesdienstlichen Übungen unterzog er sich regelmäßig, so besuchte er zeitlebens die sonntägliche hl. Messe, die Beichte und die Kommunion, beachtete die Fastentage und die sonstigen kirchlichen Zeremonien.

Seinen eigenen religiösen Standpunkt kennzeichnen folgende Worte in einem Brief an M. Wagner in Rom: „Daß man seine Andacht verrichtet, bethet, wie es seyn soll, darum ist man noch kein Bethbruder." Und für sein Volk verfügte er in einem Schreiben an den Bischof Riedl in Regensburg: „Fromm sollen die Bayern seyn, aber lebensfroh dabei, munter, keine Kopfhänger werden."

Als König Ludwig I. 1827 zum erstenmal vor die Stände seines Landes trat, erklärte er: „Wie ich gesinnt bin, wie ich für die gesetzliche Freiheit, für des Thrones Rechte und die einen jeden schützende Verfassung bin, dieses jetzt noch zu versichern wäre überflüssig; desgleichen daß ich Religion als das Wesentlichste ansehe und jeden Theil bei dem ihm Zuständigen zu behaupten wisse."

So beachtete der König das Prinzip, daß der Staat eine über dem Bekenntnis stehende Gemeinschaft sei, daß derselbe Protestanten wie Katholiken gleiche Rechte für die Ausübung ihrer Religion gestatten müsse. Ludwig I., der selbst eine Protestantin zur Mutter und Stiefmutter hatte, nahm eine protestantische Prinzessin zur Frau. Seine drei ältesten Kinder gingen konfessionell gemischte Ehen ein. Bei wohltätigen Stiftungen hat er nie einen Unterschied zwischen den Konfessionen gemacht und zu 21 protestantischen Kirchenbauten Beiträge geleistet.

Seine Pietät für alte, durch Zeit und Geschichte ehrwürdig gewordene Denkmäler und Institute ließen ihn fast schon in Vergessenheit geratene Sitten und Gebräuche wieder aufnehmen. So wusch er am Gründonnerstag zwölf Armen die Füße und beteiligte sich mit seinem ganzen Hof an der Fronleichnamsprozession. Ferner gestattete er den Bewohnern von Oberammergau die bis dahin ebenfalls verbotene Aufführung ihres schönen alten Passionsspiels und führte die Christmette ein.

Auch gestattete er öffentliche Prozessionen und verordnete dazu: „Wallfahrten und Kreuzgänge sollen wie thunlich nicht ohne Begleitung eines Priesters geschehen; ohne solche Begleitung verfallen die Leute meistens in Unordnung." Neue Feiertage wollte der König allerdings nicht eingeführt haben: „Vermehrung von Feiertagen (neben den kirchlich gebotenen) bringt das Volk um Tage des Arbeitsverdienstes und bietet dem minder züchtigen Theile desselben Anlaß, weltlichen Genüssen nachzuhängen. In Rom ist sogar der Oster- und Pfingst-Montag ein Arbeitstag; in Bayern sind der Feyertage ohnedieß so viele, daß wünschenswerth, daß wenigstens in jenen Diözesen, wo der Diözesanpatron gefeiert wird, die Feyer des ersteren auf einen Sonntag verlegt werde."

Durch zahlreiche Signate bewies Ludwig I., daß er der Kirche gegenüber für alle ihm durch Verfassung und Konkordat gewährleistete Rechte eintrat. Der bislang unerfüllt gebliebene Wunsch des Konkordates auf Errichtung einiger Klöster und „wärmste Pietät für alte, ehrwürdig gewordene Institute" bestimmten den König zur Wiedererrichtung der unter der früheren Regierung aufgehobenen Klöster. Dabei bevorzugte er besonders den mildgesinnten und gelehrten Orden der Benediktiner und spendete ihm sehr freigebig aus seiner Kabinettskasse die Mittel zur Dotierung.

So schenkte der König zur Gründung der Abtei Metten 50000 Gulden, zur Errichtung von Scheyern 178374 Gulden, für St. Bonifaz in München mit Einschluß der Baukosten der Basilika und des Kloster 1200000 Gulden, zur Errichtung des Priorats Weltenburg spendete Ludwig I. 109050 Gulden, zum Ankauf der Filiale Andechs 117522 Gulden, zur Errichtung des Benediktinerklosters Schäftlarn 147000 Gulden. Insgesamt verwendete König Ludwig I. für die Errichtung der Benediktinerklöster in Bayern aus seinen Privatmitteln die gewaltige Summe von 1881945 Gulden. Daneben unterstützte er aber auch die Franziskaner, Kapuziner, Minoriten, Augustiner und Karmeliten, sowie die weiblichen Orden der Franziskanerinnen, Salesianerinnen, Dominikanerinnen, Zisterzienserinnen, Servitinnen, Ursulinerinnen und Barmherzigen Schwestern. Sie alle erhielten ihren früheren Wirkungskreis für Seelsorge, Jugendunterricht und Krankenpflege in Bayern zurück.

Auf die Übergabe der Lehranstalt St. Stephan in Augsburg an die Benediktiner 1835 wurde eigens ein Geschichtskonventionstaler geprägt. Er zeigt eine griechisch gekleidete Frauengestalt (Bavaria), die zwei Knaben zu einem Benediktiner führt. Die Umschrift lautet: DEN BENEDIKTINERN WIEDER EINE LEHRANSTALT ÜBERGEBEN. Im Abschnitt die Jahreszahl.

Literatur: AKS 137, Davenport 578, Jaeger 52, Wittelsbach 2747

Polizey-Bezirke.	Mehl-Preis. Ein Dreyßiger. Weizen-Mehl. kr.	pf.	Roggen-Mehl. kr.	pf.	Brod-Preis. Ein Pfund Weizen-Brod. kr.	pf.	Eine Kreuzer-Semmel wiegt Loth.	Quin	Ein Pfund Roggen-Brod. kr.	pf.	Fleisch-Preis das Pfund. Ochsenfleisch. Gemäst. Höchster. kr.	Geringst kr.	Ungemäst. Höchster. kr.	Geringst kr.	Kalbfleisch. Höchster. kr.	Geringster. kr.	Schweinfleisch. kr.	Schaffleisch. kr.	Bemerkungen.
Au, Landgericht	3	3	2	3	—	—	5	3	2	2	10	9	9	8	9	7	—	—	
Berchtesgaden . »	4	—	2	2¼	7	1½	—	—	2	1	9½	—	8¼	7½	7	6	—	—	
Bruck . . . »	3	2	2	1	—	—	6	¼	2	¾	10	—	—	—	7½	7½	—	—	
Dachau . . . »	3	2½	2	2½	—	—	6	—	2	½	10	10	8	8	8	8	—	—	
Ebersberg . . »	3	—	2	2⅓	5	½	—	—	3	½	9	8	9	8	8	8	—	—	
Erding . . . »	3	2¾	2	2½	5	—	—	—	2	1¼	9¾	9¾	9¾	9¾	7	7	—	—	
Freising . . . »	3	2	2	1¼	—	—	6	¾	2	1	9	8½	8	7	8	7	—	—	
Landsberg . . »	3	3	2	3	—	—	5	3½	2	2	10	—	—	—	6	—	—	—	
Laufen . . . »	3	2⅓	2	1	5	—	6	1	1	3¾	8	7½	7	6½	7½	6½	—	—	

Zum Vergleich des Wertes der Geschichtskonventionstaler kann die Übersicht der Mehl-, Brot- und Fleischpreise in den Bezirken des Isarkreises vom Juli 1834 herangezogen werden. 1 Konventionstaler (28 g; 833/1000 fein) = 2 Gulden = 6 Konventionszwanziger (20 Kreuzer) = 12 Konventionszehner (10 Kreuzer) = 40 Groschen (à 3 Kreuzer) = 120 Kreuzer. Ein Kreuzer (kr.) entsprach 4 Pfennigen (pf.) oder 8 Hellern

Geschichtskonventions-taler auf die Otto-Kapelle zu Kiefersfelden 1836

Metall: Silber, Rohgewicht: 37,12 g, Feingewicht: 33,41 g, Feingehalt: 900 ‰, Durchmesser: 38 mm

Am 8. August 1832 rief die griechische Nationalversammlung zu Pronia mit Zustimmung der drei Schutzmächte England, Frankreich und Rußland den Prinzen Otto von Bayern zum König von Griechenland aus. In den folgenden Wochen kamen Abgesandte des griechischen Volkes nach München, um Otto als ihren Basileus (= König) zu begrüßen.

Über ihren Auftritt berichtet H. Reidelbach: „Die Abgesandten erschienen am Oktoberfest im Gefolge des Königs auf der Festwiese, wo das aus allen Gauen des Königreichs versammelte Volk Gelegenheit hatte, die Helden zu sehen, deren Namen in aller Munde waren, den kühnverwegenen Seehelden Miaulis, den trotzigen finster blickenden Botsaris und den männlich schönen Koliopulos. Am Hofe, in der Hauptstadt und im ganzen Königreiche herrschte die gehobenste Stimmung, und man gab sich den größten Hoffnungen hin. Schon in dem zufälligen Umstand, daß Griechenland und Bayern die gleichen Nationalfarben haben, wollte man ein glückliches Vorzeichen erblicken."

König Ludwig I. ließ auf dieses große Ereignis insgesamt drei Geschichtskonventionstaler prägen, und zwar einen, auf dem die allegorische Figur der Hellas dem Prinzen Otto die Krone Griechenlands überreicht (1832), einen auf das Theresienmonument zwischen Bad Aibling und Rosenheim (1835), das die Stelle kennzeichnet, an

der sich der Prinz von seiner Mutter verabschiedete, und schließlich einen auf die sogenannte „Otto-Kapelle" bei Kiefersfelden (1836).

H. Reidelbach schreibt über die Entstehung dieser Kapelle: „Ermüdet von der Fahrt und den vielen herzbewegenden Eindrücken des Abschiedes war Otto schlafend über die Grenze nach Kufstein gekommen. Als er erwachte, war er untröstlich, so ohne allen Abschied vom Vaterland geschieden zu sein; er kehrte nochmals zur Grenze zurück, und über dem Platz, wo er zum letzten Mal die teuere vaterländische Erde grüßte, erhebt sich bei Kiefersfelden ein Kirchlein, nach seinem Entstehungsgrunde die Otto-Kapelle genannt."

Die Otto-Kapelle wurde 1834 genau an der Stelle errichtet, an der Otto von Griechenland am 6. Dezember 1832 in Begleitung seines Bruders Maximilian die bayerische Grenze überschritt und in der Morgendämmerung des 17. Dezembers mit den historischen Worten „Leb wohl, mein teures Vaterland, lebt wohl, ihr lieben Bayern" Abschied nahm. Durch Spenden und Geschenke aus dem ganzen Königreich war der Baukostenvoranschlag in Höhe von 15 723 Gulden schon bald gedeckt, so daß der Grundstein im 1. Juni 1834 – dem Geburtstag Ottos – gelegt werden konnte.

Die Wahl unter den verschiedenen Plänen – davon auch einer im neugriechisch-byzantinischen Stil – traf

Prinz Otto von Bayern als König von Griechenland. Lithographie von Gustav Kraus, gedruckt bei I.M. Hermann in München

König Ludwig I. selbst. Er entschied sich für den neugotischen Stil und damit einen Entwurf des königlichen Zivilbauinspektors Ohlmüller. Bei der feierlichen Grundsteinlegung erlebte Kiefersfelden ein Fest ohne Beispiel. Bei strahlendem Wetter trafen sich die bayerische Obrigkeit und eine aus Offizieren und einem Geistlichen bestehende Deputation aus Griechenland. Bayern und Tiroler reichten sich bei diesem Ereignis in herzlicher Eintracht an der Grenze die Hände. Für 70 Ehrengäste war unter freiem Himmel eine Tafel gedeckt. Als es dunkel geworden war, zischten Raketen auf, und in magischer Beleuchtung erstrahlten die Bildnisse Ludwigs, Ottos und der Königin Therese sowie deren Namenszüge, das bayerische und das griechische Wappen. Darunter erschienen zwei riesenhafte Löwen. Böllerschüsse und Blasmusik erfüllten die weiten Räume diesseits und jenseits der Landesgrenze. Am 19. Juni 1836 erlebte Kiefersfelden mit der Weihe der Kapelle durch den Erzbischof Anselm von Gebsattel nochmals ein hohes Fest, bei dem auch König Otto von Griechenland persönlich anwesend war. König Ludwig I. von Bayern besuchte die Gedächtniskapelle am 5. Juni 1839 und brachte bei dieser Gelegenheit seine höchste Zufriedenheit zum Ausdruck.

König Otto von Griechenland verbrachte Weihnachten 1834 in Rom und erreichte schließlich Brindisi, von wo ihn die britische Fregatte „Madagaskar" nach Griechenland brachte. Nach einer guten Überfahrt landete der siebzehnjährige König am 6. Februar 1833 unter dem Donner der Kanonen in Nauplia. 1862 wurde er durch eine Militärrevolte gestürzt. Er dankte nicht förmlich ab, kehrte aber zusammen mit seiner Frau Amalie (Tochter des Großherzogs Paul Friedrich August von Oldenburg, vermählt seit 1836) nach Bayern zurück. Von seiner Exil-Residenz in Bamberg unterstützte er noch den Aufstand der Griechen auf Kreta, bis er 1867 starb.

Der Geschichtskonventionstaler von 1836 zeigt nur den neugotischen Bau der Otto-Kapelle und die zweizeilige Umschrift: BAYERN ERRICHTETEN DIE H. OTTO-KAPELLE ZU KIEFERSFELDEN I ZUM ANDENKEN AN KŒN. OTTO'S-ABSCHIED V. SEINEM VATERLAND. Im Abschnitt die Jahreszahl. Der Rand ist geriffelt.

Literatur: AKS 138, Jaeger 53, Davenport 579, Wittelsbach 2748

Die Otto-Kapelle bei Kiefersfelden. Lithographie von Gustav Kraus 1837. Photo: Münchner Stadtmuseum

Geschichtskonventionstaler auf die Errichtung des St.-Michael-Verdienstordens 1837

Metall: Silber, Rohgewicht: 37,12 g, Feingewicht: 33,41 g, Feingehalt: 900 ‰, Durchmesser: 38 mm

Nach dem Tod des Großmeisters des adeligen Ritterordens vom heiligen Michael faßte König Ludwig I. den Entschluß, künftig den Orden selber zu verleihen und ihn nach entsprechender Änderung der Satzungen und des Ordenszeichens in einen Verdienstorden umzuwandeln.

Am 18. Januar 1837 schrieb er eigenhändig an das Staatsministerium des kgl. Hauses und des Äußern, „daß ich von nun den Orden des hl. Michael selbst verleihen und andere Satzung geben werde, ist zu erklären, Entwurf dazu mir vorzulegen . . .", nachdem er bereits einige Tage vorher dem Ministerium mitgeteilt hatte, daß „er selbst mit dem St.-Michael-Orden sich abgebe und zum Theile schon einen Entwurf gemacht" habe. Zuvor aber hatte er sich eine genaue Erörterung geben lassen, ob es „rechtswidrig" wäre, wenn er den Orden in der bisherigen Weise nicht fortbestehen ließe.

Bei seiner Prüfung war das Ministerium zu der Auffassung gekommen, daß „da der Orden selbst nur mit Genehmigung des Königs verliehen werden kann und er eine solche Genehmigung zu ertheilen hat, wohl auch als der oberste Gesetzgeber des Ordens anzuerkennen sein wird, und daß, da kein Ordensvermögen besteht, mithin auch keine Rechte und Ansprüche verletzt werden würden".

Nachdem dieses Gutachten die Rechtmäßigkeit seines Handelns bestätigt hatte, legte König Ludwig I. am 31. Januar 1835 einen von ihm selbst verfaßten und eigenhändig geschriebenen „Entwurf zu neuen Satzungen des St.-Michael-Ordens" dem Ministerium vor, mit dem Auftrag, „wenn etwa Veränderungen oder Zusätze Freiherr von Giese [Anm.: damals Minister des Äußern] für wünschenswert hielte, solche hinzuzufügen seien auf eigenem Blatte, sobald als nur thunlich".

Der Entwurf des Königs wurde am 16. Februar 1837 von Ludwig I. selbst unterzeichnet und anschließend im Regierungsblatt für das Königreich Bayern amtlich bekannt gemacht. Die Vorlage aber kam auf Veranlassung des Ministers in das ministerielle Archiv, damit „es in alle Zukunft fest stehen bleibe, wie diese Anordnungen von Ew. Königlichen Majestät allerhöchst selbst ausgegangen sind".

Die neuen Statuten des St.-Michael-Ordens hatten folgenden Wortlaut:

Art. I.

Die bisherigen Satzungen des St. Michael-Ordens sind für die Zukunft aufgehoben.

Art. II.

Vom heutigen Tage an erheben Wir den St. Michael-Orden, was die künftigen Verleihungen desselben betrifft, zu einem Verdienst-Orden.

Zur Aufnahme in denselben ist ohne Unterschied des Standes, der Geburt und der Religion geeignet, wer sich durch Anhänglichkeit, durch Vaterlandsliebe und durch ausgezeichnet nützliches Wirken irgend einer Art die besondere Zufriedenheit des Königs erworben hat.

Mit diesem Orden ist keine Verleihung des Adels verbunden.

Art. III.

Außer den bis zu dem heutigen Tage mit dem St. Michael-Orden Begnadigten, welche denselben mit dem bisherigen Bande und Ehrenzeichen, den früheren Statuten gemäß, fort zu tragen haben, – in welcher Weise jedoch der Orden nicht mehr verliehen werden wird, – haben in Zukunft die Glieder des St. Michael-Ordens unter den Eingebornen in höchster Zahl aus vier und zwanzig Großkreuzen, vierzig Commenthuren, und dreihundert Rittern zu bestehen.

Dem Könige bleibt es jedoch unbenommen – abgesehen von dieser Zahl – den Orden in seinen verschiedenen Abstufungen, ohne Beschränkung, an Ausländer zu verleihen.

Art. IV.

Das Ordenszeichen besteht für die Zukunft bei allen Klassen aus einem von Gold lasurblau emaillirten Kreuze mit acht breiten Spitzen, oben mit der Königskrone bedeckt, auf dessen vier von Aussen, mit Gold eingefaßten, Theilen, die gleichfalls goldenen Buchstaben P. F. F. P. sich befinden, bezeichnend: Principi fidelis favere Patriae.

Bei den Ordenszeichen der Großkreuze und Commandeure erscheint in der Mitte der Hauptseite, in Gold erhaben dargestellt, der heilige Michael in kriegerischer Rüstung, von Blitzstrahlen rings umgeben. Sein Schild führt die Aufschrift: „Quis ut Deus." Auf der Gegenseite ist die Mitte auf goldenem Grunde mit dem blau emaillirten Worte: „Virtuti" bezeichnet.

Die Ritterkreuze enthalten anstatt des Bildnisses des heiligen Michael auf der mit Gold eingefaßten Hauptseite auf lasurblauem Email in Gold die Worte: „Quis ut Deus," und auf der Gegenseite auf lasurblauem Grunde ebenfalls in Gold das Wort: „Virtuti."

Das Band, an welchen der Orden getragen wird, ist zu zwei Drittheilen der Breite dunkelblau, und zu einem

Drittheile rosa, und letztgenannte Farbe auf den beiden äußern Seiten gleich vertheilt angebracht.

Großkreuze tragen das Ordenszeichen erster Klasse an einem solchen vier Finger breiten Bande von der rechten Schulter zur linken Seite abwärts und daneben noch einen goldgestickten Stern von Strahlen, worauf das Ordenskreuz mit dem Sinnspruche: „Quis ut Deus" wiederholt ist, auf der linken Brust;

Commandeure aber das etwas kleiner gebildete Ordens-Zeichen an dem minder breiten Ordensbande am Halse auf der Brust hangend, jedoch ohne den goldgestickten Stern, und

die Ritter das gegen die vorige Klasse noch kleinere, zum Theile anders gestaltete Kreuz an einem gleichen, aber noch schmälern Bande auf das Kleid geheftet.

Verdienstorden vom hl. Michael: Ehrenkreuz (seit 1910)

Art. V.

Die Ritter des St. Hubertus-Ordens, welchen das Großkreuz des St. Michael-Ordens verliehen ist, bezeichnen dasselbe in gleicher Weise, wie bei dem Civil-Verdienst-Orden, nur durch Tragung des Ritterkreuzes. Die Großkreuze des Civil-Verdienst-Ordens der Bayerischen Krone, welche zugleich Großkreuze des St. Michael-Ordens sind, tragen die beiden Ordenssterne zusammen.

Art. VI.

Die drei Grade des St. Michael-Ordens reihen sich in solcher Weise an diejenigen des Civil-Verdienst-Ordens an, daß unmittelbar nach jedem Grade des letzteren der entsprechende Grad des St. Michael-Ordens in dem Range folgt.

Art. VII.

Unter der im Art. III. festgesetzten Zahl von 24 Großkreuzen zählen diejenigen nicht, welche an Personen verliehen sind, die mit Unserem Haus-Ritter-Orden vom heiligen Hubertus begnadiget werden.

Art. VIII.

Allen denjenigen, welchen aus früherer Zeit die Ehrenzeichen des St. Michael-Ordens nach seinen verschiedenen Abstufungen verliehen sind, verbleibt das Recht, dieselben ohne Abänderung, jedoch nur in der Art und Weise, wie bisher, und an dem bisherigen Bande, fortzutragen.

Gleiches wird den bisherigen Ordens-Beamten in Bezug auf die Fortführung ihrer bisherigen Titel, und der ihnen satzungsgemäß zukommenden Ehrenzeichen zugestanden.

Art. IX.

Die Ehrenzeichen des Ordens werden nach dem Tode jedes Mitgliedes desselben an Unser Staatsministerium des K. Hauses und des Aeußern übersendet.

Dasselbe gilt auch für diejenigen Mitglieder des Ordens, welche ihn aus älterer Verleihung in der bisherigen Form fortzutragen berechtigt sind.

Art. X.

Alle Ausfertigungen in Bezug auf die künftige Verleihung des St. Michael-Ordens werden, wie bey dem Civilverdienst-Orden je nach Unserem besonderen Allerhöchsten Befehle von Unserem Staatsministerium des Königl. Hauses und des Aeußern, als Großkanzler-Amt ausgehen.

Demselben gebührt gleichmäßig die Oberaufsicht des Ordens-Schatzes.

Art. XI.

Taxen, Ordensbeiträge oder sonstige Zahlungen werden von dem heutigen Tage an, weder von den bisherigen Mitgliedern des Ordens, noch von den zukünftigen mehr entrichtet.

Verdienstorden vom hl. Michael:
Bruststern zum Kreuz II. Klasse

Art. XII.

Niemand darf um die Verleihung des St. Michael-Ordens bittlich einkommen.

Art. XIII.

Ueber sämmtliche in Zukunft mit dem Ehrenzeichen des St. Michael-Ordens Begnadigte soll bey Unserem Staats-Ministerium des Königl. Hauses und des Aeußern die Ordensmatrikel geführt, und nebst allen auf diesen Orden bezüglichen Urkunden und Papieren am geeigneten Orte aufbewahrt werden.

Die gegenwärtigen Satzungen behalten Wir Uns bevor nach Erforderniß zu erweitern, und zu erklären.

Urkundlich Unserer eigenhändigen Unterschrift und beigedruckten geheimen Kanzlei-Siegels.

Gegeben in Unserer Haupt- und Residenzstadt München am 16. des Monats Februar nach Christi Unseres Herrn Geburt im 1837. Jahre, Unserer Regierung im zwölften.

Ludwig.
Frhr. v. Gise.

Links: Verdienstorden vom hl. Michael: Ritterkreuz I. Klasse
Rechts: Verdienstorden vom hl. Michael: Verdienstkreuz mit
Krone (seit 1910)

Der bisherige Hausorden war also damit aufgehoben. Die alten Mitglieder waren jedoch berechtigt, unter Befreiung von allen Taxen und Beiträgen, ihre Insignien weiterzutragen.

Der neue Verdienstorden vom heiligen Michael hatte zunächst drei Klassen und konnte von jedermann ohne allen Unterschied der Geburt, des Standes und der Religion erworben werden, sofern sich der Betreffende „durch Anhänglichkeit, durch Vaterlandsliebe und durch ausgezeichnet nützliches Wirken irgendeiner Art" die Zufriedenheit des Königs erworben hatte.

Die Verleihung des Adels war mit dem Besitz des Verdienstordens nicht verbunden. Seine drei Klassen wurden Großkreuz-, Kommandeur- und Ritterkreuz benannt. Sie unterschieden sich im wesentlichen durch abgestufte Größen, durch die Tragweise und die Breite der Bänder.

Das Großkreuz wurde an einem 100 Millimeter breiten, dunkelblauen Band mit rosaroten Rändern von je 18 Millimeter Breite von der rechten Schulter zur linken Hüfte getragen. Dazu gehörte ein goldgestickter, achtspitziger Stern an der rechten Brustseite.

Das Kommandeurkreuz, später Komturkreuz genannt, wurde an einem gleichfarbigen, doch nur 55 Millimeter breiten Band mit 10 Millimeter breiten Randstreifen um den Hals getragen.

Das Ritterkreuz trug man an einem nur 35 Millimeter breiten Band mit 7 Millimeter breiten Rändern auf der linken Brustseite. Die Ordenszeichen aller drei Klassen sind von einer in der Größe abgestuften Krone überhöht. Die vier geraden, sich nach innen zur Mitte hin verjüngenden Arme sind beiderseits dunkelblau emailliert und mit den goldenen Buchstaben P(rincipi) F(ideli) F(avere) P(atriae) versehen. In den Winkeln der Arme sind in einem Kreis angeordnete Blitzstrahlen aus massivem Gold eingestanzt.

Die Mitte des Kreuzes der beiden Oberklassen zeigt auf der Vorderseite auf einer ovalen Goldplatte die erhaben geprägte goldene Figur des ritterlich gerüsteten und den Drachen bekämpfenden Erzengels. Auf dem Schild des Heiligen steht in dunkelblau die Ordensdevise QUIS UT DEUS (= Wer außer Gott).

Die Vorderseite des Ritterkreuzes zeigt statt dieser Figur ein rundes, dunkelblau emailliertes Schildchen mit der gleichen Devise in Gold.

Die Rückseite der Kreuze aller Klassen trägt in der Mitte ein rundes goldenes Schildchen mit der dunkelblau emaillierten Inschrift VIRTUTI.

Einschließlich der Krone mißt das Großkreuz 110 x 65 Millimeter, das Komturkreuz 100 x 35 mm und das Ritterkreuz 55 x 39 Millimeter. Ursprünglich war die Krone des Ritterkreuzes etwas kleiner gehalten. Der Bruststern sollte nach der Satzung goldgestickte Strahlen haben.

Bis zum Jahre 1837 zählte der Orden seit seiner Stiftung 412 Mitglieder, und zwar 289 Großkreuzherren und 119 Ritter; 57 Großkreuzritter und 21 Ritter gehörten dem geistlichen Stand an. Seit dem Jahre 1769 hatte der Orden auch einen Kalender herausgegeben. Der letzte Kalender erschien 1837 unter dem Titel „Wappen-Almanach des k. b. Haus-Ritter-Ordens vom hl. Michael" (hrsg. von Joh. Baptist Kranzmayr).

Der anläßlich der Umwandlung 1837 geprägte Geschichtskonventionstaler zeigt auf der Rückseite das Ordenskreuz mit dem hl. Michael in einem Lorbeer- und Eichenkranz. Die Umschrift lautet: DER ST. MICHAELS-ORDEN ZUM VERDIENST-ORDEN BESTIMMT. Unter der Schleife des Kranzes befindet sich die Jahreszahl. Der Rand ist geriffelt.

Literatur: AKS 139, Davenport 580, Jaeger 54, Wittelsbach 2750

Einheitliche Vorderseite der Geschichtsdoppeltaler von König Ludwig I. von Bayern (1825–1848) mit der Umschrift LUDWIG I KOENIG – VON BAYERN und dem Kopf des Königs nach rechts. Unter dem Halsabschnitt der Name des Stempelschneiders und Medailleurs C. VOIGT. Außen Perlreif

Geschichtsdoppeltaler auf die Münzvereinigung der Süddeutschen Staaten 1837

Metall: Silber, Rohgewicht: 37,12 g, Feingewicht: 33,41 g, Feingehalt: 900 ‰, Durchmesser: 38 mm

Bei der Auflösung des Heiligen Römischen Reiches deutscher Nation im Jahre 1806 boten die Münz- und Währungsverhältnisse Deutschlands ein Bild großer Zersplitterung und Uneinheitlichkeit. Im Umlauf befanden sich Geldstücke der verschiedensten Münz- und Rechnungssysteme. Erst allmählich gelang es, aus den zahlreichen kleinen und kleinsten Territorien größere Gebilde zu schaffen. In erster Linie war der Handel an einem möglichst einheitlichen Geldsystem interessiert.

Der allgemeine Wunsch nach Vereinheitlichung von Maß, Gewicht und Währung führte zur Gründung und Ausbreitung des Deutschen Zollvereins. Die Zollvereinsverträge von 1833 sahen bereits die Einführung eines einheitlichen Münz-, Maß- und Gewichtssystems vor.

Durch Gesetz vom 30. September 1821 hatte Preußen sein Münzwesen auf der Grundlage des sogenannten Graumannschen Münzfußes neu geordnet und versuchte nun, seine Taler immer weiter in den Nachbarstaaten und in Süddeutschland zu verbreiten. Dies zwang schließlich auch die süddeutschen Staaten zu einem gemeinsamen Vorgehen. Sie schlossen am 25. August 1837 in München einen Münzvertrag ab. Unter Beibehaltung des in Süddeutschland allgemein geltenden 24 $\frac{1}{2}$-Guldenfußes erklärten sie den Gulden zu 60 Kreuzern zur Vereinsmünze in ihrem Vereinsgebiet.

Diesem Münchener Münzvertrag von 1837 traten Bayern, Württemberg, Baden, Hessen-Darmstadt, Nassau, Frankfurt und später auch Hessen-Homburg, beide Hohenzollern, Sachsen-Meiningen und Schwarzburg-Rudolstadt bei. Neben den Gulden wurden noch halbe Gulden, 6- und 3-Kreuzerstücke hergestellt, wobei diese Kreuzermünzen als Scheidemünzen nach dem leichteren 27-Guldenfuß geprägt wurden.

Außerhalb des Münchener Münzvertrages – zu dessen Gedenken 1837 ein Geschichtsdoppeltaler mit der Moneta und den Wappen der sechs Staaten geprägt wurde – beließ man die Einkreuzer und ihre Teilstücke, so daß z. B. weiterhin Kreuzer aus Kupfer neben solchen aus Silber im Verkehr vorkamen.

Der Münchener Münzvertrag wurde durch zusätzliche Verträge vom 30. März 1839, 1. Juli 1842 und 27. März 1845 erweitert und ergänzt. Besondere Bedeutung erlangte dann der Dresdener Münzvertrag vom 30. Juli 1838, der den Zusammenschluß der bereits im Münchener Münzvertrag von 1837 geeinten süddeutschen Zollvereinsstaaten mit Preußen, Sachsen, Hessen-Cassel, Sachsen-Weimar, Sachsen-Altenburg, Sachsen-Meiningen, Sachsen-Coburg und Gotha, den Fürstentümern Reuß und den beiden Schwarzburg brachte.

Als neue Vereinsmünze führte der Dresdener Münzvertrag den Doppeltaler zu 3 $\frac{1}{2}$ Gulden ein und vereinigte dadurch den norddeutschen Taler mit dem süddeutschen Gulden in einer Münze. Im übrigen blieben der Taler und seine Teilstücke im Norden, der Gulden und seine Teilstücke im Süden in Gültigkeit.

Dem Dresdener Münzvertrag traten 1839 Anhalt und Birkenfeld, 1840 Waldeck und Hohenzollern, 1841 Braunschweig und Lippe, 1853 Hannover, Oldenburg und Schaumburg-Lippe bei. Außerhalb des Vertrages blieben nur noch beide Mecklenburg, Holstein, Hamburg, Bremen, Lübeck, Luxemburg und Österreich.

Nach mehrjährigen Verhandlungen konnte dann am 24. Januar 1857 der Wiener Münzvertrag abgeschlossen werden. Er stellte nicht nur den Abschluß, sondern auch die umfassendste Münzvereinigung der 1837 in München begonnenen Entwicklung dar. Einbezogen wurden nun auch Österreich und die meisten anderen der bislang noch außerhalb der Münzverträge gebliebenen deutschen Kleinstaaten.

Auf der Grundlage des Zollpfundes von 500 Gramm und unter Festhalten an der reinen Silberwährung wurde an Stelle des bisherigen 14-Talerfußes als Vereinsmünze der im Wert entsprechende Vereinstaler mit 30 Stück aus einem Pfund feinen Silber (900 fein) hergestellt. Dabei stellte man dem 30-Talerfuß den süddeutschen 52 $^1/_2$-Guldenfuß und den in Österreich geltenden 45-Guldenfuß gleich. Hauptmünzen wurden in allen Vereinsstaaten die einfachen und doppelten Vereinstaler aus Silber. Die Scheide- und Landmünzen durften daneben nach den Bestimmungen des jeweiligen Landes weitergeprägt werden.

Zur Förderung des Handels mit dem Ausland wurden gleichzeitig Goldmünzen eingeführt, und zwar halbe und ganze Vereinskronen. Sie waren 900 fein und enthielten 5 bzw. 10 Gramm Feingold.

Mit dem Ausscheiden Österreichs endete bereits 1866 diese 1837 eingeleitete umfassendste deutsche Münzeinheit. Erst 1871 begann mit der Gründung des Deutschen Reiches zugleich auch eine grundlegende Neuregelung des deutschen Münz- und Währungssystems.

Die Anregung zu dem Geschichtsdoppeltaler auf die Münzvereinigung der Süddeutschen Staaten wurde mit folgendem königlichen Handschreiben gegeben:

Herrn Vorstand des Hauptmünzamtes Meyé!

Ich beauftrage Sie, bis zu Meiner Zurückkunft nach München von dem Graveur Voigt die Zeichnung eines Geschichts-Thalers in Bezug auf die kürzlich zu Stande gekommene Münz-Convention fertigen zu lassen, wobey es Mir geeignet scheint, daß auf der einen Seite die Wappen der sechs contrahirenden Staaten angebracht werden.

Ihr wohlgewogener Koenig Ludwig

Berchtesgaden, am 17. September 1837

Die Münze entspricht nach Gewicht (37,12 Gramm) und Feingehalt (900 fein) den Vereinsdoppeltalern, doch mit ihrem Durchmesser von 38 mm, dem der vorangegangenen Geschichtskonventionstaler. Der Durchmesser der Vereinsdoppeltaler sollte laut Münzkonvention eigentlich 41 mm betragen.

Die Randschrift kommt in bis zu 4 Abarten vor:
a) DREY-EINHALB GULDEN + VII E.F.M. +
b) DREY-EINHALB GULDEN + VII E F M + +
c) DREY EIN HALBER GULDEN + VII E.F.M. +
d) DREY-EINHALBULDEN + VII E.F.M. + (also Stempelfehler: ohne das G bei GULDEN)

Daneben gibt es weitere Varianten bei der Anordnung der Punkte und Sterne.

Literatur: AKS 98, Davenport 581, Jaeger 66, Schwalbach 22

Kupferstich aus Bayerns Ehrenbuch von G. Krämer. Erschienen Nürnberg 1834

Geschichtsdoppeltaler auf die Einteilung des Königreiches Bayern auf geschichtlicher Grundlage 1838

Metall: Silber, Rohgewicht: 37,12 g, Feingewicht: 33,41 g, Feingehalt: 900 ‰, Durchmesser: 38 mm

Durch das Landtagswahlgesetz, das Gesetz über die ständische Initiative und das Gesetz über die Ministerverantwortlichkeit war in Bayern Anfang des 19. Jahrhunderts das Verfassungsleben in modernem Sinn ausgebaut worden. Nun galt es noch, durch eine Reform der Gemeindegesetzgebung auch die Mitarbeit des Volkes in den Gemeinden neu zu regeln.

Da für die Ortsgemeinden bereits das Gemeindeedikt König Maximilians I. Joseph aus dem Jahr 1818 vorlag, das nach einer Umarbeitung und Revision im Jahre 1834 den Anforderungen der Zeit entsprach, wurde unter König Ludwig I. in erster Linie eine Gesetzgebung für die sogenannten höheren Gemeindeverbände, die Distrikte und Kreise, vorbereitet.

Versuche zur Bildung größerer und leistungsfähigerer Gemeindeverbände waren bereits unter König Maximilian I. Joseph unternommen worden. Durch Verordnungen und Gesetze aus den Jahren 1812, 1815, 1818, 1819 und 1825 hatte man Distriktsgemeinden, Distriktsräte zu ihrer Vertretung und Distriktsumlagen für die finanziellen Bedürfnisse geschaffen. Doch war diese Gesetzgebung unzulänglich, und auch ein Regierungsentwurf von 1834 entsprach nicht den Erwartungen der Bevölkerung. Erst ein späterer Entwurf der Jahre 1851/52 wurde am 28. Mai 1852 tatsächlich Gesetz.

Ähnlich war die Entwicklung der Kreisgemeinden.

Auch hier hatte es unter König Maximilian I. Joseph Versuche zur Einführung gegeben. Das Vorbild war Frankreich. Im linksrheinischen Bayern gab es aus der Zeit der französischen Verwaltung die Departementverfassung und die Generalräte mit dem Recht der Festsetzung von Steuerzuschlägen. Als die Pfalz wieder mit Bayern vereinigt wurde, behielt man diese bewährten Einrichtungen bei und ersetzte nur den Namen „Generalrat" durch die Bezeichnung „Landrat".

Die Verfassung von 1808 hatte auch für das rechtsrheinische Bayern Kreisvertretungen vorgesehen. Die sogenannten Kreisdeputationen nach französischem Vorbild sind aber ebensowenig realisiert worden wie die in der Verfassung ursprünglich geplante Nationalrepräsentation. In den Verfassungsberatungen von 1814 spielte zwar die Einführung von Kreisvertretungen noch eine Rolle, in die Verfassung von 1818 sind sie aber nicht aufgenommen worden.

Bereits der erste Landtag (1819) regte dann die Einrichtung von Landräten nach pfälzischem Vorbild auch im rechtsrheinischen Bayern an. Die Bayerische Staatsregierung legte deshalb dem zweiten Landtag 1821 eine von dem Staatsrat Zentner ausgearbeitete königliche Verordnung über die Einführung von Landräten für sämtliche Kreise des Königreichs vor.

Diese Verordnung wurde aber von der Kammer der

Abgeordneten ebenso abgelehnt wie die Verordnungen und Gesetze König Maximilian I. Josephs über die Distriktsgemeindeverfassungen. Auch wünschte die Kammer die Vorlage eines förmlichen Gesetzes. Als dann die Regierung entsprechend der Bitte der Kammer der Abgeordneten dem Landtag 1825 einen förmlichen Gesetzentwurf mit erheblich erweiterten Zuständigkeiten der Landräte vorlegte, scheiterte er an der ablehnenden Haltung der Kammer der Reichsräte.

Unter König Ludwig I. legte die Staatsregierung dem ersten Landtag 1827/28 eine neue Gesetzesvorlage über die Einführung von Landräten für das ganze Königreich Bayern vor. Dieser Entwurf wurde bereits am 15. August 1828 Gesetz und blieb als sogenanntes „Landratsgesetz" während der ganzen Regierungszeit König Ludwigs I. in Kraft. Dagegen wurde über die Ausscheidung der Staats- und Kreislasten und über die Festsetzung der Kreisumlagen erst mit dem Gesetz vom 17. November 1837 eine Einigung erzielt.

Einen weiteren Schritt zur Organisation der Verwaltung des Königreiches Bayern stellte schließlich die Einteilung des Königreichs in acht Kreisregierungen dar, wobei an die bisherige Regelung angeknüpft wurde und durch Verordnung vom 29. November 1837 lediglich neue Abgrenzungen vorgenommen worden sind. Für die Verwaltung dieser Regierungskreise wurde in jedem Kreis eine Kreisregierung und für die Justizpflege ein Appellationsgericht bestimmt. Die Vorstände der Kreisregierungen bekamen ab 1. Januar 1838 die Amtsbezeichnung Regierungs-Präsident. Der alte Titel General-Commissär wurde gleichzeitig abgeschafft.

Die acht Kreise des Königreichs Bayern waren: Oberbayern, Niederbayern, Pfalz, Oberpfalz und Regensburg, Oberfranken, Mittelfranken, Unterfranken und Aschaffenburg, Schwaben und Neuburg.

Die Einteilung des Königreichs Bayern auf geschichtlicher Grundlage unter König Ludwig I. war Anlaß zur Ausgabe eines Geschichtsdoppeltalers. Er trägt in acht Lorbeerkränzen die Namen der acht Kreise im Urzeigersinn wie folgt: OBER I BAYERN, NIED. I BAYERN, PFALZ, O.PFALZ I U.REG., OBER I FRANK, MITT. I FRANK, UNT.FR. I U.ASCH. SCHWAB U.NEUB. In der Mitte steht in sechs Zeilen: DIE I EINTHEILUNG I D.KÖNIGREICHS I AUF GESCHICHTL. I GRUNDLAGE I ZURÜCKGEFÜHRT. Die Randschrift lautet DREY-EINHALB GULDEN + VII E.F.M. + oder auch DREY EIN HALBER GULDEN + VII E.F.M. + mit weiteren Varianten, vor allem in der Interpunktion.

Literatur: AKS 99, Davenport 582, Jaeger 67, Schwalbach 23

Inhalt.

Bekanntmachung, die Benennung der Königlichen Kreisstellen betr. — Bekanntmachung, die diesjährige Prüfung für den Staatsbaudienst betr. — Bekanntmachung, die Erhöhung des Ausgangszolles von Lumpen und andern Abfällen zur Papier-Fabrikation an der Zollgrenze gegen die Schweiz betr. — Dienstesnachrichten.

Bekanntmachung,
die Benennung der Königlichen Kreis-Stellen betreffend.

Staatsministerium der Justiz, des Innern und der Finanzen.

Seine Majestät der König haben Sich bewogen gefunden, in Folge der allerhöchsten Verordnung vom 29. November 1837, die Eintheilung des Königreiches Bayern betreffend, und in weiterer Entwicklung der geschichtlichen Grundlage derselben, bezüglich der Benennung Allerhöchst Ihrer Kreisstellen, zu bestimmen, was folgt:

I.

Die Kreis-Regierungen und Appellations-Gerichte haben sich in allen amtli-

Geschichtsdoppeltaler auf das Reiterstandbild des Kurfürsten Maximilian I. von Bayern 1839

Metall: Silber, Rohgewicht: 37,12 g, Feingewicht: 33,41 g, Feingehalt: 900 ‰, Durchmesser: 38 mm

König Ludwig I. versuchte verschiedentlich, den berühmten dänischen Bildhauer Bertel Thorwaldsen (geb. 1768 – gest. 1844) – er ist neben Canova der berühmteste Vertreter der klassizistischen Plastik – für München zu gewinnen. Als dies nicht gelang, wollte er wenigstens einige Denkmäler des Künstlers in seiner Hauptstadt besitzen. So veranlaßte er seine Schwester, die Gemahlin von Napoleons Stiefsohn Eugen Beauharnais, dem ehemaligen Vizekönig von Italien und späteren Herzog von Leuchtenberg, das für ihren verstorbenen Mann vorgesehene Grabmal in der Michaels-Kirche zu München durch Thorwaldsen ausführen zu lassen.

Als Thorwaldsen dann zur Aufstellung des Denkmals nach München kam, wurde er vier Wochen vom König und den Künstlern der Stadt begeistert gefeiert, und Ludwig I. entschloß sich, ihm mit der Anfertigung einer Reiterstatue für seinen großen Ahnen, den Kurfürsten Maximilian I., einen weiteren großen Auftrag zu geben.

Am 27. Februar 1830 schloß Klenze in Vertretung des Königs mit Thorwaldsen den Vertrag, in dem neben dem Preis auch die Größe des Denkmals und die Art genau festgelegt wurden: „. . . daß die Statue des Reiters selbst aufrechtstehend zehn Pariser Fuß hoch und das Pferd in verhältnismäßiger Größe ausgeführt werde. Das Kostüm ist mit bloßem Haupte, und soviel als es die Plastik zuläßt, der Zeit, welcher der Kurfürst angehört,

anzumessen. Stellung und Bewegung werden ganz dem Bildhauer überlassen. Die Bedeutung der Reliefs, welche am Piedestale anzubringen sind, soll nur mit Genehmigung Seiner Majestät des Königs festgesetzt werden."

Ferner wurde vereinbart, daß das Modell in wahrer Größe in Gips vollendet und auf Gefahr des Künstlers nach München geliefert wird. Als Honorar setzte man 9000 Scudi romani fest. Diese Summe entsprach umgerechnet 38 970 bayerischen Gulden. Thorwaldsen hatte anfänglich eine wesentlich höhere Summe beansprucht. Klenze mußte diese Forderung im Auftrag des Königs ablehnen und führte dabei wörtlich aus: „Sie wissen, daß alles Große, was Seine Majestät unser trefflicher König in der Kunst schon gethan hat und noch thun wird, nächst den geistigen Triebfedern auf der größten Sparsamkeit und Ordnung beruht und daß sich derselbe auch das Liebste zu versagen weiß, wenn es gegen wohl überlegte Berechnung der Kräfte und Mittel geht." Solche Motive ehrend, ermäßigte der Künstler den Preis.

Die mächtige Reiterstatue erhebt sich auf dem Wittelsbacher Platz in München auf einem hohen Postament aus grauem Granitmarmor. Der ritterliche Kurfürst sitzt in voller Feldrüstung des 17. Jahrhunderts mit Brust- und Rückenharnisch, mit Halbschienen an Armen und Beinen, mit der Feldbinde und dem goldenen

Vließ geschmückt, das Schwert in der Scheide, die Pistolen im Halfter zu Pferde. Mit der Linken hält er das Pferd an den Zügeln zurück, mit dem Zeigefinger der Rechten zeigt er gebietend nach einer bestimmten Stelle. Das unbedeckte Haupt zeigt das lang herabfallende, schlichte Haar, eine mächtige, hohe, etwas zerfurchte Stirn, einen lebhaften, scharfen Blick der Augen und ernste männliche Züge, die den „festen, entschiedenen und unerschütterlichen Charakter sowie den kriegerischen Sinn des Helden" andeuten sollen.

Das Denkmal zeigt also den Kurfürsten als Feldherrn mitten im Kampf. Pferd und Reiter sind in allen Bewegungen und Formen des Körpers bis in die geringfügigsten Kleinigkeiten vorzüglich plastisch gebildet. Durch die harmonischen Wirkungen der Proportionen und Linien sowie durch ihre Anmut und Schönheit macht die Anlage nach allen Seiten einen guten Eindruck.

Die ursprünglich im Auftrag geplanten Reliefs am Piedestal ließ Ludwig weg, um nach keiner Seite anzustoßen: „Politische Gründe veranlassen mich, keine einzelnen Beziehungen durch Andeutungen hervorzuheben, sondern Maximilian I. groß durch sich selbst, wie es dem Kenner genügt, allein darzustellen."

Um die eigentümlichen Vorzüge des Modells getreu durch den Guß wiederzugeben, wurde die Statue nur in zwei Stücken, Pferd und obere Hälfte des Reiters von dem Erzgießer Stiglmaier gegossen. Dabei sind 289 Zentner Erz verwendet worden. Die Gesamtkosten der Statue betrugen 111 662 Gulden.

Das Reiterstandbild wurde am 12. Oktober 1839 feierlich enthüllt. Durch das folgende Handschreiben des Königs vom 31. Oktober 1839 erklärte der König das Monument zum Staatseigentum: „Mein Herr Finanzminister von Wirschinger! Bey Meinem Regierungsantritt im Oktober 1825 hat es sich, was im Drange der Geschäfte übersehen ward und nachher in Vergessenheit kam, zugetragen, daß während die Königliche Rente von der Zentralstaatskasse für den ganzen Monat Oktober in die Verlassenschaftsmasse Meines höchstseligen Vaters, geliebten Gedenkens floß, zugleich Meine bereits entrichtet gewordene Kronprinzliche Rente für denselben Monat Oktober in Meiner Kabinettskasse ganz verblieben ist. Letztere hatte der Natur der Sache nach von dem Tage Meines Regierungsantritts an aufzuhören. Die Rate dieses Bezuges vom 13. bis 31. Oktober ist 11 747

Gulden 18 Kreuzer. Als Entschädigung erkläre Ich hiemit dem Staate als Eigenthum zu überweisen die aus Meinem Privatmitteln errichtete Reitersäule Kurfürst Maximilian's I. auf dem Wittelsbacher Platze, deren alleiniger Metallwerth, abgesehen von allem Kunstwerte, nach anliegender Note des Inspektors Stiglmaier 14 336 Gulden ist. Ich behalte mir vor, später auch noch die aus Staatsmitteln im Jahre 1825 bestrittene Taxe für den erhaltenen Goldenen Vließorden von 4 751 Gulden 15 Kreuzer und das bei jener Gelegenheit gegebene Handgeschenk von 3 575 Gulden in gleicher Art zu vergüten."

Die Randschrift der Münze gibt ihren Wert an: DREYEINHALB GULDEN + VII E F M + (oder E.F.M.), d. h., sieben Stück ergaben eine Feine Mark Silber.

Literatur: AKS 100, Davenport 583, Jaeger 68, Schwalbach 24

Reiterstandbild des Kurfürsten Maximilian I. von Bayern (geb. 17. April 1573 in München, gest. 27. September 1651 in Ingolstadt; Herzog seit 1598, Kurfürst ab 1623)

Geschichtsdoppeltaler auf das in Nürnberg errichtete Standbild Albrecht Dürers 1840

Metall: Silber, Rohgewicht: 37,12 g, Feingewicht: 33,41 g, Feingehalt: 900 ‰, Durchmesser: 38 mm

Das erste in Deutschland einem bildenden Künstler errichtete Standbild ist das Dürer-Denkmal auf der Sebalder-Seite in der Altstadt von Nürnberg. Der Grundstein für das Monument wurde am 7. April 1828 auf dem in Albrecht-Dürer-Platz umbenannten Milchmarkt gelegt. Das nach einem Modell des Berliner Bildhauers Christian Daniel Rauch von dem Nürnberger Jakob Daniel Burgschmiet in Erz gegossene Denkmal konnte dann allerdings erst am 21. Mai 1840 eingeweiht werden.

Das Dürerfest 1828 war das bedeutendste Kunstereignis Nürnbergs im ganzen 19. Jahrhundert. Rückschauend notierte 1840 Friedrich Campe: „Dies Fest steht einzig da und kommt so auf keine Weise wieder! Stoff, Zeit und Ort machten dies möglich, denn ungetrübt war damals der Himmel; andere Feste zweideutiger Art erweckten noch nicht Verdacht. Es war das erste Denkmalsfest; später erst kamen das Guttenbergsfest, das Schillersfest usw."

Unmittelbarer Anlaß für die Grundsteinlegung (1828) war also der dreihundertste Todestag des großen Künstlers. Die Anregung geht auf König Ludwig I. zurück, der in einem persönlichen Gespräch 1826 Friedrich von Campe (1777–1846) daran erinnerte, daß „ungefähr über ein Jahr der 300jährige Todestag Albrecht Dürers eintrete, und es wünschenswerth sey, dem großen Meister

an diesem Tage ein Denkmal in hiesiger Stadt zu errichten, wozu, wenn der Plan dem König vorgelegt werde und ihm gefallen würde, derselbe einen bedeutenden Beitrag aus der Kabinettskasse geben wolle".

Durch einen Magistratsbeschluß wurde darauf eine städtische Kommission zur Bearbeitung des Denkmalprojekts ins Leben gerufen, der neben Beamten und Gemeindevertretern auch ausübende Künstler als Deputierte der beiden Nürnberger Künstlervereine angehörten. Am 6. April 1827 wurde durch den königlichen Generalkreiskommissär Arnold von Mieg ein Schreiben des Königs vom 24. März 1827 überreicht, in dem König Ludwig I. einerseits seine Zusage der finanziellen Unterstützung des Ehrendenkmals erneuerte, andererseits aber den Zuschuß von bestimmten Bedingungen abhängig machte. Daß Ludwig I. ausdrücklich eine Metallfigur vorschrieb, hängt mit der örtlichen Kunstgeschichte im ersten Viertel des 19. Jahrhunderts zusammen. 1827 war vor der Front des Gymnasiums auf dem Egidienberg eine Sandsteinfigur des Reformators Philipp Melanchthon enthüllt worden. Es wurde deshalb verschiedentlich gefordert, auch für Dürer ein steinernes Denkmal aufzustellen.

Aber nicht nur mit dem zu beauftragenden Künstler und dem Material beschäftigte sich der König persönlich, sondern auch mit der Standortfrage. Im September 1826 schlug er bei seinem Gespräch mit Friedrich Campe zunächst den sogenannten „Vestner Berg", eine Freiung zwischen dem Sinwellturm und der Walburgiskapelle auf der Südseite der Kaiserburg vor. Diese Lage war zwar würdig und romantisch, der steile Abhang bot aber wenig Raum für die Entfaltung des Monuments. Außerdem wären durch die unbedingt nötigen Terrassierungs- und Abstützungsmaßnahmen die Kosten für das Denkmal wesentlich höher geworden.

Rauch entschloß sich deshalb, sein Dürer-Standbild auf dem Milchmarkt zu errichten, was die Einheimischen in zwei Parteien aufspaltete und lebhafte Diskussionen auslöste. Als dabei auch das Argument vorgebracht wurde, der Ort auf dem Kaiserhof der Burg sei allein für das Standbild eines Königs, nicht aber auch eines Künstlers würdig, protestierten die republikanisch gesinnten Gruppen lebhaft und bezeichneten dies als Skandal und Schande.

Stärker wog bei der Bestimmung des Standortes der Gesichtspunkt, daß Dürer nicht isoliert auf der Burg, sondern inmitten des täglichen Lebens der Bürger der Stadt aufgestellt werden sollte. Um das Erzbild besser in das Ensemble des Platzes einfügen zu können, schlug Rauch sogar eine neue einheitliche Fassung der umstehenden Häuser vor.

Als Vorlage für das Denkmal wählte Rauch das bekannte Selbstbildnis Dürers auf dem Allerheiligenbild in Wien, wobei er sich lediglich entschloß, die Kopfbedeckung wegzulassen oder zumindest zu ändern. Im übrigen machte er zur beabsichtigten Gestalt folgende Angaben: „Es möge am besten seyn, es in dem Costüm und der Attitüde darzustellen, in welchen der Künstler sich selbst abgebildet hat, jedoch mit der Zugabe eines Lorbeerkranzes in der rechten Hand und eines Cippus, auf dessen drei Seiten seine vorzüglichsten Kunstwerke in verschiedenen Kunstzweigen zu verzeichnen seyn."

Probleme warfen nicht nur der Standort, sondern auch der Sockel auf. Hier wurden über zehn Jahre Varianten erörtert und Modelle entworfen. Neben finanziellen Bedenken für zu aufwendige Vorschläge gab es vor allem auch künstlerische Vorbehalte. Schließlich entschied König Ludwig I. am 19. April 1838, daß die billigste der vorgeschlagenen Möglichkeiten auszuführen sei. So kommt es, daß die wertvolle Figur auf einem bloßen Steinfundament steht. In einem Brief Rauchs vom 22.

März 1828 an Bertel Thorwaldsen heißt es zu dieser Frage noch: „Die Skizze zu Dürers Denkmale ist bald vollendet. Heideloff hat dazu das Piedestal entworfen, welches nie schöner erfunden ist. Die Schüler in Statuen und die Bildnisse der Freunde zieren den Würfel und letztere den Sockel. Statue und Piedestal alles im Kostüm der Zeit. Kann leicht das beste unsrer modernen Denkmale werden!"

Nachdem sich der König für einen schlichten Entwurf des Münchener Architekten Friedrich Gärtner entschieden hatte, nahm Heideloff seine Zeichnungen in die von ihm herausgegebene „Ornamentik des Mittelalters" (1847) auf und schrieb dazu: „Project des nicht ausgeführten Fußgestelles zu Albrecht Dürers Denkmal in Nürnberg, dessen Standbild Professor Rauch in Berlin modellierte. Dieses Fußgestell, welches der Herausgeber

Oberteil der Dürer-Statue von Christian Daniel Rauch. Unbekannter Lithograph um 1840. Standort: Museen der Stadt Nürnberg

im Auftrag des Magistrats von Nürnberg verfertigte, der es auch genehmigt und von dem Bildhauer und Erzgießer Burgschmiet in Verbindung mit den Bildhauern Howald und Rotermund ausgeführt wissen wollte, wurde von dem verstorbenen Director von Gärtner, damaligen Chef des Kunstausschusses in München, als zu reich gehalten nicht gut geheißen; vielfach nun aufgefordert von Kunstfreunden und ehemaligen Schülern finde ich mich veranlaßt, es in meine Ornamentik aufzunehmen und es so der Ansicht und Beurtheilung des Publicums zu übergeben."

Keinen Erfolg hatte der Versuch des Königs, den Guß des Denkmals Johann Baptist Stiglmaier in München zu übertragen. Zu stark war die Forderung, wenigstens hier einen Nürnberger Künstler zu beauftragen. Ein zusätzliches Argument war das enttäuschend niedrige Spendenaufkommen, so daß sich Rauch 1830, um dazu beizutragen, „daß ein solch löblich einziges Denkmal in unserem Vaterlande zu Stande kommt" mit einer beachtlichen Kürzung des vereinbarten Honorars einverstanden erklärte. So entschloß man sich, den Nürnberger Burgschmiet mit dem Guß zu beauftragen.

Nach verschiedenen Verzögerungen, die in erster Linie der Bildhauer Rauch zu vertreten hatte, war das Modell am 12. November 1836 endlich vollendet. Bevor es dem Gipsformer übergeben wurde, war es einige Zeit der Öffentlichkeit zugänglich, und in der außerordentlichen Beilage schrieb die Allgemeine Zeitung Berlin:

„Das Modell zeigt, daß Rauch die ganze Größe seiner Aufgabe gefühlt und sie mit der ganzen Macht seines Genies umfaßt hat. Kein Hindernis konnte ihn schrecken, und selbst als die Ausführung durch den näher liegenden Entwurf einer kolossalen Statue Friedrichs des Großen . . . seine Arbeit mehrere Monate verzögerte, konnte die tiefe Kränkung, daß er von den Bestellern peremtorisch gleich einem Handwerksmanne zur Einhaltung einer bestimmten Frist, und dies unter äußerst unstatthaften Drohungen, angetrieben wurde, seine Kraft und Ausdauer nicht erschlaffen, obschon er in edler Entrüstung beteuert, daß er im Unmuthe über solche Begegnungen oft versucht gewesen, sein herrliches Modell zur Seite zu stellen, wenn es nicht Albrecht Dürer gewesen, den er arbeitete, sein Stolz und seine Freude."

Nach dem Modell fertigte der Kupferstecher Albert Christoph Reindel 1838 einen Kupferstich, der bis zur Weihe des Denkmals 1840 sehr begehrt war und oft kopiert wurde. Der Guß des Burgschmiet übergebenen Modells fiel in allen Einzeletappen zur vollen Zufriedenheit aus, und die Gußhaut kam sogar so hervorragend aus der Form, daß auf die sonst übliche Nachziselierung verzichtet werden konnte. Durch das Dürer-Denkmal wurde Burgschmiet zu einem bekannten Erzgießer. Seine Werkstatt machte Nürnberg im süddeutschen Raum zu einem München gleichrangigen Zentrum des Bildgusses.

Am Vorabend der Enthüllung des Denkmals sah das Festprogramm eine Aufführung des Oratoriums der Schöpfung von Joseph Haydn vor und anschließend einen Zug mit zweihundert Fackeln zum Grabe Dürers. Am 21. Mai 1840 versammelte man sich im Rathaus, bildete dort einen Festzug und ging dann zu dem nur einige hundert Meter entfernten Albrecht-Dürer-Platz. Die Festreden hielten Jakob Friedrich Binder und Carl Graf Pückler-Limpurg.

Im Gegensatz zu der Grundsteinlegung 1828 war die Enthüllung des Dürer-Denkmals 1840 ein rein örtliches Ereignis. Der Nürnberger Kunsthistoriker Mathias Mende hat die Gästelisten der Nürnberger Gasthöfe durchgesehen und dabei festgestellt, daß „nur sehr wenige Künstler den Weg nach Nürnberg zu diesem Festtag gefunden hatten". Durch die lange Entstehungsgeschichte war die einst zündende Idee des Dürer-Denkmals offensichtlich stark abgewertet worden und die allgemeine Stimmung kennzeichnete ein gereimter Leserbrief im Friedens- und Kriegs-Kurier:

Ein Monument wollt Ihr dem Manne bauen,
Daß hoher Ruhm Jahrhunderte erfüllt?
In kalter Form wollt ihr die Züge schauen,
Daraus der Geist in Lebensfrische quillt?
Laßt ab von dem vergeblichen Bemühen!

Der auf die Einweihung des Denkmals von König Ludwig I. herausgegebene Geschichtsdoppeltaler zeigt das Standbild auf dem schlichten Steinsockel und die Umschrift: STANDBILD A. DÜRER'S ERRICHTET ZU NÜRNBERG. Als Randschrift kommen a) DREYEINHALB GULDEN + VII E.F.M. + und b) DREY EIN HALBER GULDEN + VII E.F.M. + sowie weitere Variationen vor allem in der Interpunktion vor.

Literatur: AKS 101, Davenport 585, Jaeger 69, Schwalbach 25

Geschichtsdoppeltaler auf das in Bayreuth errichtete Standbild Johann (Jean) Paul Friedrich Richters 1841

Metall: Silber, Rohgewicht: 37,12 g, Feingewicht: 33,41 g, Feingehalt: 900 ‰, Durchmesser: 38 mm

Johann (Jean) Paul Friedrich Richter (1763–1825), als Schriftsteller gewöhnlich Jean Paul genannt, war „eine der eigenthümlichsten, wenn auch nicht immer erfreulichsten Erscheinungen in unserem Geistesleben. Überaus vielthätig, einst maßlos überschätzt und mit schwärmerischem Entzücken gelesen, wirkte er auf die folgenden Geschlechter nachhaltig ein, so daß die Spuren seines literarischen Einflusses noch jetzt bei uns deutlich zu erkennen sind, da doch die unmittelbare Theilnahme unseres Volkes an ihm und seinen Schriften längst verraucht ist" (ADB, 1889).

Formal stark von englischen Vorbildern abhängig, entwickelte Jean Paul eigenwillig und selbstbewußt eine eigene Denk- und Schreibweise. Sein liebstes Thema war der Zusammenstoß von Traum und Wirklichkeit mit seinen tragikomischen oder auch ergreifenden Wirkungen. Als Hauptwerke gelten „Titan", „Flegeljahre", „Levana oder Erziehungslehre". Daneben war Jean Paul auf dem Gebiet der Poetik tätig. Zu nennen ist hier „Die Vorschule der Ästhetik".

Der am 14. November 1825 verstorbene Dichter wurde auch von König Ludwig I. sehr verehrt. Er beauftragte deshalb Ludwig Schwanthaler mit einer Statue. Der Bildhauer wählte für die Darstellung das kräftige Mannesalter des Schriftstellers und stellte ihn sinnend an einen Baumstamm gelehnt dar. In der linken Hand

hält er ein Notizbuch und in der erhobenen Rechten den Stift, wie wenn er gerade mit dem Schreiben beginnen wolle. Damit hielt Schwanthaler eine typische Gewohnheit Jean Pauls fest, der stets auf Spaziergängen eine Brieftasche mit unbeschriebenen Blättern mit sich führte, um jeden Einfall und jeden Gedanken jederzeit festhalten zu können.

Ein weiteres Charakteristikum ist die Rosenknospe im Knopfloch des einfachen Überrocks. Es wird von Zeitgenossen berichtet, daß Jean Paul nie oder zumindest selten ohne diese oder eine ähnliche Zierde ausging. Den unteren Teil der Statue bedeckt ein weiter, herabgeglittener Mantel in mächtigen Falten. Er wird zur einen Hälfte vom übergeschlagenen Schenkel des Dichters, zur anderen Hälfte von dem Baumstamm gehalten, an den sich Jean Paul anlehnt.

Für das Gesicht der Bronzestatue benutzte Schwanthaler die von Hildebrandt in Bayreuth noch zu Lebzeiten Jean Pauls angefertigte lebensgroße und von Schöpf für die Ruhmeshalle ausgeführte Kolossalbüste. Jedoch gab er ihm „einen Ausdruck, in welchem sich Heiterkeit und Milde freundlich vereinen, und so wurden denn bei diesem Standbilde Sinnesweise, Geist und Gemüt Jean Pauls vom Künstler wohl beachtet und in einem entsprechenden Monumente zur Darstellung gebracht" (H. Reidelbach 1888).

Die Herstellungskosten der über zwei Meter hohen Statue betrugen 13579 Gulden, davon entfielen 2859 Gulden auf das Postament. Schwanthaler erhielt 1500 Gulden für das Modell und Stiglmaier 5530 Gulden für den Guß. Durch Kabinettsschreiben vom 28. Mai 1865 an den Staatsminister von Pfeufer machte König Ludwig I. das am 14. November 1841 enthüllte Monument dem Staat zum Geschenk.

Die Bayreuther Zeitung berichtete in ihren Ausgaben vom 16. und 17. November 1841 ausführlich über das festliche Ereignis, bei dem neben der Witwe und dem Bruder auch zahlreiche nahe Verwandte des Dichters anwesend waren.

Der Geschichtsdoppeltaler von 1841 zeigt das Denkmal mit dem Postament. Die zweizeilige Umschrift lautet: STANDBILD JEAN PAUL FRIEDRICH RICHTER'S | ERRICHTET ZU – BAYREUTH 1841. Der Rand trägt die Inschrift: DREY – EINHALB GULDEN VII E.F.M. (oder auch E F M, also ohne die Punkte).

Literatur: AKS 102, Davenport 586, Jaeger 70, Schwalbach 26

Zeitgenössischer Stahlstich mit dem Denkmal Jean Paul Richters auf dem Gymnasiumsplatz in Bayreuth. Der Stich zeigt das Denkmal an seinem ursprünglichen Platz in der Mitte der Einmündung der Ludwig- in die Friedrichstraße. Heute befindet es sich aus verkehrstechnischen Gründen in der Ecke des ehemaligen Posteigebäudes – dem linken Haus auf dem Bild

Geschichtsdoppeltaler auf die Einweihung der Walhalla 1842

Metall: Silber, Rohgewicht: 37,12 g, Feingewicht: 33,41 g, Feingehalt: 900 ‰, Durchmesser: 38 mm

Die Walhalla thront noch heute bei dem Ort Donaustauf unterhalb Regensburgs auf dem etwa 100 Meter hohen Breuberg. Der weithin sichtbare Tempelbau ruht auf einem mächtigen, über den südlichen Abhang des Berges vortretenden Unterbau von zyklopischen Mauern, der mehrfach abgestuft ist. Eine breite Marmortreppe, die sich mehrfach teilt und wieder vereint, führt über diese Riesenterrasse empor zu dem eigentlichen dorischen Marmortempel, der eine Säulenhalle von 8 zu 17 Säulen umgibt und den außerdem an der vorderen Seite eine Vorhalle von 6 ebenfalls gewaltigen Säulen ziert. Seine Höhe beträgt 18,6 Meter, die Länge 67,1 Meter und die Breite 31,5 Meter.

König Ludwig I. plante dieses gewaltige Baudenkmal bereits als Kronprinz, und zwar wollte er dem in den Befreiungskriegen gegen Kaiser Napoleon I. erstarkten Nationalgefühl der Deutschen ein Denkmal setzen. Ihm schwebte dabei ein Ehrentempel nach dem Vorbild des Parthenon auf der Akropolis vor, geschmückt mit Marmorbrustbildern der „rühmlichst ausgezeichneten Teutschen", wobei auch würdige Österreicher, Schweizer, Elsässer und Niederländer in den Kreis der Unsterblichen aufgenommen werden konnten.

Das am 4. Februar 1814 durch den Kronprinzen verfaßte und durch die bayerische Akademie der Künste erlassene Preisausschreiben für den Plan der Walhalla enthielt folgendes Programm:

„Das Gebäude, längliches Viereck, mit sich frei herumziehendem Säulengang, auf dreifachem Sockel ruhend, erhält nur ein Geschoß und auch nur eine Halle, keine Wohnzimmer und (wofern es der Schönheit nicht schadet) zwei Nebengemächer zur Aufbewahrung von Stühlen und Bücherschränken. Breite und Länge wird nicht vorgeschrieben, nur daß es ein großes Gebäude sey. Darin sollen hundert Büsten gleich aufgestellt werden, doch muß Raum für mehrere bleiben, ohne daß Eine dieser hundert deßhalb brauchte verrückt zu werden; wie 30–40 Namen von Männern, deren Bildnisse mangeln, auf würdige Weise anzubringen wären. Die Beleuchtung muß ein Hauptbedacht für den Künstler seyn; gesetzt man wollte dem Gebäude Licht wie vielen antiken Tempeln ertheilen; daß es nämlich zum Theil offen wäre, so würde der Himmelstrich kein Hinderniß seyn, weil sich in der Höhe wohl Glas anbringen läßt. Das Dach, die nothwendig befundenen Verzierungen im Innern, alle Theile überhaupt sollen wie das Ganze im reinsten antiken Geschmack gekennzeichnet seyn. Auch wird eine Zeichnung des Fußbodens nach den schönsten Mustern altgriechischer Tempel erwartet. Die Pforte von Erz, nicht glatt, aber in großen Massen verziert, muß in allen Theilen genau angegeben werden, über ihr die Inschrift: Walhalla! Für eine andere Inschrift, kurz das Jahr und den Erbauer angebend, muß der Raum vor dem Säulengang oder sonst wo gewonnen werden.

Dieser (das Peristyl) sey von dorischer Ordnung, der Säulendurchmesser jedoch nicht viel über fünf bayerische Fuß. Das Gebäude, das in eine freie Gegend auf eine sanfte Anhöhe mit Baumgruppen zu stehen kommt, wird äußerlich von Marmorquadern aufgeführt, nach innen kömmt der Feuchtigkeit wegen eine Backsteinwand, die mit Marmorplatten belegt wird. Zum allgemeinen Augenmerk diene, daß nicht Zierlichkeit, sondern gediegene Größe die erste Bedingung ist: am besten wenn beide vereinigt werden können; besser noch es zeige sich als würdige Nachahmung des Großen im Alterthume, denn als minder schöne Selbsterfindung. Äußerlich groß verbinde es damit die innerliche den Geist ausfüllende Größe; die Masse muß durchdringenden Eindruck bewirken, bleibenden, dem Gegenstand angemessen.“

Von den aufgrund des Preisausschreibens eingesandten Plänen erhielt keiner die Genehmigung. Das Projekt wurde deshalb zunächst ganz zurückgestellt. Nach der Thronbesteigung Ludwigs I. bekam der Architekt Leo von Klenze den Auftrag, neue Pläne zu entwerfen. Sie wurden endlich vom König gebilligt.

Ebenso schwierig wie der Entwurf erwies sich die Suche nach dem geeigneten Standort für den mit antiken Säulen umgebenen Tempel mit Oberlicht. In der Diskussion waren u.a. der Englische Garten, die Theresienhöhe und der Gasteig in der Residenzstadt München sowie Hohenschwangau. Schließlich sandte Ludwig I. den Architekten Klenze mit einigen Offizieren 1826 nach Regensburg, um in dessen Nähe auf den die Donau begleitenden Felsenhöhen einen passenden Bauplatz auszuwählen. Die Wahl fiel einstimmig auf den dem Fürsten von Thurn und Taxis gehörenden Breuberg (auch Bräuberg genannt), den dieser dem König zum Geschenk machte. Ludwig I. kaufte zu dem 17 Tagewerk umfassen-

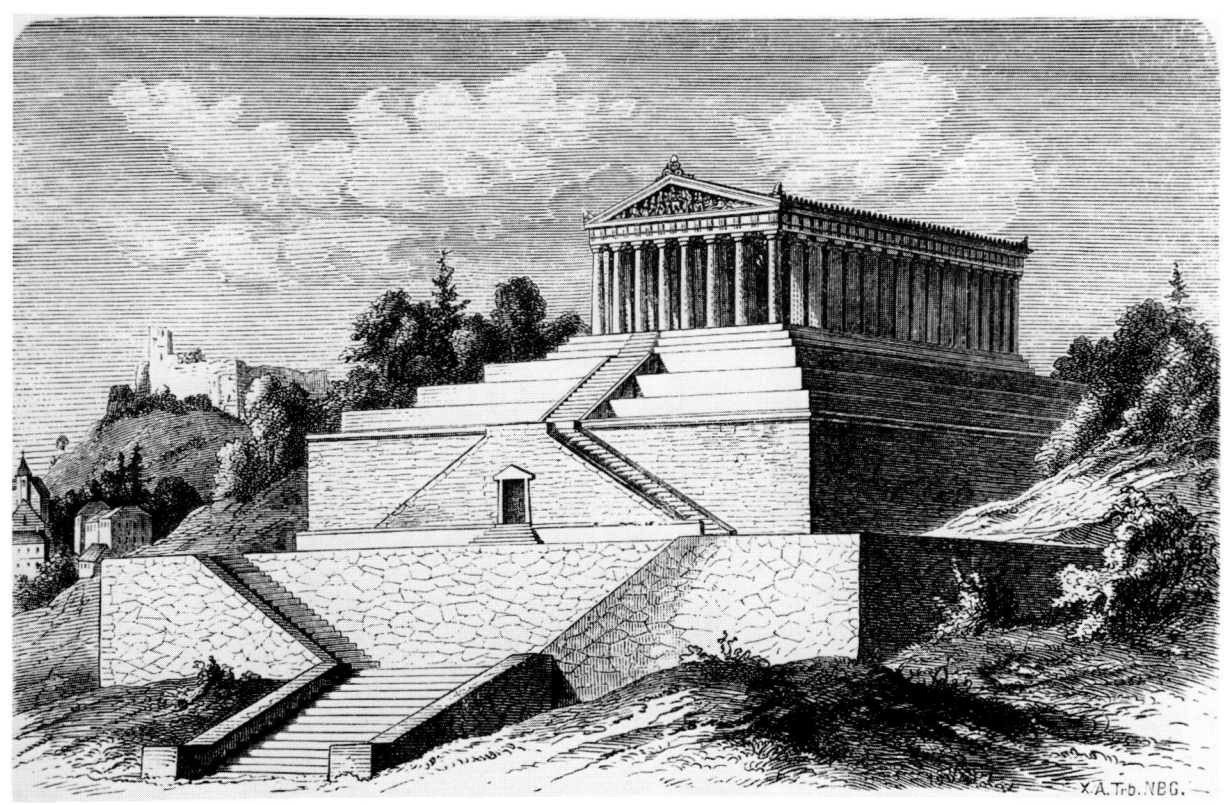

Walhalla bei Regensburg. Zeitgenössischer Holzstich aus Hans Reidelbach, München 1888

den Breuberg noch weitere 67 Tagwerk an und ließ dort einen die Walhalla umziehenden Eichenhain anpflanzen. Außerdem ließ der König von Donaustauf aus rückwärts eine Straße auf die Felshöhe emporführen.

Am 18. Oktober 1830, dem Jahrestag der Befreiungsschlacht bei Leipzig, nahm der königliche Bauherr selbst die Grundsteinlegung der Walhalla vor und sprach dabei die bekannten Worte: „Mögen, so wie diese Steine sich zusammenfügen, alle Deutschen kräftig zusammenhalten." In den Grundstein des Gebäudes wurden neben dem auf Steinplatten gravierten Plan, Aufriß und Durchschnitt des Gebäudes, das Modell der Walhalla aus Ton, das auf Porzellan gemalte Bildnis des Königs, die bayerischen Münzen des laufenden Jahres, ein Feldzeichen der Kriegsjahre 1813 und 1814 sowie drei Geschichtstaler gelegt.

Von der feierlichen Grundsteinlegung wird berichtet: „Über dem bereits eingemauerten Grundstein von Untersberger Marmor erhob sich eine Säulen-Rotunde, mit Eichen-Guirlanden umwunden, und aus der Mitte des Tempels schwebte sinnig ausgedacht ein Kranz von teutschen Eichen geflochten, über den Grundstein dieses ächt teutschen Gebäudes. Auf der Kuppel dieses Tempels war von dem Bildhauer Bandtel aus München aus Gyps gefertigt, die kolossale Statue Germanias, die Mauerkrone auf dem Haupte, und mit der rechten Hand das Unternehmen segnend, das der merkwürdigste ihrer Söhne heute begann.

Nördlich von diesem Tempel war das Königliche Zelt, von welchem mittels Stufen zum Grundstein hinabgestiegen wurde, und auf den übrigen Seiten waren die Tribünen, wo, obwohl sie gedrückt voll waren, doch eine der ernsten Feyer angemessene Stille herrschte und wo sich dem weithinsehenden Auge die Aussicht auf das romantische Donauthal und in die weiten Ebenen Bayerns eröffnete.

Hinter dem Gezelte der allerhöchsten Herrschaften war eine Schaar von Winzerinnen in der rothen Nationaltracht, in malerischen Gruppen aufgestellt, und durch Traubenguirlanden vereinigt, hinter diesen ordneten sich die Bergknappen und Bürgergarde im militärischen Quarrée..."

Es dauerte zwölf Jahre, bis der große Bau über der Donau vollendet war (1842), und wieder wurde ein 18. Oktober für die Einweihung gewählt. Die Augsbur-

ger Allgemeine Zeitung und die Regensburger Zeitung berichteten über dieses Ereignis:

„Die verschiedenen Wege, die, die Donau entlang, von Regensburg nach Donaustauf führen, waren schon seit frühem Morgen, von dichten Schaaren der dorthin wallenden Festtheilnehmer bedeckt ... Unterhalb Tegernheim, an der Gränze des fürstl. Thurn und Taxis'schen Herrschaftsgerichtes Wörth, war eine ausgezeichnet schöne Ehrenpforte errichtet, in der Form eines achteckigen Tempels und von einer Kuppel überwölbt, aussen mit natürlichem Grün bedeckt, innen mit Vergoldungen und allegorischen Gemälden ausgeschmückt. Die Beamten des fürstl. Thurn und Taxis'schen Herrschaftsgerichtes Wörth und sämtliche Gemeindevorstände mit ihren Fahnen hatten sich hier zum Empfange der Allerhöchsten Herrschaften versammelt. Am Eingange des Marktes Stauf erhob sich wieder eine Ehrenpforte, wo der Magistrat von Stauf und die Schuljugend der beglückenden Ankunft des geliebten Landesvaters entgegen harrten. Innerhalb des Thores paradirte die Landwehr von Stauf und Wörth. Die Gebäude des Marktes waren insgesamt festlich geschmückt ...

Um 2¼ Uhr erreichten die Allerhöchsten Herrschaften die Nähe von Donaustauf und dieser erfreuliche Moment wurde durch Kanonendonner und Glockengeläute verkündet. Bald vernahm man auch von der Tiefe herauf den wie Meereswogen heranbrausenden Jubelruf des freudetrunkenen Volkes.

Als Ihre königlichen Majestäten am Fuße der Walhallahöhe anlangten, wurden sie von den daselbst versammelten Repräsentanten der deutschen Bundesfürsten, an deren Spitze die Gesandten von Österreich und Preußen, feierlich empfangen und begannen hierauf unter Vorantritt der dienstthuenden kgl. Kammerherrn den Berg hinanzusteigen ...

Die Allerhöchsten Herrschaften setzten nun ihren Weg fort und erreichten den Fuß der großen äußern Treppe, wo der Regierungspräsident der Oberpfalz und von Regensburg mit seinem Collegium, der Bischof von Regensburg mit dem Kapitel, der geheime Rath v. Klenze, die Beamten sämtlicher Stellen der Kreishauptstadt und der benachbarten Gerichtsbezirke, das Offizierkorps der Linie und der Landwehr, die fürstl. Thurn und Taxis'schen Beamten, dann der Landadel, die Geistlichkeit und die Magistrate der Umgegend sich aufge-

Blick in das Innere der Walhalla mit den Büsten verdienter Deutscher. Heute ist die Walhalla Eigentum des Freistaates Bayern. In Mindestabständen von zwei Jahren werden weitere Büsten aufgenommen. Über die Aufnahme entscheidet der Bayerische Ministerrat

stell hatten. Nachdem Ihre kk. Majestäten die ehrfurchtsvolle Bewillkommnung der Versammelten empfangen, stiegen Sie die große Treppe hinan, auf deren Stufen eine Doppelreihe festlich geschmückter Jungfrauen aus Regensburg Spalier bildete . . .

Vor dem Haupt-Eingange zur Walhalla hielt der Präsident der Oberpfalz und von Regensburg Freiherr v. Zu-Rhein begeistert und begeisternd die herrliche Anrede an den König . . . und überreichte nach Beendigung derselben Sr. Majestät den symbolischen gold'nen Schlüssel. Der König bezeichnete den nun herangekommenen feierlichen Moment der Eröffnung Walhalla's mit folgenden denkwürdigen Worten:

‚Möchte Walhalla förderlich seyn der Erstarkung und Vermehrung Teutschen Sinnes. Möchten alle Teutschen, welchen Stammes sie auch seyn, immer fühlen, daß sie ein gemeinsames Vaterland haben, ein Vaterland, auf das sie stolz seyn können; und jeder trage bei, so viel er vermag zu dessen Verherrlichung.'

Jetzt gab der König das Zeichen; die ehernen Thorflügel der Walhalla sprangen auf, und aus dem Innern

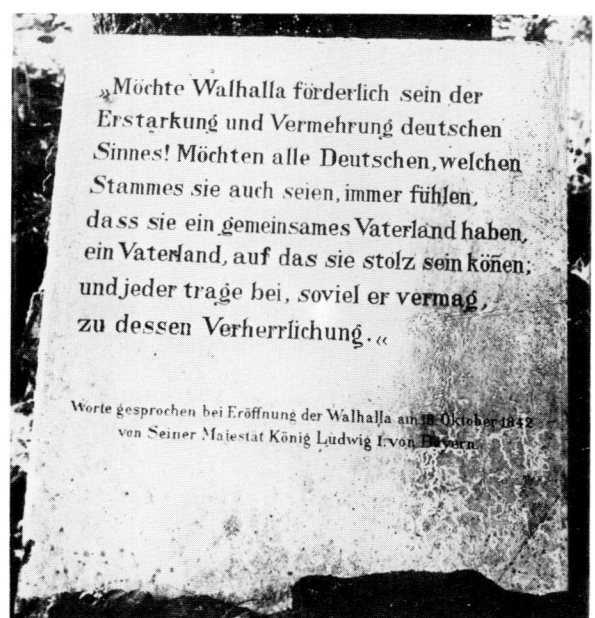

Steinplatte mit von König Ludwig I. anläßlich der Eröffnung der Walhalla am 18. Oktober 1842 gesprochenen Worten

des Tempels strahlte eine Fülle von Pracht und Kunst hervor, welche selbst die an fürstliche Herrlichkeit gewohnten Augen der hohen Festgäste überraschte. Der Eindruck wuchs mit jedem Schritte vorwärts, und die Macht der Künste feierte heute einen ihrer schönsten Triumphe. Auch der König stand bald nach dem Eintritte still und schien von der Größe seiner eigenen Schöpfung betroffen. Endlich brach das Entzücken über das wohlgelungene Werk durch; er umarmte die Königin, drückte den Prinzen und Prinzessinnen die Hände und äußerte gegen alle Anwesenden unverholen die Freude seines Herzens. Inzwischen stimmten die in den Logen aufgestellten Sänger den Bardengesang an, der in den weiten Hallen des Tempels einen unbeschreiblich erhabenen Effekt hervorbrachte . . .

Um 5½ Uhr gingen Ihre königl. Majestäten und Hoheiten von Walhalla wieder über die große Treppe herab und nahmen bei Sr. Durchl. dem Hrn. Fürsten von Thurn und Taxis das Mittagsmahl ein. Während der Feier hatte die Landwehr-Artillerie von Regensburg in den von dem Programme bestimmten Zeitpunkten die Salven gegeben. Mit Einbruch der Dämmerung wurde die Walhalla prachtvoll beleuchtet, erst mit Lampen, dann später, gegen 8 Uhr, mit bengalischem Feuer. Es war ein zauberischer Anblick, die schönen Formen des Tempels in diesem magischen Lichte schimmern zu sehen.

Nach 7 Uhr begab sich Se. Majestät der König nochmal zur Walhalla hinauf, um das Innere im Lichte der zu diesem Zwecke angezündeten Gasflammen zu beschauen. Die Beleuchtung Walhalla's war das Signal für die ganze Umgegend. Der Markt und die alte Burg zu Stauf, Stadtamhof und Regensburg schwammen alsbald in einem Feuermeere. Vom Dreifaltigkeitsberg strahlte ein 60 Fuß hohes (von den Gemeinden des k. Landgerichts Regenstauf errichtetes) Kreuz, weit in die Ferne sichtbar. – Die Allerhöchsten Herrschaften fuhren erst nach 9 Uhr nach Regensburg zurück."

Der Geschichtsdoppeltaler auf die Einweihung zeigt über dem Gebäude die Inschrift WALHALLA. Die Jahreszahl 1842 befindet sich im Abschnitt. Der Rand trägt die Inschrift DREY–EINHALB GULDEN VII. E.F.M. (oder auch VII E F M, also ohne die Punkte).

Literatur: AKS 103, Davenport 587, Jaeger 71, Schwalbach 27

Geschichtsdoppeltaler auf die Vermählung des Kronprinzen Maximilian von Bayern mit der Prinzessin Marie von Preußen 1842

Metall: Silber, Rohgewicht: 37,12 g, Feingewicht: 33,41 g, Feingehalt: 900 ‰, Durchmesser: 38 mm

Am 12. Oktober 1842 vermählte sich Kronprinz Maximilian von Bayern mit der Prinzessin Marie von Preußen. Diese Vermählung bildete sowohl in Preussen wie in Bayern den Anlaß zu festlichen Veranstaltungen. Die „Preussische Staatszeitung" meldete über die am 6. Oktober 1842 in Berlin stattgefundene Vermählungsfeierlichkeit:

„Als Alles versammelt war, wurde die Krone aus dem Schatz durch einen Beamten desselben gebracht und von einem Offizier und zwei Mann Garde du Corps bis in das Vorzimmer eskortiert. Sobald die kgl. Herrschaften angekommen waren, befestigten Ihre Majestät die Königin und Ihre k. Hohheit die Prinzessin Wilhelm die Krone auf dem Haupte der Prinzessin Braut. Sie wurde Ihrer Majestät und Ihrer k. Hoheit zu diesem Zweck von der Oberhofmeisterin Gräfin von Reede überreicht, welche auch hülfreiche Hand bei der Befestigung derselben leistete. Während der Zeit hatten sich die in der boistirten Gallerie versammelten Hofstaaten schon in der von des Königs Majestät bestimmten Ordnung zum Zuge gestellt, so daß auf den von Sr. Majestät gegebenen Befehl zum Anfange der Ceremonie die Allerhöchsten und Höchsten Herrschaften gleich eintreten konnten. Diese Anordnung war dem Ober-Ceremonienmeister Grafen Pourtales übertragen, welcher auch dann die Allerhöchsten und Höchsten Herrschaften zu

ihren Plätzen hinführte. Der Zug selbst war durch die Allerhöchsten Befehle Sr. Majestät des Königs, unbeschadet jedoch und ohne Rücksicht auf den durch die Hausverfassung unter den einzelnen Mitgliedern der kgl. Familie bestehenden Rang bestimmt worden. Der Zug ging durch den Rittersaal und die daran anstoßenden Zimmer bis zur Kapelle, wo selbst JJ. kk. HH die jüngeren Prinzen und Prinzessinnen des k. Hauses in Begleitung Höchstihrer Hofstaaten sich inzwischen eingefunden hatten. In der Kapelle befand sich schon der die Trauung verrichtende erste Bischof Eylert vor dem daselbst errichteten Altar, umgeben von der hinter dem Altar stehenden Geistlichkeit. Er ging mit den ihm assistirenden Hofpredigern, dem Ober-Hofprediger Ehrenberg und den Hofpredigern Theremin und Strauß dem hohen Brautpaar entgegen und führte Dasselbe vor den Altar. Das hohe Brautpaar stellte sich vor denselben, der Prinz zur Rechten der Prinzessin, die k. Familie im Kreise um selbigen und die Hofstaaten hinter diesen in der Art, daß der Ober-Marschall Freiherr von Werther mit dem k. Kammerherrn an der Thür zu stehen kam, durch welche die Höchsten Herrschaften eingetreten waren. Die k. bayerischen Gesandten blieben zur Rechten Sr. kgl. Hoheit des Prinzen von Preußen hinter Höchstdenenselben stehen.

Ehe der die Trauung verrichtende Bischof Sr. k. Hoh.

dem Prinzen von Preußen das Jawort Namens Sr. k. Hoh. des Kronprinzen von Bayern abnahm, fragte er nach der Bevollmächtigung Höchstdesselben. Seine k. Hoh. befahlen hierauf dem Kammerherrn von Usedom, welcher die Vollmachts-Urkunde getragen hatte, solche dem vortragenden Rath des Haus-Ministeriums, Geheimen Ober-Regierungs-Rath von Raumer, zu übergeben, und dieser las sie laut ab. Während der Wechselung der Ringe wurden im Lustgarten dreimal zwölf Kanonenschüsse abgefeuert. Nach ausgesprochenem Segen begaben sich die Allerhöchsten und Höchsten Herrschaften in eben dem Zuge nach den Zimmern Friedrichs des Ersten zurück. Dort wurden dem Hohen Brautpaare die Glückwünsche von JJ. MM. dem Könige und der Königin und von der kgl. Familie abgestattet. S. k. Hoh. der Prinz von Preußen übergaben den Trauring dem Generallieutenant und General-Adjutanten, Grafen von Nostitz, welcher von des Königs Majestät beauftragt war, sich sofort nach der Trauung nach München zu begeben und Sr. kgl. Hoheit dem Kronprinzen von Bayern den Trauring mit der Nachricht von der vollzogenen Trauung zu überbringen. Hierauf setzte sich der Zug, mit Ausnahme jedoch der beiden Personen, welche die Vollmachts-Urkunde getragen und abgelesen hatten, wieder in Bewegung, und die Höchsten Herrschaften begaben sich nach dem weißen Saale."

Auch in München befanden sich der Hof und die Bevölkerung in freudiger Erwartung des großen Ereignisses. Am 11. Oktober 1842 meldete die Münchener Politische Zeitung, daß man der Ankunft Ihrer kg. Hoh. der Kronprinzessin Marie in den Mittagsstunden entgegensehe und ihr der Kronprinz bis Landshut entgegengefahren sei. Von Wien kommend, war als Hochzeitsgast Seine kaiserliche Hoheit der Herzog von Leuchtenberg im herzoglichen Palais eingetroffen.

Über die Ankunft selbst in München wird berichtet: „Schon von 11 Uhr Vormittags an hatte sich in der Ludwigstraße und noch weiter bis über Schwabing hinaus eine zahllose Volksmenge erwartungsvoll in dichtgedrängten Scharen versammelt, um die erlauchte Gemahlin unseres geliebten Kronprinzen bei Ihrem Einzuge jubelnd zu begrüßen. Die Ludwigstraße bot bei dem vollkommen reinen, sonnigen Himmel einen heitern Anblick dar. Sie war mit Flaggen, Teppichen, Kränzen usw. reich geschmückt, und die bunten Standarten der zu beiden

Maria, Prinzessin von Preußen und Kronprinzessin von Bayern (geb. 1825 in Berlin), gemalt 1843 für die Schönheiten-Galerie König Ludwigs I. von Joseph Stieler (1781–1858)

Seiten der Straße in Reihen geordneten Zünfte erhöhten ihr festliches Ansehen . . .
Um halb 3 Uhr langte die hohe Erwartete an der zweiten, am Eingang des Dorfes Schwabing aus Laub- und Tannengewinden errichteten Pforte an, und wurde mit einem dreimaligen herzlichen Lebehoch empfangen, welches sich von hier an in ununterbrochener Folge bis zur Einfahrt in die Residenz fortsetzte, und mit immer größerem Jubel steigerte, je näher der sich langsam durch die Menge bewegende Wagenzug dem Innern der Stadt kam . . .
Wie ein mächtiger Strom wälzte sich nun die ungeheure Menschenmasse die volle Breite der Ludwigstraße hindurch der langen Wagenreihe nach, bis die Ankunft in der k. Residenz erfolgte, deren Hofraum noch lange Zeit von der froh sich zudrängenden Volksmenge angefüllt blieb. Heute Mittag verkündete der Donner der Kanonen den Bewohnern Münchens den feierlichen Act der Trauung. Unvergeßlich wird dieser Maximilianstag in den Herzen aller Bayern durch die freudigsten Gefühle eingeschrieben bleiben."

Die Trauung nach dem katholischen Ritus wurde am 12. Oktober 1842 um 12 Uhr vormittags in der Allerheiligen-Hofkirche in München vollzogen. Der k. Oberstkämmererstab veröffentlichte bereits am 10. Oktober zwei Programme, von denen das eine die näheren Bestimmungen über die Feierlichkeiten bei der Trauung in der Kirche und den anschließenden Empfang im Thronsaal der Residenz enthielt. Die Münchener Politische Zeitung teilte daraus in ihrer Nummer 244 auszugsweise folgendes mit:

„Nachdem Sich die Allerhöchsten und Höchsten Herrschaften in dem Appartement Sr. Maj. des Königs, die Herren und Damen vom großen Dienst Ihrer Majestäten im Vorzimmer des kgl. Appartements, dann die zu dieser Feierlichkeit geladenen Mitglieder des diplomatischen Corps und deren Gemahlinnen, und die am kgl. Hof vorgestellten fremden Herren und Damen auf den Kirchentribunen, die Cortégefähigen Cavaliere, die Stabsoffiziere, die hoffähigen Damen, bei Hof aufgeführten Fräuleins und das k. Offiziercorps unten in der Kirche versammelt haben, verfügen Sich Ihre Majestäten und die Höchsten Herrschaften in nachstehender, von Sr. Maj. dem Könige für diesesmal unbeschadet der bestehenden Rangverhältnisse festgesetzten Ordnung in die Kirche ...

Vom Augenblicke des Eintritts in der Kirche an, werden sechzig in kurzen Zwischenräumen sich folgende Kanonenschüsse abgefeuert. Wenn sämmtliche Allerhöchste und Höchste Herrschaften Ihre Plätze eingenommen haben, geruhen Se. Maj. der König das Zeichen zum Eintritt des den Trauungsakt vollziehenden hochwürdigsten Erzbischofs von München Freysing und der Geistlichkeit zu geben, welche von dem königl. Kammerfourier eingeführt werden. Am Altare weiht der hochwürdigste Erzbischof die Ringe und betet knieend das Gebet des Herrn. Nachdem Sich JJ. kk. HH. der Kronprinz und die Kronprinzessin in Begleitung Höchstihres Dienstes zu dem am Altare in Bereitschaft stehenden Betschemel begeben, beginnt der Trauungsakt mit einer kurzen Anrede, es erfolgt die Aufforderung zum Jawort, die Ringe werden gewechselt, der Segen gesprochen und die Feierlichkeit mit einem Te Deum laudamus und der Schlußoration beendigt. Der Zug begibt sich in derselben Ordnung zurück. JJ. MM. und die Höchsten Herrschaften empfangen nun im Thronsaale die Glückwünsche von den Mitgliedern des diplomatischen Corps, dann von deren Gemahlinnen, und nach diesen jene von den am k. Hofe vorgestellten fremden Herrn und Damen. Nach diesem Cercles beginnt der salût du trône

Kronprinz Maximilian von Bayern (geb. am 28. 11. 1811 in München)

(ohne Handkuß) in drei Verbeugungen, die erste gegen JJ. MM., die folgende gegen JJ. kk. HH. den Kronprinzen und die Kronprinzessin, und die dritte gegen JJ. kk. HH. die durchlauchtigsten Eltern der Kronprinzessin mittelst Aufrufs. Im Saal Karls des Großen findet sodann das k. Bankett statt, an dem allein die Allerhöchsten und Höchsten Herrschaften Theil nehmen. Die hiebei zu beobachtenden ceremoniellen Bestimmungen werden mit dem am Neujahrstage üblichen Bankette gleichartig abgehalten. So wie JJ. MM. Sich vom Bankett erhoben, und in Allerhöchstihre Appartements zurückbegleitet worden, sind die Feierlichkeiten des Tages geschlossen."

Aus Anlaß dieser Vermählung erschien ein Geschichtsdoppeltaler mit den Köpfen des Brautpaares und der Umschrift: MAXIMILIAN KRONPR. V. BAYERN U. MARIE K. PRINZ. V. PREUSS VERM. D. 12. OCT. 1842. Offensichtlich infolge eines Stempelversehens kommen auch Stücke mit dem unrichtigen Datum VERM. 1. OCT. 1842 vor. Der Rand trägt die Inschrift: DREY-EINHALB GULDEN + + VII E.F.M. + + (oder auch E F M, also ohne die Punkte).

Literatur: AKS 104, Davenport 588, Jaeger 72 und 72 F (Stempelfehler: 1. OCT.), Schwalbach 28

Geschichtsdoppeltaler auf die Hundertjahrfeier der Gründung der Hochschule zu Erlangen durch den Markgrafen Friedrich von Brandenburg – Bayreuth 1843

Metall: Silber, Rohgewicht: 37,12 g, Feingewicht: 33,14 g, Feingehalt: 900 ‰, Durchmesser: 38 mm

Zwei Jahre nach der Aufstellung des Denkmals für Jean Paul Friedrich Richter in Bayreuth (1841) ließ König Ludwig I. für den Stifter der Erlanger Universität, den Markgrafen Friedrich von Brandenburg, durch Schwanthaler eine Statue modellieren und durch Johann B. Stiglmaier in Erz gießen.

Um auch für dieses Monument eine möglichst große Porträtähnlichkeit zu erreichen, suchte der König selbst nach authentischen Bildnissen und ließ sich durch den Regierungspräsidenten von Stenglein in Bayreuth die Bildnisse des Markgrafen senden. Schließlich wurden dem Künstler eine Gipsbüste, ein Pastellgemälde und eine Kupferstich sowie der preußische Orden des Markgrafen zur Verfügung gestellt.

Das anläßlich der Hundertjahrfeier der Universität am 24. August 1843 enthüllte Denkmal zeigt den Fürsten in reich verziertem Panzer, das große Ordensband über der Brust, den Fürstenmantel leicht um die Schulter gelegt. „Ritterlich bewegt und stattlich hingestellt, zeigt diese Statue, welch sicheren Blick und Griff für echt monumentale Haltung Schwanthaler besaß" (Reidelbach, 1888).

Die aus dem Erz der in der Schlacht bei Navarin (20. Oktober 1827) erbeuteten Geschütze gegossene und mit einem Kostenaufwand von 14 919 Gulden aus Privatmitteln bezahlte Statue machte König Ludwig I. „der Uni-

versität Erlangen bey der ersten Säkularfeier ihrer Stiftung als ein Zeichen Unserer Königlichen Huld" mit Schreiben vom 27. Juni 1843 zum Geschenk. Der Minister Abel erhielt gleichzeitig folgende Mitteilung: „Wir Ludwig, König von Bayern etc. eröffnen Ihnen, daß Ich das Standbild des Markgrafen Friedrich von Brandenburg-Bayreuth, des Stifters der Universität Erlangen, welches Ich auf Meine Kosten habe anfertigen lassen, der gedachten Universität zum Geschenk gebe. Ludwig."

Über die Jubiläumsfeier wird in den zeitgenössischen Quellen berichtet, daß der Landtag 5 000 Gulden bewilligte und der König den Präsidenten von Mittelfranken, den Freiherrn von Andrian-Werburg mit seiner Vertretung beauftragte. Ludwig I. übernahm außerdem die Bewirtung der Universität und ihrer Gäste einschließlich der Studierenden in zwei Festessen. Als Tage für die Feier wurden von ihm der 23. bis 25. August bestimmt, so daß der Geburtstag des Rector Magnificentissimus den Abschluß machte.

Alle deutschen Hochschulen waren eingeladen worden und schickten ihre Vertreter, darunter viele Professoren, die früher selbst in Erlangen gelehrt oder gelernt hatten. Außerdem ergingen Einladungen an zahlreiche Persönlichkeiten, die mit der Geschichte der Universität in enger Verbindung standen, wie z. B. den um Erlangen hochverdienten preußischen Minister von Nagler und die Spezialkommissare, mit Freudel an der Spitze, das Oberkonsistorium, die Akademie der Wissenschaften, die Stadt Nürnberg; ferner an die Gymnasien der fränkischen Städte Ansbach, Bayreuth, Erlangen, Hof, Nürnberg und Schweinfurt.

Ein Festtheater leitete am 22. August 1843 die Reihe der Veranstaltungen ein. Am anderen Morgen um 9 Uhr bewegte sich unter dem Geläut aller Glocken der feierliche Festzug, bei dem die Landwehr Spalier bildete, von der Aula aus durch die Hauptstraßen in die Neustädter Kirche, wo Professor Thomasius, der seit dem 31. Mai die Stelle des Universitätspredigers bekleidete, die Festpredigt hielt. Um 2 Uhr folgte das erste Festessen im Redoutensaal. 25 Kanonenschüsse aus den Kanonen des Fürther Landwehrbataillons verkündeten der Bevölkerung vom Altstädter Berg den Toast auf den König. Abends versammelte man sich wieder im Redoutensaal zu dem von der Stadt gegebenen Empfang.

Am Morgen des 24. August führte ein zweiter Festzug, der dieses Mal im Harmoniegebäude zusammentrat, die Festgenossen in die Aula, wo Döderlein vor dem kurz vorher aufgestellten Bild des Königs die lateinische Festrede hielt. Erst jetzt folgte mit der Enthüllung des vom König geschenkten Denkmals des Stifters der Universität der eigentliche Hauptakt. Eine von dem studentischen Sängerverein vorgetragene Hymne ging voran, dann begleitete rauschende Musik und der Donner der Kanonen das Fallen der Hülle des Denkmals.

Während der letzte Vers der Hymne gesungen wurde, trat eine „entsprechend gekleidete" Anzahl von jungen Mädchen aus dem Schloßtor und umschritt in feierlichem Schritt das Erzbild, um es mit Blumen zu bestreuen. Mit einer „geistvollen und markigen" Rede übernahm schließlich der Prorektor das Denkmal.

Markgraf Friedrich von Brandenburg hat politisch keine hervorragende Rolle gespielt. Sein Kabinett hat ihn jedoch insoweit gut beraten, als die Kriegslasten und -schäden seines Landes sich in erträglichen Grenzen gehalten haben. Seine Haltung war stets von der Sorge um sein Land bestimmt, dem er ein guter Landesvater

Ansicht des Erlanger Universitätsgebäudes im 18. Jahrhundert

115

sein wollte. Dabei sah er es als selbstverständlich an, daß er als Fürst dieses Landes auch glänzend Hof halten müsse und dürfe. Als leidenschaftlicher Jäger erließ er 1737 eine Waldordnung. Von seinem Schwager Friedrich dem Großen für das Freimaurertum gewonnen, gründete er in Bayreuth eine französische und eine deutsche Loge.

Standbild des Markgrafen Friedrich in Erlangen Zeichnung aus dem 1888 erschienenen Werk von H. Reidelbach über die Kunstschöpfungen König Ludwigs I. von Bayern

Im Urteil seiner Zeitgenossen wird der Markgraf als „gutmütig und nicht sonderlich begabt" bezeichnet. Sein Schwiegervater, Friedrich Wilhelm von Preußen, betrachtete ihn als schlechten Soldaten und war meistens zornig auf ihn. Weil er nicht einmal einen ordentlichen Zug aus dem Glase tat, forderte er seine Soldaten auf, ihn gehörig zu hänseln. Der französische Gesandte am Münchener Hof und beim fränkischen Reichskreis Folard meinte, der Markgraf Friedrich sei kein kühner „aigle an durchdringendem Verstand", und schon aus Mangel an realer Macht könne er keine politische Rolle spielen.

Da der Markgraf weitgehend im Hintergrund des politischen und kulturellen Geschehens stand, taucht in der Forschung immer wieder die Frage nach dem „eigentlichen" Gründer der Universität Erlangen auf. Richard

Fester, der Biograph der Markgräfin, vertritt dazu die Ansicht: „Ohne sie wäre ihr Gemahl niemals auf den Gedanken gekommen, eine Hochschule zu stiften." Tatsache ist, daß gerade die Markgräfin wesentlichen Anteil an der Gründung der Universität hat. So weiß selbst der offizielle Festbericht des Prorektors Gadendam über die Eröffnungsfeier der Universität 1743 vom Markgrafen nur seine Repräsentationsrolle, während von der Markgräfin berichtet wird, daß sie den Professoren zwei beachtliche Thesen des zeitgenössischen philosophischen Denkens zur Diskussion stellte. Sie erkundigte sich nach den letzten Einheiten der Materie, den Atomen oder Monaden und kleidete die Frage nach der geistigen Existenz in das Problem, ob der Materie das Denkvermögen innewohne.

So wird es verständlich, wenn Friedrich der Große die ganze Universitätsgründung in erster Linie als eine Spielerei seiner Schwester sah und ihr spöttisch schrieb: „Ich zittere bereits im voraus vor all den Gelehrten, die daraus hervorgehen werden. Wenn sie schon mit Disputationen über die Teilbarkeit der Materie anfangen, welche Fortschritte werden sie dann erst machen!"

Die Baulichkeiten, über die die Erlanger Hochschule 1843 verfügte, waren im großen und ganzen dieselben wie zur Zeit ihrer Gründung im Jahre 1743. Sie hatte ihren Sitz in einem Teil der einst von dem Freiherrn Groß von Trockau erworbenen Gebäude, d.h. dem Häuserblock, der sich in der Nürnberger Straße von der Friedrichstraße über den Holzmarkt (jetzt Luitpoldpark) nach der Apothekergasse hinzog. Zur Erweiterung der Universität war 1805 das an die westliche Stadtmauerstraße angrenzende Altensteinische Anwesen erworben worden. Es sollte zu einem physikalisch-chemischen Institut umgebaut werden.

Der Geschichtsdoppeltaler von 1843 zeigt die Statue des Markgrafen auf dem Postament. Die zweizeilige Umschrift lautet: HUNDERTJÄHRIGE GRÜNDUNG DER HOCHSCHULE ZU ERLANGEN DURCH D. MARKGR. FRIEDR.–V. BRANDENB. BAYR. 1843. Der Rand trägt die Inschrift: DREY–EINHALB GULDEN VII E.F.M. (oder auch E F M, also ohne Punkte).

Literatur: AKS 105, Davenport 590, Jaeger 73, Schwalbach 29

Geschichtsdoppeltaler auf die Feldherrnhalle in München 1844

Metall: Silber, Rohgewicht: 37,12 g, Feingewicht: 33,41 g, Feingehalt: 900 ‰, Durchmesser: 38 mm

Die Feldherrnhalle am Odeonsplatz in München wurde in den Jahren 1841–1844 durch den Architekten Friedrich von Gärtner erbaut. König Ludwig I. wollte damit den Führern des bayerischen Heeres ein bleibendes Denkmal setzen.

Es wird vermutet, daß der König für diesen Bau mehrere Architekten zu Entwürfen in verschiedenen Stilen eingeladen hat. So befindet sich in der Klenzeschen Sammlung eine von Klenze im Renaissancestil entworfene Skizze, die offenbar nach einem von Ludwig I. ausgegebenen Programm entworfen worden war. Wenn sich der König schließlich für den Gärtnerischen Entwurf aussprach, der die berühmte Loggia dei Lanzi in Florenz zum Vorbild hatte, so mußte doch auch dieser Entwurf verschiedene Entwicklungsstadien durchmachen, bevor er die königliche Genehmigung erhielt.

Die Feldherrnhalle wurde 1844 am südlichen Ende der Ludwigstraße zwischen der königlichen Residenz und der Theatinerkirche errichtet. Über einem Unterbau von 34 Metern Breite, 17 Metern Tiefe und 3 Metern Höhe, zu dem eine breite Wangentreppe emporführt, steigt die nach drei Seiten offene und 20 Meter hohe Pfeilerhalle in drei kühn aufstrebenden Rundbogen von gewaltiger Spannung empor und wird nach oben von einem kräftigen Rundbogengesims mit durchbrochener Balustrade bekrönt.

Die Münchener Halle zeigt zwar im Grundplan und Aufriß eine große Ähnlichkeit mit der Florentiner Loggia dei Lanzi, ist aber im Formcharakter völlig verschieden. Während die Loggia dei Lanzi im italienisch-gotischen Stil erbaut ist, zeigt die Feldherrnhalle romanischen Stil. Die Profilierung und dekorative Ausstattung der Florentiner Loggia ist am Pfeilersockel wesentlich üppiger und eleganter; dafür ist bei der Feldherrnhalle die Leibung der Bogen und der löwengeschmückte Fries viel reicher und stattlicher dekoriert und außerdem die Balustrade auch noch mit Kriegstrophäen versehen, die beim Florentiner Vorbild fehlen.

In architektonischer Hinsicht steht die Feldherrnhalle nach Ansicht von Kunsthistorikern der Loggia dei Lanzi kaum nach. Daß sie beim Vergleich einen etwas nüchternen und kahlen Eindruck macht, ist darauf zurückzuführen, daß sie nur mit zwei Statuen, nämlich den Figuren der bayerischen Feldherrn Tilly und Wrede, geschmückt ist. Während die Florentiner Halle wie ein offenes Museum mit einer ganzen Reihe von Originalstatuen aus verschiedenen Kunstepochen gefüllt ist, wirkt die Feldherrnhalle leer.

Ursprünglich war beabsichtigt, die Feldherrnhalle farbig zu gestalten, und noch 1888 schrieb Hans Reidelbach in seinem Werk über „König Ludwig I. und seine Kunstschöpfungen": „Wenn das Innere, so wie der Architekt in einem seiner Pläne es auch projektierte, Farbenschmuck erhielte, wenn, wie ja beabsichtigt, der Hintergrund mit einem großartigen Kriegsmonument geschmückt, wenn ferner einmal den aufgestellten Statuen sich noch weitere zugesellen, dann wird auch die Feldherrnhalle an malerischem Reiz der Loggia dei Lanzi nicht nachstehen."

Die mit einem Kostenaufwand von 246257 Gulden aus den königlichen Privatmitteln errichtete Halle mit Inhalt vermachte König Ludwig I. durch Testament vom 13. November 1859 dem bayerischen Staat.

Der Geschichtsdoppeltaler von 1844 zeigt unter der Überschrift FELDHERRNHALLE die Halle mit den Standbildern der Feldherrn Tilly und Wrede.

Die Randschrift der Münze gibt ihren Wert an: DREY–EINHALB GULDEN VII E.F.M. (oder auch EFM, also ohne Punkte), d.h., sieben Stück ergaben eine Feine Mark Silber.

Literatur: AKS 100, Davenport 591, Jaeger 74, Schwalbach 30

Feldherrnhalle in München. Lithographie „nach der Natur und auf Stein gezeichnet" von Gustav Kraus um 1844

Geschichtsdoppeltaler auf das in München errichtete Standbild des Kanzlers Freiherr von Kreittmayr 1845

Metall: Silber, Rohgewicht: 37,12 g, Feingewicht: 33,41 g, Feingehalt: 900 ‰, Durchmesser: 38 mm

Wiguläus Xaver Alois Freiherr von Kreittmayr war nicht nur ein bedeutender Rechtswissenschaftler, sondern auch politischer Berater des bayerischen Kurfürsten Maximilian III. Joseph und seines Nachfolgers Karl Theodor. Er wurde am 14. Dezember 1705 als Sohn des späteren kurbayerischen Hofrates Franz Xaver Wiguläus Kreittmayr in München geboren. Seine Mutter ging nach dem Tode ihres Gatten in das Büttrichkloster und starb dort als hochbetagte Nonne 1766 im 87. Lebensjahr. Von den acht Schwestern Kreittmayrs gingen sieben ebenfalls ins Kloster, während sein Bruder Benno von 1742 bis 1751 Stadtoberrichter und später Bürgermeister sowie Landschaftsverordneter wurde.

Kreittmayr besuchte das Jesuitenkolleg in München. Dort erhielt er eine strenge katholische Ausbildung. Sein besonderes Interesse galt den lateinischen Klassikern, so daß er noch im hohen Alter lange Stellen aus Horaz, Virgil und Martial auswendig vortragen konnte. An der Universität Salzburg hörte er Philosophie, und in Ingolstadt besuchte er dann juristische Vorlesungen. Am 23. August 1725 wurde er im Alter von noch nicht einmal 20 Jahren in München als Hofrat angestellt.

Nach dem Tod Kaiser Karls VI. im Oktober 1740 kam er als pfalzbayerischer Beisitzer in das rheinische Reichsvicariatshofgericht. Anläßlich der Kaiserwahl des Kurfürsten Karl Albert (1742) ernannte man ihn zum

wirklichen Reichshofrat. Der Aufnahme in den Ritterstand des Heiligen Römischen Reiches (1741) folgte 1745 unter Kurfürst Maximilian III. Joseph die Ernennung zum Freiherrn und 1767 die Verleihung der sogenannten Edelmannsfreiheit.

Am 3. Dezember 1745 wurde Kreittmayr in München zum Hofratskanzler befördert und am 2. März 1749 folgte die Ernennung zum Vicekanzler und Conferenzminister. Als „wirklicher, geheimer Kanzler und oberster Lehensprobst" mit einem Gehalt von 4000 Gulden jährlich erreichte er dann am 20. September 1758 die höchste Stellung im Kurfürstentum Bayern.

Bei den Verdiensten Kreittmayrs ist in erster Linie die Kodifizierung des bayerischen Straf- und Zivilprozeßrechts sowie des Zivilrechts zu nennen. Im Zeitraum von nur sechs Jahren, von 1750 bis 1756 gelang es ihm, sowohl ein Strafprozeß-, ein Zivilprozeß- sowie ein Zivilgesetzbuch auszuarbeiten. Bayern wurde dadurch der erste deutsche Staat mit umfassenden Gesetzbüchern.

Kreittmayr schrieb die Gesetze in seiner Privatwohnung, im ersten Stock des damals Zinsmeisterschen Hauses am Rindermarkt gegenüber dem Petersturm. Seine Bibliothek, die er später weitgehend der Bayerischen Staatsbibliothek schenkte, umfaßte ungefähr 1200 Bände. Es wird überliefert, daß er persönlich mit der Hand den Entwurf des Codex und sämtliche Anmerkungen auf ein-

*Das noch vor dem Zweiten Weltkrieg beseitigte und einge-
schmolzene Standbild des Kurfürstlich Bayerischen Geheimen
Staatskanzlers Wiguläus X.A. Freiherr von Kreittmayr (1705 bis
1790) am Promenadeplatz in München. Die Inschrift lautete:
W.X.A. FREYHERR V. KREITTMAYR / CHURF.BAYER.
GEH.Kanzler / GEBOREN ZU MÜNCHEN / DEN XIV.
DEZ.MDCCV. / GESTORBEN DEN XXVII. OCT. /
MDCCXC. – DEM VERFASSER / DER BAYERISCHEN
GESETZBÜCHER / DAS DANKBARE VATERLAND*

zelne Blätter schrieb. Diese numerierte er dann durch
und übergab sie dem Hofmeister seines ältesten Sohnes
zur Reinschrift: „Verließ eines der Gesetzbücher die
Presse, wurde das Manuscript vernichtet, weil der Verfasser bedacht war, unnöthigen Ballast aus seinem be-
engten Arbeitszimmer zu entfernen." (ADB 17. Bd.,
S. 107 ff.)

Als Kreittmayr auftragsgemäß mit dem Strafrecht begann, gab es nur die Malefiz-Ordnung der Fürstentümer
Ober- und Niederbayern von 1616 auf 18 Blättern und
die Malefiz-Prozeßordnung im Oberpfälzischen Landrecht von 1657. Nur ein Titel enthielt materielles Strafrecht. Dank seiner 25jährigen Praxis konnte er nach nur
einjähriger Arbeit am 7. Oktober 1751 den „Codex juris
criminalis bavarici" veröffentlichen. Der Hauptausgabe
von 1751 folgten weitere Auflagen 1756 und 1758.

Dem Kreittmayrschen „Codex criminalis" gehört das
Verdienst, als erstes deutsches Strafrecht das gemeine
Recht ausdrücklich aufgehoben und dadurch eine selb-
ständige Partikulargesetzgebung angebahnt zu haben.
Seine Gesetzgebung enthielt viele Fortschritte. Wie die
Halsgerichtsordnung Karls V. folgte das bayerische
Strafgesetzbuch aber nach dem Abschreckungs- und Prä-
ventivsystem. Die Todesstrafe wird für nicht weniger als
55 Verbrechen angedroht, und für die Vollstreckung
werden neben dem Schwert und dem Strang, das Rad mit
und ohne Gnadenstoß, das lebendige Verbrennen und
die Vierteilung mit oder ohne vorherige Erdrosselung
aufgeführt. Die Todesstrafe konnte durch Schleifen zur
Richtstätte, durch Kneifen mit glühenden Zangen, durch
Verstümmelung einzelner Glieder und ähnliche Grau-
samkeiten verschärft werden. Auf Blutschande, grobe
Gotteslästerung und Zauberei stand der Feuertod. Dop-
pelehe und Abfall vom katholischen Glauben wurde mit
dem Schwert bestraft. Majestätsbeleidigung wurde mit
der Vierteilung und Wildfrevel verrufener Schützen mit
dem Strang geahndet. Auch dem Hexen- und Zauberwe-
sen war ein längerer Abschnitt gewidmet. Zur Ermittlung
der Tatbestände gab es die Folter, deren Anwendbarkeit
allerdings eingeschränkt wurde.

Das Kreittmayrsche Strafgesetzbuch begegnete deshalb später des öfteren der Kritik, und der strenge Straf-
wissenschaftler Feuerbach hielt selbst die Halsgerichtsordnung Kaiser Karls V. gegenüber dem Codex für „ein
Muster der Klugheit und Gerechtigkeit". Ein hartes Ur-

teil, das heute nicht mehr aufrechterhalten werden kann.

Bei der Beurteilung darf nicht außer acht gelassen werden, daß Kreittmayr nicht den Auftrag hatte, eine völlig neue Gesetzgebung zu schaffen, sondern daß er nur die bestehende Rechtslage einheitlich zusammenfassen und übersichtlich ordnen sollte. Auch mußte er den Ansichten seiner Zeit Rechnung tragen und die Gutachten der Kollegien berücksichtigen. Anzuerkennen sind auf jeden Fall die Zusammenfassung des gesamten Stoffes, die Beendigung häufig wiederkehrender Streitfragen, die Einschränkung der richterlichen Willkür durch feste Grundlagen des Beweisverfahrens und die Ausdehnung des richterlichen Strafmilderungsrechtes.

Als zweites Gesetzgebungswerk folgte dem Codex criminalis am 14. Dezember 1753 der „Codex juris bavarici judiciarii". Diese bayerische Zivilgerichtsordnung umfaßte in 20 Kapiteln das ganze richterliche Verfahren in bürgerlichen Rechtssachen. Sie erlebte ebenfalls mehrere Ausgaben und Auflagen, neben 1753 u. a. 1771, 1804, 1810 und 1844. Verlegt wurde das Werk in München, Ulm, Bamberg und Würzburg.

Die Prozeßordnung von 1753 „gehört zu den besten Gesetzgebungsarbeiten des abgelaufenen Jahrhunderts, deren wesentliche Vorzüge in Kürze und Klarheit des Ausdruckes, in sicherer Lösung zahlreicher gemeinrechtlicher Controversen und in gewandter Bearbeitung des Materials liegen. Sie hat durch Vereinfachung der Gerichtshandlungen und Beschränkung der Rechtsmittel zur Abkürzung der Rechtsstreite wesentlich beigetragen" (ADB 1883).

Eine statistische Arbeit war der am 2. Januar 1756 verkündete „Codex Maximilaneus bavaricus civilis". Mit

Achtes Kapitel,
Von der Leibeigenschaft.
(Servitute),
§. I.

1, Wie wir schon oben ad Cap. 3. §. 3. erwähnt haben, breitet sich keine Materie in Jure Romano so weit aus, als die von der Leibeigenschaft. Dahero nicht undienlich seyn wird, wenn man solche nicht nur nach jetzigen, sondern auch damaligen Zustand, und wie sie nemlich bey den Römern ausgesehen hat, zugleich ein wenig envisagirt, weil dieses den Unterschied zwischen dem Jure Romano et Hodierno besser zu Tage legt, annebens eine gründlichere Erkenntniß von dem ersten überhaupt zuwege bringt. Specialia kommen in §phis. seq. vor, hier aber dient pro notitia generali voraus, daß kein römischer Leibeigener ein Caput, das ist, einen Stand in der bürgerlichen Gesellschaft seu Republica hatte. §. 4. Inst. de Capit. Minut. Daß er folglich nicht

Von der Leibeigenschaft und römischen Recht, auch ob und wie weit solche noch in usu seye?

121

diesem „neu verbesserten und ergänzten Churbayerischen Landrecht" wurde die Justizreform in Bayern abgeschlossen. Im Gegensatz zu den Gesetzbüchern Preußens und Österreichs beschränkte sich auch dieser Codex auf die Revision des alten überlieferten Rechts. Von den vier Teilen behandelt der erste das Personenrecht einschließlich der Leibeigenschaft, der zweite die dinglichen Rechte, der dritte das Erbrecht und der letzte die persönlichen Rechte einschließlich des Lehenrechts. In der Allgemeinen Deutschen Biographie schreibt Eisenhart hierzu: „Die Darstellung ist schlicht, aber leicht faßlich, der Stoff übersichtlich geordnet, die deutsch-rechtlichen Institutionen sind zwar im römischen Gewande, immerhin aber weit besser als in der früheren Gesetzgebung zur Geltung gebracht."

Daß das bayerische Landrecht damals nicht nur die Leibeigenschaft, sondern auch die aktive und passive Erbunfähigkeit der Ketzer und der aus der Kirche Ausgetretenen sowie die außerordentliche Mietkündigung wegen Geisterspuk aufführte, kann das Verdienst Kreittmayrs nicht schmälern. Zu allen drei Gesetzbüchern hat der Unermüdliche umfassende Anmerkungen geschrieben. Der Kommentar zum Landrecht besteht aus fünf starken Bänden. Als Eigenart der Anmerkungen von Kreittmayr gelten die zahlreichen Denksprüche, Sentenzen und Sprichwörter mit meist juristischem Inhalt. Ein ungenannter Sammler hat 2085 Stück systematisch geordnet und 1848 in einem Münchener Verlag veröffentlicht.

Weitere gesetzgeberische Tätigkeiten von Kreittmayr sind 1765 eine neue Mautordnung und 1785 eine neue verbesserte Wechselordnung mit Nachträgen von 1787. Von Bedeutung ist schließlich der „Frhrn. v. Kreittmayr's Grundriß des Allgemeinen Deutschen und Bayerischen Staatsrechts" (München und Leipzig 1769, 1770 und 1778). 1780 erschien auf Befehl des Kurfürsten von Kreittmayr die „umständige Beschreibung über sämtliche chur-pfalz-bayerische, ober-pfälzische, leuchtenbergische etc. Ritterlehen, dann deren trägerische Geschlechter". Diese Veröffentlichung ist noch heute für die Geschichte des bayerischen Adels von Interesse.

Das Amt des bayerischen Staatskanzlers übte Kreittmayr 32 Jahre zur vollen Zufriedenheit der beiden Kurfürsten Maximilian III. Joseph und Karl Theodor aus. Unter ihm scheiterten die Versuche des prachtliebenden Karl Theodors, Bayern an Österreich oder Preußen zu vertauschen.

Von Zeitgenossen wird Kreittmayr als „von mittlerer Größe" und „meist heiter und frohgestimmt" beschrieben. Seine schwierigen juristischen und politischen Aufgaben wußte er häufig „mit Humor zu würzen". Seinen Söhnen gab er die kluge Lehre: „Laßt den Fürsten, denen ihr dienet, nie fühlen, daß ihr nothwendig seid; denn die Fürsten werden sich lieber geringerer Menschen bedienen, als von Euch abhängig sein". Selbst galt er in der Form als „stets geschmeidig und in nebensächlichen Dingen dem Fürsten gegenüber nachgiebig".

Als Kreittmayr 1759 infolge Überanstrengung schwer erkrankte, legte er das Gelübde ab, im Genesungsfall weder Schmuckstücke noch Ehrenzeichen zu tragen. Dieses Gelübde wurde von ihm streng beachtet. Drei Tage nach seinem Tod, am 27. Oktober 1790, wurde seine Leiche von der Burggasse mit 120 Fackelträgern an den Burgfrieden und von dort nach Ofenstetten gebracht. Dort ließ die Witwe ein aus Blei gegossenes Monument setzen. 1791 errichteten die Söhne auf dem Dorfplatz in Ofenstetten einen 50 Fuß hohen Obelisk mit einer Bronzebüste und der Aufschrift: „Dem Verfasser der Gesetze unter Kurfürst Max III."

Am 25. Oktober 1845 wurde dann unter König Ludwig I. auf dem östlichen Teil des Promenadeplatzes in München nach einem Modell von Ludwig von Schwanthaler ein Erzstandbild von Kreittmayr feierlich enthüllt. Auf diesen Vorgang ließ der König dann den 34. Geschichtsdoppeltaler mit der Abbildung der Statue prägen. Die zweizeilige Umschrift lautet: STANDBILD DES CANZLER'S FREYHERRN V. KREITTMAYR I ERRICHTET IN – MÜNCHEN 1845. Der Rand der Münze trägt die Umschrift: DREY–EINHALB GULDEN + + VII E.F.M. + + (oder auch ohne die Punkte bei E F M).

Das Denkmal wurde noch vor dem Zweiten Weltkrieg beseitigt und eingeschmolzen. Das neue 1961 von dem Bildhauer Alexander Fischer geschaffene Denkmal wurde nicht am Promenadeplatz in München, sondern vor dem Kreittmayr gehörenden Hofmarkschloß in Ofenstetten, Landkreis Kelheim, aufgestellt.

Literatur: AKS 107; Davenport 592; Jaeger 75, Schwalbach 31

Geschichtsdoppeltaler auf die Geburt des Erbprinzen Ludwig von Bayern und des Prinzen Ludwig 1845

Metall: Silber, Rohgewicht: 37,12 g, Feingewicht: 33,41 g, Feingehalt: 900 ‰, Durchmesser: 38 mm

Auf die Geburt des späteren Königs Ludwig II. (regierte 1864–1886), Sohn von Kronprinz Maximilian, dem späteren König Maximilian II. (regierte 1848–1864), und auf die Geburt des späteren Königs Ludwig III. (regierte als Regent 1912/1913 und als König 1913–1918), Sohn des Prinzen und späteren Prinzregenten Luitpold (regierte 1886–1912), wurde 1845 durch ihren Großvater König Ludwig I. ein Geschichtsdoppeltaler herausgebracht.

Der Erbprinz Ludwig von Bayern wurde am 25. August 1845 in München geboren. Das Münchener Morgenblatt meldete das freudige Ereignis mit folgenden Worten:

München, 25. August. Ihre königliche Hoheit die Frau Kronprinzessin ist heute Morgens um halb 1 Uhr im kgl. Lustschloß Nymphenburg glücklich von einem Prinzen entbunden worden. Der durch die schweigende Nacht hinrollende Donner von fünfundzwanzig Kanonenschüssen verkündete den frohüberraschten Bewohnern der Hauptstadt das Ereignis, welches überdies auch durch sein Zusammentreffen mit dem Geburts- und Namensfeste Seiner Majestät des Königs alle Bayerherzen mit größtem Jubel erfüllt.

Außerdem veröffentlichte das Münchener Morgenblatt in seiner Ausgabe vom 27. August 1845 ein mehrstrophiges Gedicht.

Über die Erziehung und die Jugendjahre des Erb- und späteren Kronprinzen Ludwig schreibt Professor Dr. Hans Rall in den „Wittelsbacher Lebensbildern": „Ludwig baute schon als Kind phantasievoll mit Bausteinen und entwickelte sich nicht nur im Rahmen einer vom Vater festgelegten und auch gelegentlich handschriftlich überarbeiteten stundenmäßig festgelegten Ordnung seines Tageslaufs. Darin war auch das Zusammensein mit der Mutter (Marie, geb. Prinzessin von Preußen) am späteren Vormittag und zur Mittagszeit ein Zeugnis für das Interesse der Eltern an den Kindern. In allen Altersstufen war Religionsunterricht, seit Juni 1863 Logik, seit Juli Geschichte der Philosophie durch Johannes Huber vorgesehen, der nur zehn Jahre älter, im Winter 1864/65 mit dem jungen König zweimal in der Woche philosophische und allgemeine Gespräche über Fragen des jungen Menschen hatte. In der deutschen Sprache wurde auch Literaturgeschichte und Lektüre gepflegt. Der König wurde später, vielleicht auch durch diese Anleitung, ein außerordentlich eifriger und vielseitiger Leser."

Der königliche Prinz Ludwig war bereits am 7. Januar 1845 in München geboren worden, und zwar als ältester Sohn des späteren Prinzregenten Luitpold und seiner Gemahlin Auguste, geborene Erzherzogin von Österreich-Toskana.

Über seine Geburt berichtete die Augsburger Allgemeine Zeitung am 8. Januar 1845:

München, 7. Jan. Ihre k. Hoh. die Prinzessin Luitpold von Bayern, geb. Prinzessin Erzherzogin von Toscana, ist diesen Mittag gegen 12 Uhr von einem Prinzen glücklich entbunden worden. Dieses so überaus erfreuliche Ereignis in der Familie unsers geliebten Königs hat unter allen Classen der hiesigen Einwohner die innigste herzlichste Theilnahme erregt, und die Kunde davon wird im gesamten Königreich und bei allen Bayern mit denselben Empfindungen begrüßt werden. Die durchlauchtigste Wöchnerin sowie der neugeborne Prinz befinden sich im besten Wohlsein.

Über die Jugend des späteren Königs Ludwig III. von Bayern bemerkt Professor Dr. Hans Rall a.a.O.: „Bereits in jungen Jahren hatte er sich umfangreiche juristische und volkswirtschaftliche Kenntnisse erworben. Sein Interesse galt vor allem dem Fortschritt der Technik und der Erschließung der Wasserkräfte Bayerns. Auf seine Anregung hin wurde der Bayerische Kanalverein von 1891 gegründet. Er setzte sich besonders für das in gesellschaftlichem und wirtschaftlichem Umbruch stehende Bauerntum ein. Seit 1868 war er Ehrenpräsident des Zentralkomitees des landwirtschaftlichen Vereins. Als Prinz in der Ersten Kammer des Landtags engagierte er sich persönlich stark für die Einführung des direkten Wahlrechts. Von Religiosität und Pflichtbewußtsein erfüllt, hatte er gute Voraussetzungen für seine spätere Tätigkeit."

Der Geschichtsdoppeltaler zeigt eine vor einer Eiche stehende Frau (Bavaria), die in jeder Hand ein Schild mit einem L hält. Über ihr schwebt das gekrönte bayerische Wappen. Die zweizeilige Umschrift lautet: LUDWIG ERBPRINZ V. B. | GEB. 25. AUGUST – LUDWIG KOEN. PRINZ V. B. | GEB. 7. JANUAR. Im Abschnitt die Jahreszahl 1845. Die Randschrift lautet: DREI–EIN–HALB GULDEN + + VII E.F.M. + + (oder auch ohne die Punkte bei E F M).

Literatur: AKS 108, Davenport 593, Jaeger 76, Schwalbach 32

Kronprinz Ludwig zwischen seinen Eltern, König Max II. und Königin Marie. Lithographie von J.G. Kitzinger

Geschichtsdoppeltaler auf die feierliche Eröffnung des Ludwigkanals 1846

Metall: Silber, Rohgewicht: 37,12 g, Feingewicht: 33,41 g, Feingehalt: 900 ‰, Durchmesser: 38 mm

Schon Kaiser Karl der Große hatte den Gedanken, durch die Verbindung der Donau und des Rheins zur Förderung des Handels eine ununterbrochene Wasserstraße vom Schwarzen Meer bis zur Nordsee herzustellen. Wegen der mangelhaften technischen Möglichkeiten konnte das Riesenbauwerk jedoch im 9. Jahrhundert nicht ausgeführt werden. Als es eingestellt wurde, hatte es eine Länge von 2000 und eine Breite von 300 Schritten. Noch heute sind bei Dettenheim die Spuren des sogenannten „Kaisergrabens" sichtbar.

Die Wiederaufnahme des gescheiterten Unternehmens zählte zu den Lieblingsplänen des jugendlichen Ludwig. Nach der Thronbesteigung beauftragte er den Oberbaurat von Pechmann mit der Anfertigung eines neuen Entwurfs und der Berechnung der gigantischen Kanalanlage.

Die Ausführung des 23½ Meilen langen, von Kelheim bis Bamberg sich erstreckenden Kanals wurde dann einer Aktiengesellschaft übertragen, an der sich der bayerische Staat als Hauptaktionär mit einem Viertel des gesamten Aktienkapitals beteiligte. Die Kosten des kühnen, mit 100 Schleusen versehenen Baues überstiegen 17 Millionen Gulden und übertrafen damit den ursprünglichen Kostenvoranschlag um das Doppelte.

Bei der Durchführung des Kanals achtete König Ludwig I. streng auf ästhetische Gesichtspunkte. So wünschte er, daß die Brücken im antik-römischen Stil durch-

geführt werden: „Wenn keine örtlichen Hindernisse bestehen, sollen Brücken mit halbrunden Bogen, wie die Römer sie bauten, gebaut werden, sie sind dauerhafter, großartiger, schöner, sie sind klassisch zu nennen. Auch keine eisernen Geländer, wovon das Altertum nichts weiß, sollen angebracht werden."

An anderer Stelle schrieb der König einmal: „Was die Alten gekonnt, vermögen wir auch, und groß nicht nur, großartig sey der Ludwigs-Canal." Eine besondere Ausschmückung erfuhr der Kanal durch das am Fuße des Burgberges bei Erlangen von Ludwig I. aus Privatmitteln errichteten und von Ludwig Schwanthaler ausgeführten Kolossaldenkmals.

Der Kanal wurde dem öffentlichen Verkehr am 15. Juli 1846 in feierlicher Weise übergeben. Zur Erinnerung an diesen Anlaß ließ der König einen Geschichtsdoppeltaler prägen, auf dem sich die durch eine weibliche und eine männliche Gestalt symbolisierten Flüsse Donau und Main die Hand reichen.

Durch die großartige Entwicklung des deutschen Eisenbahnwesens konnte der Ludwigkanal die von ihm ursprünglich erhofften großen Erwartungen nicht erfüllen. Dennoch zählt er zu den großen technischen Leistungen in der ersten Hälfte des 19. Jahrhunderts.

Um den Schiffahrtsverkehr zu begünstigen, hatte König Ludwig I. schon unmittelbar nach seiner Thronbesteigung dem Freiherrn von Cotta ein Privileg zum Bau von Dampfern auf allen bayerischen Flüssen erteilt; auch hat er durch Korrekturen der Donau und ihrer Nebenflüsse die Schiffbarkeit erleichtert. Mit Baden wurde ein Vertrag zur Regulierung des Rheins abgeschlossen und dessen gewundener Lauf um sieben Stunden verkürzt.

Der König erließ ferner eine Rheinschiffahrtsordnung und erkannte, daß sich die Mannheim gegenüberliegende Rheinschanze hervorragend für einen neuen Hafenort eignete. So entstand dort Ludwigshafen, dessen Name noch heute an seinen Gründer erinnert.

Zur Belebung der Schiffahrt auf der Donau verlieh der König der Donau-Dampfschiffahrtsgesellschaft ein Privileg. Der erste Donaudampfer dieser Gesellschaft lief 1837 vom Stapel und trug den Namen „Ludwig". Daß sich der König selbst mit der Schiffbarmachung der Nebenflüsse der Donau befaßte, zeigt folgendes Signat aus dem Jahre 1840: „Es ist wünschenswerth, daß zugleich mit dem Canale nicht nur die Vils und Naab, sondern auch der Regen schiffbar werde, insoweit die Mittel hinreichen, denn nur aus Ersparungen dürfte es räthlich sein."

Die Randschrift der Münze gibt ihren Wert an: DREY–EINHALB GULDEN + + VII E.F.M. + + (oder auch ohne die Punkte bei E F M) d.h., sieben Stück ergaben eine Feine Mark Silber.

Literatur: AKS 109, Davenport 595, Jaeger 77, Schwalbach 33

Titelblatt der „Pittoresken Ansichten des Ludwig-Donau-Main-Kanals" des Nürnberger Kupferstechers Alexander Richard Marx (geb. 1815). Photo: Stadtbibliothek Nürnberg

Geschichtsdoppeltaler auf das Standbild des Fürstbischofs Julius Echter von Mespelbrunn in Würzburg 1847

Metall: Silber, Rohgewicht: 37,12 g, Feingewicht: 33,41 g, Feingehalt: 900 ‰, Durchmesser: 38 mm

König Ludwig ließ 1847 dem Stifter der Universität Würzburg und Gründer des berühmten Julius-Hospitals, dem Fürstbischof Julius Echter von Mespelbrunn, durch M. von Widnmann ein Monument errichten. Der König schrieb dem Künstler vor, den Fürstbischof mit segnend erhobener Hand und Bischofsmütze darzustellen.

So zeigt der im gleichen Jahr hergestellte Doppeltaler die Bildsäule mit der edlen, ausdrucksvollen Gestalt des großen Kirchenfürsten in vollem bischöflichen Ornat, also mit der Mitra, Alba, Stola und dem Pluviale (Schultermantel). Auf der Brust ist deutlich das Pektorale (Kreuz mit der Kette) zu erkennen. Während die rechte Hand zum Segen erhoben ist, hält die Linke den oben gekrümmten Bischofsstab. Das nur zwei Millimeter große Gesicht ist porträtähnlich.

Ursprünglich beabsichtigte der König, das Bronzedenkmal gegenüber der Universitätskirche zu errichten. Da er jedoch befürchtete, daß das Monument in der Nähe dieses hohen Gebäudes an Wirkung verlieren würde, befahl er, das Standbild vor der zweiten Schöpfung des Fürstbischofs, dem Juliusspitale, aufzustellen.

Den Gedanken, ein solches Standbild aufzustellen, hatte der König schon längere Zeit. Bereits 1846 schrieb er an Richard Wagner: „Habe vor, in der Allee in des Juliusspitals Nähe des Bischofs Julius Echter von Mespelbrunn Standbild nächstes Jahr zu errichten."

Als Ludwig I. das ihm 1847 vorgelegte Programm zur feierlichen Eröffnung des Monuments genehmigte, fügte er handschriftlich bei: „Nur solle die Bürgerschaft nicht schon im 5 Uhr in der Frühe mit Musik geweckt werden, es würde genügen, wenn dies um 6 Uhr geschieht."

Das mit einem Kostenaufwand von 17 890 Gulden errichtete Standbild machte König Ludwig I. zusammen mit dem Denkmal des Jean Paul dem Staat zum Geschenk und schrieb dazu: „Herr Staatsminister von Pfeufer! Ich setze Sie zur Veranlassung des Weiteren in Kenntniß und erkläre andurch: 1) daß das eherne Standbild Jean Paul Friedrich Richters in Bayreuth, das im Jahre 1841; 2) jenes des Fürstbischofs von Würzburg, Julius Echters von Mespelbrunn in Würzburg, das im Jahre 1847 und welche beyde eherne Standbilder ich aus Meinen Privatmitteln errichten ließ, Staatsgut zu seyn bestimme. München, den 28. May 1865."

Die zweizeilige Umschrift des Doppeltalers lautet: STANDBILD DES FÜRSTBISCHOFS JULIUS ECHTER V. MESPELBRUNN I ERRICHTET ZU WÜRZBURG 1847. Die Randschrift gibt den Wert an: DREY – EINHALB GULDEN + + VII E.F.M. + + (oder auch ohne die Punkte bei E F M), d.h., sieben Stück ergaben eine Feine Mark Silber.

Literatur: AKS 110, Davenport 596, Jaeger 78, Schwalbach 34

127

Geschichtsdoppeltaler auf die Übergabe der Krone von König Ludwig I. an seinen Sohn Maximilian 1848

Metall: Silber, Rohgewicht: 37,12 g, Feingewicht: 33,41 g, Feingehalt: 900 ‰, Durchmesser: 38 mm

Nach kaum dreiundzwanzigjähriger Regierung verzichtete König Ludwig I. am 20. März 1848 freiwillig zugunsten seines Sohnes Maximilian II. auf die Krone. Dieses Ereignis war Anlaß für den letzten Geschichtsdoppeltaler mit dem Brustbild des Königs auf der Vorderseite.

Das große Schicksalsjahr der neueren deutschen Entwicklung hatte unruhig begonnen. Am 27. Januar 1848 war Josef von Görres gestorben. Sein Leichenbegängnis wurde in München zu einer feierlich-ernsten Demonstration aller in seinem Sinn Denkenden gegen den König. Ernst Deuerlein schreibt dazu: „Sein Leichenzug, in dem Görres Sarg von Studenten getragen und der von Professor Sepp angeführt wurde, nahm seinen Weg an der Residenz vorbei. Zu Ehren des Verstorbenen wollten die Studenten einen Fackelzug veranstalten, der zunächst genehmigt, schließlich aber verboten wurde. Darüber stieg die Erbitterung und Verstimmung unter den Studenten. Der Minister Öttingen-Wallerstein und der Rektor versuchten sie zu beruhigen. Es war vergebens. Als Lola Montez sich in der Öffentlichkeit zeigte, mußte sie in die nahe gelegene Theatinerkirche flüchten, von wo aus sie schließlich unter militärischem Schutz zur Hauptwache der Residenz gebracht wurde."

Anfang Februar 1848 richtete Fürst Karl von Leiningen in seiner Eigenschaft als Präsident der Reichsräte einen Antrag an den König, den er bereits wenige Tage später wiederholte. Endlich gab der König nach und entließ die „Gräfin Landsfeld", vormals Tänzerin Lola Montez. Doch nach wie vor lag Unruhe in der Luft, und der Fürst Leiningen äußerte: „Eine unheimliche Stille herrscht überall! Der König ist nur der Gewalt gewichen, Kreaturen Lolas haben noch sein Ohr, Berks ist Premierminister; gegen ihre Rückkehr sind keine Garantien gegeben. Tritt nicht Abhilfe ein, so wird das nächste Ereignis sein, daß der König sich durch eine Volksbewegung gezwungen sieht, gewisse Minister und Beamte abzudanken und vielleicht selbst sich die Wahl der neuen vorschreiben zu lassen."

Als von Frankreich der Sturz des Juli-Königtums und der Ausbruch der Revolution gemeldet wurde, kam es in München erneut zu Zusammenläufen, Unruhen und stürmischen Kundgebungen. Aus Gründen der Sicherheit war bereits am 2. März 1848 der „Generalmarsch" verkündet und die Stadt von verstärkten Truppenkontingenten besetzt worden. Obwohl Berks zurücktrat und der König die Einberufung der Stände auf den 16. März genehmigte, gab sich das Volk nicht mehr zufrieden. In den Münchener Straßen erklang die „Marseillaise", und es wurden schwarz-rot-goldene Fahnen gehißt. Unter dem Druck des Volkes ließ König Ludwig I. die Einführung der sogenannten „März-Forderungen" (Minister-

verantwortlichkeit, Pressefreiheit, Verbesserung der Ständewahlordnung, Öffentlichkeit und Mündlichkeit der Rechtsprechung usw.) proklamieren. Außerdem wurde ein neues Staatsministerium mit dem Freiherrn von Thon-Dittmer an der Spitze berufen.

Als die Radikalen in München durch Nachrichten aus Berlin, Wien und Dresden zu weiteren Protestkundgebungen ermutigt wurden, war König Ludwig I. so verstimmt und entmutigt, daß er zugunsten seines Sohnes abdankte. Diese Entscheidung überraschte die Mehrzahl der Bürger, und der Staatsrechtslehrer J. C. Bluntschli schreibt in einer zeitgenössischen Schilderung, daß „München nach der Abdankung Ludwigs I. Trauer gezeigt und man selten ein frohes Gesicht gesehen habe".

Über die Stimmung des Königs selbst berichtet Bluntschli in seinen Memoiren: „Der König war äußerst vertraulich und bewegt. Einmal sah ich eine Träne über die Wange rinnen. Er fühlte sich tief gekränkt durch die Auflehnung. Einmal sagte er: . . . Ich habe ein gutes Gewissen und kann den Leuten offen in die Augen schauen . . . Ich bin so verfassungstreu, daß ich, als mir meine früheren Minister rieten, Gelder ohne Bewilligung der Stände zu entlehnen, das mit Rücksicht auf die Verfassung verweigert habe. Die Staatsgelder habe ich immer gewissenhaft verwendet. Der Bürgermeister einer Republik kann nicht gewissenhafter sein. Keinen roten Heller habe ich für mich gebraucht oder veruntreut. Ich bin in dieser Hinsicht arg verleumdet worden . . ."

Am 28. März 1848 schrieb er an seinen Sohn Otto in Griechenland: „Treu dem, was ich immer geäußert, handelte ich. Niemand ging mich an, der Krone zu entsagen, auch nicht ein einziger Ministerverweser. Es war am 19. März (dem so schrecklichen Tag für Berlin), als ich um 1 Uhr nach Mittag alle volljährigen Prinzen meines Hauses um mich versammelte, ihnen meinen Entschluß eröffnete. Nach langem inneren Kampfe hatte ich ihn gefaßt (war am Tage zuvor nicht ohne Besorgnis, einen Nervenschlag zu bekommen). Es war höchst ergreifend, innigst rührend, laut weinen hörte ich um mich. Max kniete nieder, bat mich um seinen Segen . . . Nicht so geliebt vom Volk hielt ich mich, als ich es fand. Vernehme, man habe auf den Straßen geweint, als meine Thronentsagung bekannt geworden; sie verursachte allgemeine Bestürzung. Halte dafür, daß, wäre mein Entschluß ruchbar geworden, es neuen Aufstand gegeben

haben würde, mich zu zwingen, die Krone zu behalten. . . . In München bin ich wohl der fröhlichste Mensch, obgleich zu regieren mir Freude, Genuß: Besorgung meiner Berufsgeschäfte war; ich aufgeben muß (und dies schmerzt mich am besten) die begonnene Befreyungshalle zu errichten, Denkmahl des deutschen Siegesjahres 1813/14/15 . . . In der Allgemeinen Zeitung wirst Du meine (selbstverfaßten) Worte gelesen haben, die an die Bayern ich gerichtet . . . Dank Dir, geliebter Otto, für Deine Thränen bey meiner Thronentsagung . . . Wohltuend ist die Innigkeit aller Glieder unserer Familie. Auffallend ist, daß bey dieser Aufregung und Bewegung ich nicht nur keine Abnahme ehrerbietiger Bezeigung auf den Straßen mich bemerkte, eher das Gegentheil, nehmlich Vermehrung und freundlichen Ausdruck."

Die von dem König handschriftlich abgefaßten Abschiedsworte an sein Volk lauten: „Bayern, eine neue Richtung hat begonnen, eine andere, als die in der Verfassungsurkunde enthaltene, in welcher ich nun im 23. Jahre geherrscht. Ich lege die Krone nieder zu Gunsten meines geliebten Sohnes, des Kronprinzen Maximilian. Treu der Verfassung regierte ich, dem Wohle des Volkes war mein Leben geweyht; als wenn ich eines Freistaates Beamter gewesen, ging ich mit dem Staatsgut, mit den Staatsgeldern um. Ich kann jedem offen in die Augen sehen. Und nun meinen tiefgefühlten Dank Allen, die mir anhingen. Auch vom Throne herabgestiegen, schlägt glühend mein Herz für Bayern, für Teutschland". München, den 20. März 1848. Ludwig.

Am 21. März 1848 beschwor König Maximilian II. Joseph die Bayerische Verfassung, und einen Tag später trat er zum erstenmal vor die Versammelten Stände des Reichs. In seinen ersten Worten als König würdigte er die großen Verdienste seines Vaters: „Großes hat er in seiner dreiundzwanzigjährigen Regierung vollbracht. Nicht bloß in Stein und Erz, auch in unseren Herzen wird dankbar dessen Gedächtnis fortleben."

Auf der Rückseite des Geschichtsdoppeltalers überreicht König Ludwig I. seinem vor ihm stehenden Sohn die Krone. Die Umschrift lautet: LUDWIG I. GIEBT DIE KRONE AN SEINEN SOHN MAXIMILIAN. Im Abschnitt steht: AM 20. MAERZ I 1848. Die Randschrift lautet: DREY–EINHALB GULDEN + + VII E.F.M. + + (oder auch ohne die Punkte bei E F M).

Literatur: AKS 111, Davenport 597, Jaeger 79, Schwalbach 35

Einheitliche Vorderseite der Geschichtsdoppeltaler von König Maximilian II. von Bayern (regierte von 1848–1864) mit der Umschrift MAXIMILIAN II – KOENIG V. BAYERN und dem Kopf des Königs nach rechts. Unter dem Halsabschnitt der Name des Stempelschneiders und Medailleurs C. VOIGT. Außen Perlreif

Geschichtsdoppeltaler auf die Verfassung 1848

Metall: Silber, Rohgewicht: 37,12 g, Feingewicht: 33,41 g, Feingehalt: 900 ‰, Durchmesser: 41 mm

Als erster Geschichtsdoppeltaler von König Maximilian II. von Bayern erschien eine Gedenkprägung auf die Verfassung 1848. Die Münze zeigt eine stehende Frauengestalt (Bavaria), die sich auf ein Postament stützt, auf dem ein Blatt mit der Inschrift VERFASSUNG liegt. Neben der Bavaria sitzt der bayerische Löwe. Im Abschnitt steht die Jahreszahl 1848.

An die Thronbesteigung Maximilians II. hatten sich viele Hoffnungen geknüpft. Er selbst war bereit, eine Änderung der bestehenden Verhältnisse herbeizuführen und von dem Regierungssystem seines Vaters abzuweichen. Nachdem seit 1830 die bayerische Verfassung nur wenig fortgebildet worden war, hatte Ludwig I. in der Proklamation vom 6. März 1848 notgedrungen die sogenannten „Märzforderungen" bewilligt. Ein Berg von innen- und außenpolitischen Schwierigkeiten türmte sich vor dem sechsunddreißigjährigen Nachfolger.

In seiner Thronrede vor dem am 16. März 1848 eröffneten außerordentlichen Landtag bekannte Maximilian II. unter der Zustimmung und dem Jubel des ganzen Hauses: „Ich bin stolz, mich einen konstitutionellen König zu nennen." Dann führte er zu der politischen Lage des Landes aus: „In einen neuen Abschnitt des öffentlichen Lebens sind wir eingetreten. Der Geist, der Europa durchdringt, gebietet es. Männlicher Freimut möge sie bezeichnen, aber auch weise Mäßigung und

Fernhaltung von auflösenden, zerstörenden Tendenzen. Das Ergebnis dieses Landtages bestimmt Bayerns Stellung in Deutschland. Lassen sie uns voranleuchten allen seinen Stämmen! Unser Wahlspruch sei Freiheit und Gesetzmäßigkeit!"

Der mit dieser Rede eröffnete Landtag dauerte allerdings nur zwei Monate, doch hat er „alle Reformen durchgeführt und angebahnt, auf die das bayerische Volk 30 Jahre gewartet hatte" (Ernst Deuerlein). Mit Stolz verkündete der Landtagsabschied vom 4. Juni 1848: „Groß sind die Anforderungen der Zeit, groß die Opfer, welche von der Krone, welche von einzelnen Ständen und Körperschaften, von der ganzen Nation gebracht werden mußten. Mit diesem Werk beginnt ein neuer, bedeutsamer Abschnitt in der Geschichte Bayerns; möge er in seinem Erfolge dem Vaterland zum Heil und Frommen gereichen!"

Im Hinblick auf die Frankfurter Nationalversammlung schloß der Landtagsabschied mit den Worten: „Mit gleichem Wunsch blicken wir auch auf diejenige Versammlung hin, die, berufen, das große Verfassungswerk unseres Gesamtvaterlandes zu beraten, an den Ufern des Mains tagt. Dort wie hier werden wahre Vaterlandsliebe und offenes Vertrauen stets Geltung behalten und Thron und Volk, Regierungen und Stände überall voranschreiten und auf der allein richtigen Bahn des Gesetzes und des Rechtes, der Wahrheit und des Lichtes, welche wir uns zur Richtschnur genommen und hierfür in den heute erlassenen Gesetzen neue, feste Bürgschaften gegeben haben!"

Eines der ersten neuen bayerischen Gesetze war das Landtagswahlgesetz. Nach der Verfassung von 1818 war die zweite Kammer berufsständisch gegliedert. Eine der Märzforderungen war deshalb ein neues Wahlrecht gewesen. Da sowohl die Proklamation vom 6. März 1848 als auch die Thronrede Maximilians II. bei der Eröffnung der Ständeversammlung völlig neue Grundbestimmungen für die Wahl der Abgeordneten in Aussicht gestellt hatte, mußte der König „schweren Herzens" (M. Doeberl) einem Wahlrechtsentwurf zustimmen, nachdem künftig die Mitglieder der Kammer ohne Rücksicht auf den Berufsstand gewählt werden sollten, und zwar je ein Abgeordneter auf 31 500 Einwohner.

Durch diese Wahlrechtsreform wurde die bisher nach Ständen und Klassen zusammengesetzte zweite Kammer von einer Ständeversammlung zu einer echten Volksver-

tretung. Erstmals gab es eine wirkliche „Repräsentation" der bayerischen Bevölkerung. In Wegfall kam auch die Beschränkung des aktiven und passiven Wahlrechts auf die Angehörigen der drei christlichen Glaubensbekenntnisse. Dagegen wurde die Wahlfähigkeit nach wie vor an die Entrichtung einer direkten Steuer gebunden. Die Erreichung einer bestimmten Steuerhöhe war aber nicht mehr Voraussetzung.

Der Geschichtsdoppeltaler kommt mit zwei verschiedenen Randschriften vor. Die ursprünglichen Prägungen von 1848 tragen die Umschrift: ✳ VEREINSMÜNZE ✳ VII EINE F. MARK oder auch ✳ CONVENTION ✳ VOM ✳ 30 JULY ✳ 1838. Daneben kommen Stücke mit der Umschrift: DREY EIN HALB GULDEN ✳ XV EIN PFUND FEIN ✳ vor. Sie können erst seit 1857 geprägt worden sein, denn diese Randschrift war erst nach dem Wiener Münzvertrag vom 24. Januar 1857 möglich.

Literatur: AKS 163, Davenport 598, Jaeger 86, Schwalbach 38

Regierungs - Antritts - Patent.
Seiner Majestät des Königs Maximilian II. von Bayern.

Wir Maximilian II.
von Gottes Gnaden, König von Bayern, Pfalzgraf bei Rhein, Herzog von Bayern, Franken und in Schwaben ꝛc. ꝛc.

Entbieten Männiglich Unseren Gruß und Königliche Gnade zuvor!

Nachdem Unseres vielgeliebten und theuersten Herrn Vaters Königliche Majestät Sich unterm 20. d. Mts. aus frey-eigenem Entschlusse Allerhöchst bewogen gefunden haben, zu Unseren Gunsten den Verzicht auf die Krone Bayern zu erklären, und durch diese Verzichtleistung das Königreich Bayern in der Gesammt-Vereinigung aller seiner älteren und neueren Gebietstheile nach den Bestimmungen der Verfassungs-Urkunde auf den Grund der Staats- und Haus-Verträge an Uns, als nächsten Stammfolger übergegangen ist, und Wir davon vollen Besitz ergriffen und die Regierung des Königreichs angetreten haben:

Als wollen Wir Uns zu sämmtlichen Ständen, Bürgern und Unterthanen in den Städten und auf dem Lande, auch allen Bediensteten und überhaupt allen Unseren Erblanden Angehörigen, welchen Standes, Würde und Wesens sie immer seyn mögen, gnädigst versehen, daß sie von nun an und für ihren rechtmäßigen und einzigen Landesherren so willig als pflichtmäßig erkennen, Uns unverbrüchliche Treue und unweigerlichen Gehorsam leisten, sofort in Allen Stücken sich, wie es pflichtbewußten Unterthanen gegen ihre von Gott verordnete Landesherrschaft und Obrigkeit gebührt, gegen Uns bezeigen werden.

Wir geben denselben dagegen zu erkennen, daß Wir den im Tit. X. §. 1 der Verfassungs-Urkunde enthaltenen Eid bereits in der dort vorgeschriebenen Form abgelegt haben.

Damit der Gang der Regierungs- und Justiz-Geschäfte nicht unterbrochen werde, oder zum Schaden des gemeinen Wesens einiger Aufenthalt entstehe, so ist Unser Befehl, daß sämmtliche Stellen und Behörden im Königreiche ihre Verrichtungen bis auf Unsere nähere Bestimmung gebührend und nach ihren aufhabenden Amtspflichten so willig fortsetzen, zu Unseren Ausfertigungen von nun an unter Unserem Namen und Titel, wo solches vorgeschrieben ist, erlassen, bei der Siegelung aber sich der bisherigen Siegel solange, bis ihnen die neu zu verfertigenden werden zugestellt werden, bedienen sollen.

Wir wollen alle Bedienstete an den ihnen geleisteten Verfassungs- und Dienst-Eid besonders erinnert haben, und verbleiben Uns gnädigst, daß unsere gesammte Stände, Unterthanen und Diener werden dieser ersten, von Uns, als ihrem angeborenen rechtmäßigen Landesherrn an sie gerichteten Aufforderung sich treugehorsamst fügen, wogegen Wir ihnen mit Königlicher Huld und Gnade wohl beigethan verbleiben. —

Gegeben in Unserer Haupt- und Residenzstadt München den ein und zwanzigsten März Eintausend achthundert acht und vierzig.

(L.S.)   **Maximilian.**

Frhr. v. Thon-Dittmer, Staatsrath.
Auf Königlich Allerhöchsten Befehl:
der General-Secretär,
F. v. Kobell.

Geschichtsdoppeltaler auf die Standbilder der Tondichter Gluck und Orlando di Lasso in München 1848 und 1849

Metall: Silber, Rohgewicht: 37,12 g, Feingewicht: 33,41 g, Feingehalt: 900 ‰, Durchmesser: 41 mm

Während Ludwig I. den Bildhauer Brugger mit der Modellierung eines Standbildes des berühmten in Weidenzwang in der Oberpfalz geborenen Tonsetzers Johann Christoph Ritter von Gluck beauftragte, betraute er den Bildhauer Max von Widnmann (1812 Eichstätt – 1895) mit der Anfertigung einer Statue des größten Tondichters des 16. Jahrhunderts, Roland de Latre, genannt Orlando di Lasso.

Beide Tondichter wurden entsprechend dem königlichen Wunsch im Kostüm ihrer Zeit mit lang herabwallendem Mantel beziehungsweise Talar und in Porträtähnlichkeit dargestellt. Gluck greift mit der Linken gleichsam einen Akkord und scheint über den Wohlklang entzückt. Orlando stützt sich auf eine abbrevierte Orgel, eben eine Komposition dichtend. Ähnlich dem Schwanthalerischen Jean Paul ist er mit Stift und Rolle zum Niederschreiben der musikalischen Gedanken ausgestattet.

Die Statuen von Gluck und Orlando di Lasso waren ursprünglich auf dem freien Platz vor dem Odeon aufgestellt. Die feierliche Enthüllung erfolgte 1848 (Gluck) und 1849 (Lasso). Die Kosten der Herstellung betrugen für Gluck 14559 Gulden und für Orlando di Lasso 14467 Gulden.

Gluck wurde 1714 in Ersbach bei Neumarkt in der Oberpfalz geboren und starb 1787 in Wien. Er studierte

Johann Christoph Willibald von Gluck (1714–1787). Standbild vor dem Odeon in München

überlassenen Reiterstatue Maximilians I., auch die Überlassung der beiden Standbilder von Gluck und Orlando di Lasso.

„Wäre dieses bei meinem Tode noch nicht abgetragen", heißt es in der königlichen Verfügung wörtlich, „so soll es, wie alles, was ich allenfalls der Staatskasse schulde, aus Meinem Kassa-Vorrath (nicht aus dem für Fideikommiß angelegten Kapital) gezahlt werden."

Diese Rückvergütung fand dann im Jahre 1854 durch Handschreiben des Königs vom 6. Juni 1854 an den Finanzminister von Aschenbrenner statt: „Setze Sie dadurch in Kenntniß, daß ich Mich durch gegenwärtiges Schreiben verbindlich erkläre, gleich wie früher die aus Mitteln Meiner Kabinettskasse hergestellte Reiterstatue Maximilians I., die 289 Zentner 21 Pfund an Erz schwer und deren Erzwert à 64 fl. per Zentner 18515 fl 50 kr. beträgt, die Gesamtherstellungskosten circa 91 000 fl. be-

in Prag, Wien und Mailand Musik. Über London kam er nach Dresden, wo er die Hofkapelle leitete. Von dort kehrte er nach Wien zurück und begann eine Reformbewegung der Oper, ohne allerdings anfangs Beifall zu finden. Von 1773 bis 1779 hielt er sich am Hof König Ludwigs XVI. in Paris auf. Von 1779 bis zu seinem Tod lebte er in Wien.

Orlando di Lasso wurde 1532 in Mons (Hennegau) geboren und starb 1594 in München. 1553 war er Kapellmeister am Lateran in Rom, bis er 1556 zur Leitung der Hofkapelle nach München gerufen wurde. Seine zahlreichen Messen, Motetten, Madrigale und deutschen Lieder machten ihn zum berühmtesten Komponisten des 16. Jahrhunderts. Von der „Wittib und Burgerin" Katharina Stainin erwarb er „in der Graggenau" das Haus Platzl 4, das nach seinem Tod Peter Candid erwarb. Der Grabstein wird im Bayerischen Nationalmuseum aufbewahrt.

Zur Deckung des irrtümlich zu viel bezogenen Kronprinzengehaltes in Höhe von 11 747 Gulden sowie der von der Staatskasse bezahlten Taxen für den dem König verliehenen Orden des goldenen Vließes zu 47511 Gulden und des bei dieser Gelegenheit dem Grafen von Trautmannsdorf als Überbringer des Ordens verliehenen Geschenkes im Werte von 3575 Gulden bestimmte der König am 17. März 1853, außer der dem Staate bereits

Orlando di Lasso (1532–1594). Das im Zweiten Weltkrieg zerstörte Standbild am Promenadeplatz in München

König Maximilian II. von Bayern (reg. von 1848–1864)

dem Staat als sein freyes unbeschränktes Eigenthum für ewige Zeiten zu überlassen."

Beide Standbilder wurden 1860 vom Odeonsplatz zum Promenadeplatz umgestellt, um dem Reiterstandbild König Ludwigs I. Platz zu machen. Im Zweiten Weltkrieg wurden sie zerstört und 1958 wieder am Promenadeplatz aufgestellt. Die Statue von Gluck konnte anhand eines teilweise zerstörten Gipsmodells von Agostino Zuppa und seinen Söhnen wiederhergestellt werden.

Die Geschichtsdoppeltaler tragen auf der Vorderseite das Bild König Maximilians II. (1848–1864) und entsprechen im Gewicht und Durchmesser den Bestimmungen des Münzvertrages von 1837. Die Stücke kommen mit zwei Randschriften vor:

a) VEREINSMÜNZE ⁎ VII EINE F. MARK ⁎
b) DREY EIN HALB GULDEN ⁎ XV EIN PFUND FEIN

Die Randschrift b) ist erst nach dem Münzvertrag von 1857 möglich. Stücke mit dieser Randschrift sind also Nachprägungen, die nach 1857 ausgeführt wurden.

Literatur: AKS 164 und 165, Davenport 599 und 602, Jaeger 87 und 88, Schwalbach 39 und 40

tragen, ebenso auch die beiden aus Mitteln Meiner Kabinettskasse hergestellten, auf dem Odeonsplatz befindlichen erzenen Standbilder des Ritters Christoph Gluck und Orlando di Lasso, die beide 80 Zentner an Erz wiegen, deren Erzwerth à 64 fl. per Zentner 5120 fl. und deren Gesamtherstellungskosten circa 24000 fl. betragen,

Allegorische Zeichnung von L. König auf die Musik und die Musen im Königreich Bayern im 19. Jahrhundert. Entstanden 1887

Geschichtsdoppeltaler auf die Allgemeine Ausstellung Deutscher Industrie- und Gewerbserzeugnisse im Glaspalast in München 1854

Metall: Silber, Rohgewicht: 37,12 g, Feingewicht: 33,41 g, Feingehalt: 900 ‰, Durchmesser: 41 mm

Der Glaspalast wurde in den Jahren 1853–1854 unter der Regierung König Maximilians II. von Bayern für die große „Allgemeine Ausstellung Deutscher Industrie- und Gewerbserzeugnisse" in München von August Voit errichtet. Anfänglich nur für die Dauer der Industrie-Ausstellung geplant, spielte das nach dem Vorbild des gewaltigen Crystal Palace in London geplante Gebäude bis zu seiner Zerstörung durch Brandstiftung im Jahre 1931 eine wichtige Rolle im kulturellen Leben Münchens. Durch seine zahlreichen Kunstausstellungen und Feste wurde der Glaspalast gleichsam zu einem Synonym für die Kunststadt München, und Eugen Roth, der den Höhepunkt des Hauses als Zeitgenosse gerade noch miterlebte, nannte ihn 1971 bei einem Rückblick „ein Symbol, einen magischen Begriff des Münchner Kunstlebens".

Die Geschichte dieses auch auf einem Geschichtsdoppeltaler verewigten frühen Höhepunktes des Ingenieurbaues im süddeutschen Raum begann am 10. August 1853 mit folgender Entschließung des königlichen Staatsministeriums des Handels und der öffentlichen Arbeiten: „Seine Majestät der König haben mit allerhöchstem Signat d.d. 2. v. Mts. die Veranstaltung einer zollvereinsinländischen Industrieausstellung allerhöchstes Signat d.d. 8. d. Mts. die Constituierung einer eigenen Industrieausstellungs-Commission, welche nach dem Vorbilde des bei anderen größeren Industrieausstellungen als zweckdienlich bewährten Verfahrens mit Einleitung und Durchführung des Unternehmens unter Aufsicht und nach den Direktiven der einschlägigen königlichen Staatsministerien zu betrauen geruht."

Diese unter dem Vorsitz des königl. Staatsrates Dr. von Fischer stehende Kommission trat am 16. August 1853 erstmalig zur Beratung zusammen, um die vordringliche Frage der Lage bzw. des Bauplatzes für das künftige Industrie-Ausstellungsgebäude zu klären. Aufgrund der bei den früheren Industrie-Ausstellungen (Paris 1839, Nürnberg 1840, Berlin 1844, Wien 1845, Leipzig 1850, London 1851) gemachten Erfahrungen, hielt man ein Areal von 160 000 Quadratmeter für das Gebäude als ausreichend. Zusätzliche Stellflächen sollten durch große Galerien geschaffen werden. Da in München ein Gebäude dieser Größenordnung nicht vorhanden war, wurde der Bau eines neuen Ausstellungsgebäudes beschlossen.

Unter den als möglichen Bauplätzen in Aussicht genommenen Grundstücken befand sich neben dem Maximiliansplatz, der Maximilianstraße, dem Maxfeld, dem Platz vor dem Siegestor und der Salzstraße auch das Gelände des Botanischen Gartens. Da die Gewächshäuser des Botanischen Gartens ohnedies baufällig waren, bot sich eine spätere Verwendung des Industrie-Ausstellungsgebäude als Glas- und Gewächshaus an. Weitere Vorteile dieses Platzes waren die zentrale Lage zur Stadt und vor allem die Nähe zum Bahnhof. Durch den genügend weiten Abstand zu den umliegenden Gebäuden konnte eine Verschattung vermieden werden. Am 22. August 1853 erteilte König Maximilian II. die Genehmigung, das Industrie-Ausstellungsgebäude im neuen botanischen Garten zu errichten.

Da man bereits während der Planung des Gebäudes davon ausging, daß es nach der Beendigung der Ausstellung in ein Gewächshaus umgewandelt werden sollte, schieden die herkömmlichen Konstruktionsarten in Holz und Stein von Anfang an aus. Neben einer leichten Demontierbarkeit wurde vor allem eine möglichst große Lichtdurchlässigkeit gefordert. August Voit schlug deshalb eine Konstruktion aus Eisen und Glas vor. Interessant sind die vergleichsweisen Berechnungen der Kommission, die für ein gleich großes Gebäude in Holz einen Verbrauch von über 600 000 Fuß Holz ergaben. Vorausgesetzt, ein Zimmermann hätte an einem Tag 12 laufende Muß Holz verarbeitet, so hätten 200 Zimmerleute 9 Monate nur an den Holzverbandstücken des Baues gearbeitet. Außerdem wäre das Gebäude leicht brennbar gewesen. Die Überlegung, statt Holz in der Nähe Münchens hergestellte Backsteine zu verwenden, ergab einen Bedarf von 6 Millionen Stück. Sie hätten in fünf Monaten von 200 Mann zwar getrocknet und gebrannt, nicht aber mehr vor Wintereinbruch vermauert werden können. An der Konstruktion aus Eisen und Stahl konnte dagegen auch im Winter und in den Werkstätten verschiedener Gewerbemeister gearbeitet werden. Der König stimmte deshalb diesem Material zu.

Ende Dezember 1853 legte von der Pfordten dem Landtag eine Gesetzesvorlage zur Genehmigung vor, in der die Baukosten mit 800 000 Gulden beziffert wurden. Am 1. April 1854 wurde das erste 80 Fuß lange Sprengwerk montiert, am 18. April begann man mit der Verglasung. Der Bau machte solche Fortschritte, daß bereits am 30. April der gesamte Rohbau erstellt war. Am 8. Mai konnte mit dem Legen der Fußböden und der Herstellung der Galerien begonnen werden. Am 1. Juni waren die Galerien vollendet, am 7. Juni war das Gebäude vollständig eingeglast. Die Übergabe erfolgte am 8. Juni. Nun galt es, innerhalb von 5 Wochen die Ausstellung aufzubauen.

Trotz unvorhergesehener Schwierigkeiten wurde der größte Teil der Ausstellung pünktlich vollendet. Im amtlichen Bericht heißt es: „. . . als am Abend des 14. Juli das Arbeitspersonal den Glaspalast verließ, war in der That die Ausstellung als vollendet zu betrachten, ein wohlgeordnetes, harmonisches, reizendes Ganzes bildend, bezaubernd durch den Reichthum von Farben und Formen, überraschend und imponierend durch Großartigkeit."

Am Eröffnungstag war das mit den Fahnen sämtlicher an der Ausstellung sich beteiligenden Staaten reich geschmückte Gebäude von der Sonne am fast wolkenlosen Himmel glänzend beleuchtet. Unter Anwesenheit von König Maximilian II. und Tausenden von Gästen und Zuschauern hielt der Staatsminister des Handels und der öffentlichen Arbeiten, von der Pfordten, die Eröffnungsansprache. Nach einer kurzen Erwiderung des Königs fand ein feierlicher Besichtigungsumzug durch die unteren Ausstellungsräume statt, den neben den königlichen „Kammer- und Hoffourieren", Voit als Architekt, Cramer Clett als Unternehmer und Werder als technischer Leiter anführten. Nachdem der König zu seinem eigens für diesen Zweck errichteten Thron zurückgekehrt war, wurde die Allgemeine Deutsche Industrie-Ausstellung des Jahres 1854 durch den Staatsminister für eröffnet erklärt.

Zu der Form des Glaspalastes schreibt Volker Hütsch in seiner 1979 von der Technischen Universität München angenommenen Dissertation: „Das Neue der Eisenkonstruktion ist weniger in der Form der einzelnen Bauglieder zu sehen, als mehr in einer umfassenden Gesamtschau des Baukörpers. Die Reduktion der Struktur auf die wesentlichen Kraftlinien ermöglicht erst die Leichtigkeit und Transparenz der Bausubstanz. Sie ist im hohen Maße im Glaspalast durchgeführt. Fenster sind nicht mehr länger wie in der traditionellen Bauweise aus der Wandscheibe geschnittene Öffnungen, sie werden zu einer zwischen die Stützen des Skeletts eingespannten Membrane. Die beliebige additive Reihung der einzelnen Elemente bricht mit der klassischen Tradition, die auf Ebenmaß und Ausgewogenheit ausgerichtet ist. Zwar ist dieses Problem beim Glaspalast nur angedeutet, da die Baumasse relativ klein ist, zudem durch Vor- und Rücksprünge eine Gliederung erhält, in der Folgezeit kommt es jedoch deutlich zum Ausdruck. Die Möglichkeiten der

Industrie- und Gewerbeausstellung in München 1854. Blick in das Innere mit dem Brunnen im Zentrum. Zeitgenössische Lithographie

stützungsfreien Überspannung großer Räume ist eine weitere Eigenschaft der Eisenkonstruktion, die beim Glaspalast ebenfalls noch bescheiden angewendet wird, in der Folgezeit aber stark anwachsen wird."

Über den Glaspalast als Bedeutungsträger meint Volker Hütsch: „Gegenüber seinem Londoner Vorbild, dem Crystal Palace, dessen vergleichsweise riesige Dimensionen sich ins Unendliche verlieren, ist das Münchener Ausstellungsgebäude ein reich gegliedertes, palastartiges Gebilde. Mit seinem Mittelbau und den Endrisaliten erinnert der Umriß an die Architekturen barocker Schloßbauten. Das gefällige Äußere ist bemüht, ästhetischen Ansprüchen zu genügen. Das – obwohl mit geringen Mitteln entstanden – formal aufwendige Gebäude, repräsentiert ein neues Bewußtsein des Staates. Lieblingsidee König Max II. und des Staates war die Trias, d.h. ein Zusammenschluß der Klein- und Mittelstaaten Deutschlands unter der Führung Bayerns, um ein Gegengewicht zu Preußen und Österreich zu schaffen. Die palastartige Form des Gebäudes assoziiert den Machtanspruch absolutistischer Herrscher barocker Prägung. So ist das Bauwerk in seinem äußeren Erscheinungsbild als ein Symbol für die Regierungsgewalt König Max II. zu sehen. Das Rasterschema des Grundrisses, die starre Stützenordnung, die streng axiale Symmetrie der Anlage, die harmonisch gegliederte Fassade sind Sinnbild des idealen Staates, sind Sinnbild für Ordnung und Harmonie."

Nach der Industrie-Ausstellung wurden Vorschläge gemacht, das Gebäude als Kaufhaus, als Viktualienmarkt oder auch als Wintergarten mit Badebetrieb nach dem Vorbild des Wiener Sophienbades einzurichten und zu erhalten. Auf eine persönliche Anfrage König Maximilians II. vom 28. November 1854 wurde dann sogar eine eigene Kommission mit dem Auftrag gebildet, sich um die Weiterverwendung des Glaspalastes zu kümmern. Am 1. Februar 1855 wurde er der Regierung von Oberbayern als Staatsgebäude unterstellt. Für die Erhaltung sprachen architektonische, ästhetische und finanzielle Gründe. Infolge der unzulänglichen Beheizungsmöglichkeit wurde die Verwendung als Gewächshaus nur als Notlösung angesehen. Nachdem schließlich sogar ein Angebot der niederländischen Regierung eingegangen war, den Glaspalast durch Kauf zu erwerben, entschied sich der König für den Weiterbestand: „Ich zöge vor, daß der hübsche Bau, der bisher bei verschiedenen Anlässen geeignete Verwendung finden konnte, München erhalten bliebe. Wenn also nicht das Interesse des Staates den Abbruch mit überwiegenden Gründen und gebieterisch fordert, so ist das Anerbieten der niederländischen Regierung abzulehnen. Vorderriß, den 25. Oktober 1856 Max."

Da sich das Gebäude tatsächlich gut zur Durchführung größerer Veranstaltungen eignete, war sein Bestand bis zur Jahrhundertwende unangefochten gesichert. Die ab 1889 regelmäßig jährlich stattfindenden Kunstausstellungen ließen es sogar zu einer Institution in München werden. Durch Einbauten und Stellwände konnte der Innenraum beliebig aufgeteilt werden.

Hinweise auf eine eventuelle Einsturzgefahr führten zwischen 1900 und 1913 zu einer gründlichen Untersuchung und zu einer Sicherung der baulichen Substanz. Allmählich mehrten sich die kritischen Stimmen, die den Abbruch verlangten: „Der Glaspalast ist nach dem einstimmigen Urteil aller Sachverständigen ein völlig veraltetes Gebäude für derartige Zwecke. Es ist absolut unzeitgemäß, stimmungslos, unelegant in seiner Ausstattung, bei kühlem Wetter naß und kalt, im Sommer sehr heiß, kurz und gut, auch hygienisch in hohem Grade zu beanstanden. Die verbrauchte Luft in diesem nicht zu ventilierenden Glaskasten ist ihnen ja allen bekannt . . . niemand wird diesem Veteranen nachweinen, wenn er endlich einmal ins Grab sinkt."

Dagegen sprachen sich die ausstellenden Künstlerverbände für die Erhaltung des Gebäudes aus, und am 15. März 1922 schrieb eine „Münchener Vereinigung für künstlerische Fragen" an das Kultusministerium: „Der Münchener Glaspalast ist ein zweckmäßiges, wertvolles und charakteristisches Bauwerk nicht nur seiner Erbauungszeit, sondern auch noch in unseren Tagen. Er zeichnet sich insbesondere auch aus durch seine guten architektonischen, dem Bauplatz angepaßten Massenverhältnisse. Er wirkt durch seine graugrüne, leicht erscheinende Baumasse ausgezeichnet zusammen mit dem Grün der Umgebung des alten botanischen Gartens."

Durch den Brand in der Nacht vom 6. Juni 1931 wurden die Auseinandersetzungen beendet. Durch die Brandstiftung wurden nicht nur das Gebäude, sondern auch bedeutende Werke der deutschen Romantik, darunter das gesamte Lebenswerk des Schweizer Malers Cuno Amiet vernichtet.

Der Geschichtsdoppeltaler von 1854 zeigt auf der Vorderseite den Kopf König Maximilians II., auf der Rückseite ist der Glaspalast in voller Länge zu sehen. Darüber steht die dreizeilige Umschrift: ALLGEMEINE AUSSTELLUNG DEUTSCHER I INDUSTRIE UND GEWERBS I ERZEUGNISSE. Im Abschnitt steht MÜNCHEN und die Jahreszahl. Als Randschrift kommen a) VEREINSMÜNZE ✳ VII EINE F. MARK ✳ und b) CONVENTION ✳ VOM ✳ 30 JULY ✳ 1838 ✳ (selten!) vor. Im Durchmesser (41 mm) entspricht der Geschichtsdoppeltaler dem Münzvertrag von 1837.

Literatur: AKS 166, Davenport 603, Jaeger 89, Schwalbach 41

Geschichtsdoppeltaler auf das von den Städten an der Süd-Nord-Bahn errichtete Denkmal des Königs Maximilian II. in Lindau 1856

Metall: Silber, Rohgewicht: 37,12 g, Feingewicht: 33,41 g, Feingehalt: 900 ‰, Durchmesser: 41 mm

König Maximilian II. hat sich nicht nur um die Neugestaltung des Lindauer Hafens, sondern auch um den Eisenbahnbau in Bayern sehr verdient gemacht. Die Städte an der Nord-Süd-Bahn errichteten ihm deshalb 1856 in Lindau ein großes Denkmal. Am 12. Oktober wurde es an einem Platz zwischen Hauptbahnhof und Bayrischem Hof in unmittelbarer Nähe des Seehafens feierlich eingeweiht.

Der Chronist der Lindauer Stadtgeschichte, Karl Wolfhart, schildert den Festakt wie folgt: „Der 12. Oktober sah dann wieder einen historischen Festzug durch die Straßen sich bewegen, diesmal noch reichhaltiger als vor zwei Jahren (als die Eisenbahnstrecke offiziell eröffnet wurde). Schiffahrt, Eisenbahnbau und Handwerk waren mit Modellen und allegorischen Wagen vertreten, Rebbau und Rädlewirtschaft, Sennerei und Obstbau waren auf Wagen zu sehen. Fischer trugen große Fische, das Schrannenpersonal als Verkörperung des regen Handelslebens trat in starker Masse mit einer Fahne auf. Um das Denkmal versammelt, warteten während der Reden des Bürgermeisters Greiner und des Ministers alle auf den großen Augenblick, wo unter brausendem Zuruf die Hülle fiel und der gute König, mit dem Auge nach dem See gewendet, umgeben von den allegorischen Marmorfiguren der Kunst, der Wissenschaft, des Ackerbaues und des Handels sich den Blicken

darstellte. Ein riesen Festmahl in der Zollhalle und bengalische Beleuchtung der Denkmäler schloß den Tag."

Auf dem Bronzedenkmal ist der bayerische König in der Tracht des Hubertus-Ritterordens dargestellt. Dieser Hausorden der kurpfälzischen Wittelsbacher geht auf eine Gründung des Herzogs Gerhard II. von Jülich und Berg zurück, erfolgt nach der Schlacht bei Linnich am 3. November 1444. Erneuert wurde der St.-Hubertus-Ritterorden durch Kurfürst Johann Wilhelm von der Pfalz am 29. September 1708. Nach der Vereinigung der Pfalz mit Bayern (seit 1777) bestätigte ihn König Max I. Joseph am 18. Mai 1808. Die Devise des Ordens lautet: „In Treue fest."

Die Darstellung des Königs war elf Fuß groß, das gesamte Denkmal 34 Fuß hoch. Auf dem unteren, wuchtigen Steinsockel aus schwarzem Syenit saßen vier allegorische Figuren. Der obere, wesentlich zierlichere Aufbau trug die Wappen der Städte, die von Hof bis Lindau an der neuen Eisenbahnstrecke lagen und auf deren Kosten das Denkmal errichtet worden war. Der Entwurf stammte von Professor Johann von Halbig (1814–1882). Gegossen wurde das Denkmal von dem berühmten Erzgießer Ferdinand von Miller (1813–1887).

Im April 1937 wurde das Monument als störende Erinnerung an die monarchistische Zeit abgebrochen und

Bahnhof von Lindau um 1860. Zeitgenössisches Bild. Photo: Verkehrsmuseum Nürnberg

auf der Hinteren Insel wieder aufgestellt, wo es nicht so im Blickpunkt stand. Als dann im Kriegsjahr 1942 Altmetall für Patronen- und Geschoßhülsen benötigt wurden, erinnerte man sich des auf der Lindauer Karlsbastion vor sich hinträumenden Maxmonuments. Der König und die vier allegorischen Gestalten wurden demontiert. Zu spät stellte sich heraus, daß das Metall für den beabsichtigten Zweck nicht geeignet war. So blieb es dem friedliebenden König wenigstens erspart, noch auf diese Weise in den Krieg zu ziehen.

Heute erinnert in Lindau nur mehr der schlanke Mittelsockel an das einstige Maximiliansdenkmal. Anläßlich der 125. Wiederkehr der Einweihung des Denkmals am Hafen berichtete die Lindauer Zeitung 1981 unter der Überschrift „Ein den Frieden über alles liebender bayerischer König sollte zu Kanonenkugeln gegossen werden" über das vergessene Monument und stellte dabei fest, daß „wahrscheinlich nicht viele Einheimische, geschweige

denn die Fremden wissen, was es mit dem achteckigen, dunklen Stein da für eine Bewandtnis hat". Der Sockel erinnert den Betrachter nicht nur an den Unsinn des Zweiten Weltkrieges, sondern auch an die Zeit, da Bayern noch Königreich und die Lindauer begeisterte Monarchisten waren.

Die zweizeilige Inschrift des Geschichtsdoppeltalers lautet: DENKMAHL DES KÖNIGS MAXIMILIAN II. IN LINDAU I ERRICHTET V. D. STÄDTEN AN DER SÜD-NORD-BAHN. Im Abschnitt die Jahreszahl 1856. Die Randschrift lautet: DREY EIN HALB GULDEN ❖ XV EIN PFUND FEIN ❖. Da diese Randschrift erst nach dem Wiener Münzvertrag vom 24. Januar 1857 möglich war, sind diese Stücke also erst 1857 ausgeprägt worden. Die Auflage betrug 1 152 Exemplare.

Literatur: AKS 167, Davenport 605, Jaeger 90, Schwalbach 43

Literaturverzeichnis

ADB: Allgemeine Deutsche Biographie

Alckens, August: München in Erz und Stein, Mainburg 1973

Allgemeine Zeitung: Jahrgänge 1825 ff.

AKS: Arnold-Küthmann-Steinhilber: Großer Deutscher Münzkatalog von 1800 bis heute. 6. Auflage, München 1980

Baerwolff: Denkmünzen bayerischer Banken. Deutsche Münzblätter N.F. Nr. 412, 1936 – 1937, S. 293 – 296 mit 3 Abb.

Bayerische Landbötin: Jahrgang 1848

Bayern, Adalbert Prinz von: Die Wittelsbacher. Geschichte unserer Familie, München 1979

Bayreuther Zeitung: Jahrgang 1841

Beierlein, J. P.: Die Medaillen und Münzen des Gesamthauses Wittelsbach, München 1897 – 1901

Blätter für Münzkunde: (Hannoversche Numismatische Zeitschrift, hrsg. von H. Grote): Baierische Geschichtstaler, Hannover 1834, Nr. 7, S. 15–16, 1 Taf.; Nachträge 1835, Nr. 1–11, S. 15–16; 1836, Nr. 2, S. 18–20; 1837, Nr. 19/2 S. 271–272, 1 Taf.

Boehm, Laetitia und Johannes Spörl: Ludwig-Maximilians-Universität Ingolstadt, Landshut, München (1472 – 1972), Berlin 1972

Buchenau, Heinrich: Zu den bayerischen Geschichtskonventionstalern. Blätter für Münzfreunde N.F. 63 (1928) Nr. 578, S. 244 – 245

Davenport, John S.: European Crowns and Talers since 1800, London 1964

Dielitz, J.: Die Wahl- und Denksprüche, Feldgeschreie, Losungen, Schlacht- und Volksrufe besonders des Mittelalters und der Neuzeit, Frankfurt a. M. 1884

Doeberl, M.: Entwicklungsgeschichte Bayerns. III. Band, München 1931

Dolnick, Michael M.: The „Blessings of Heaven"; Selections from The Numismatist. Foreign Currency. Racine 1961, S. 243 – 246 (mit 5 Abb.)

Dyck, Walter von: Georg von Reichenbach, München 1912

Grasser, Walter: Deutsche Münzgesetze 1871 – 1971, München 1971

Ders.: Bayerische Münzen. Vom Silberpfennig zum Golddukaten. 2. Auflage, Rosenheim 1980

Grote, Hermann: Münzstudien, Band 1 (1857), S. 173 – 176, 4 Taf.

Habich, Georg: Bildnisse der Wittelsbacher auf den Geschichts-Conventions-Thalern König Ludwig I., Mitteilungen der Bayerischen Numismatischen Gesellschaft, XX. Jahrgang (1901), S. 1 – 6

Hauser, Josef: Die Münzen und Medaillen der Haupt- und Residenzstadt München, München 1905

Hessenthal, Waldemar von und Georg Schreiber: Die tragbaren Ehrenzeichen des Deutschen Reiches, Berlin 1940

Hütsch, Volker: Der Münchner Glaspalast 1854–1931. Geschichte und Bedeutung, Gräfelfing bei München 1980

Jaeger, Kurt: Die neueren Münzprägungen der deutschen Staaten vor Einführung der Reichswährung (1806–1871), Band 5 (Bayern, Berg und Würzburg), Basel 1978

Koehler, Friedrich: Die Denkmünzen auf die beabsichtigte Vermählung König Ludwig II. von Bayern mit Sophie Charlotte Herzogin in Bayern. Festschrift hrsg. vom „Verein für Münzkunde in Nürnberg", Nürnberg 1907, S. 49 – 50, 1 Abb.

Kolde, Theodor: Die Universität Erlangen unter dem Hause Wittelsbach, Erlangen 1910

Krämer, G.: Bayerns Ehrenbuch. Beschreibung und Erläuterung der Geschichts-Conventions-Thaler und Denkmünzen welche seit der Thronbesteigung König Ludwig I. geprägt worden sind, Nürnberg 1834

Kull, Johann Veit: Studien zur Geschichte der Münzen und Medaillen der Könige von Bayern. Mitteilungen der Bayerischen Numismatischen Gesellschaft, IV. Jahrgang (1885)

Lasso, Orlando di: Musik der Renaissance am Münchner Fürstenhof. Katalog der Ausstellung zum 450. Geburtstag. Herausgegeben von der Bayerischen Staatsbibliothek. Wiesbaden 1982.

Leser, Jacob und Oskar: Die Ritter- und Verdienstorden, Ehren-, Verdienst- und Denkzeichen sowie Dienstalters-Auszeichnungen des Königreiches Bayern, Straubing 1910

Ludwig I., König von Bayern und sein Wirken für Staat, Wissenschaft und Kunst, Leipzig 1853

Ludwig-Maximilians-Universität München 1472–1972. Geschichte – Gegenwart – Ausblick, München 1972

Lutz, Joseph Maria und Heinrich Stummer: Hundertfünfundzwanzig Jahre Bayerische Hypotheken- und Wechselbank, München 1960

Mackensen, Michael: Entwicklung der bayerischen Kronen- und Geschichtstaler, Jahrbuch für Numismatik und Geldgeschichte, Band XXII (Kallmünz 1972), S. 77 – 95

Ders.: Zwei unbekannte Medaillenentwürfe des 19. Jahrhunderts. Jahrbuch für Numismatik und Geldgeschichte, Band XXII (Kallmünz 1972), S. 97 ff.

Marx, Alexander Richard Wilhelm: Pittoreske Ansichten des Ludwig-Donau-Main-Kanals, Nürnberg 1845

Mende, Mathias: Das Dürer-Denkmal in Nürnberg. In Studien zur Kunst des 19. Jahrhunderts, München 1972

Mitteilungen der Bayerischen Numismatischen Gesellschaft

Mück, Wolfgang Kurt: Deutschlands erste Eisenbahn mit Dampfkraft. Die kgl. priv. Ludwigs-Eisenbahn zwischen Nürnberg und Fürth. In Fürther Beiträge zur Geschichts- und Heimatkunde, Heft 3, Fürth 1968

Münchener Politische Zeitschrift: Jahrgänge 1842 ff.

NDB: Neue Deutsche Biographie

Numismatisches Nachrichtenblatt (NNBl.): Ordensdekorationen auf den bayerischen Geschichtstalern, Jahrgang 27, Speyer 1978, Seite 190/191

Orlop, Nikolaus: Von Garibald bis Ludwig III. Die Herzöge, Kurfürsten und Könige Bayerns, München 1979

Otten, Frank: Ludwig Michael Schwanthaler 1802–1848. Ein Bildhauer unter König Ludwig I. von Bayern, München 1970

Overbeck, Bernhard: Bibliographie der bayerischen Münz- und Geldgeschichte 1750 – 1964, Wiesbaden 1968

Pfeiffer, Gerhard: Gründung und Gründer der Universität Erlangen. In Festschrift für Hans Liermann (1964, S. 160 – 176)

Pressler, Christine: Gustav Kraus 1804–1852. Monographie und kritischer Katalog, München 1977

Rall, Hans: Wittelsbacher Lebensbilder von Kaiser Ludwig I. bis zur Gegenwart. Führer durch die Münchner Fürstengrüfte, München o. J.

Regierungsblatt (und Intelligenzblatt) für das Königreich Bayern, Jahrgänge 1826 ff.

Reidelbach, Hans: König Ludwig I. von Bayern und seine Kunstschöpfungen, München 1888

Reiser, Rudolf: Die Wittelsbacher 1180 – 1918, München 1979

Rohr, Moritz von: Joseph Fraunhofers Leben, Leistungen und Wirksamkeit, Leipzig 1929

Roth, Eugen: Der Glaspalast in München, München 1971

Schreiber, Alfons: Wappen auf modernen Münzen, Königreich Bayern. In „Die Münze", 13. Jahrgang, Heft 2, S. 45 ff.

Schultheis, Friedrich: Der Ludwig-Kanal. Seine Entstehung und Bedeutung als Handelsstraße, Nürnberg 1847

Schwalbach, C.: Die neueren deutschen Taler, Doppeltaler und Doppelgulden vor Einführung der Reichswährung, Heidelberg 1958 (Nachdruck der Auflage von 1915)

Schwenke, Hans: Die Münzen des Königreiches Bayern 1806–1971. Hobria, Deutsche Münzen, Band 5, Berlin 1969

Seidl, Wolf: Bayern in Griechenland. Die Geschichte eines Abenteuers, München 1965

Spindler, Max: Handbuch der bayerischen Geschichte. Band IV. in zwei Teilbänden (Das neue Bayern 1800–1970), München 1974

Steinhilber, Dirk: Münzsysteme in Altbayern. Heimatkundliche Vierteljahresschrift Amperland 1967, S. 14–16

Thieme-Becker: Allgemeines Lexikon der bildenden Künste

Thum, Norbert: Deutsche Münzen 1800–1871. Taler, Doppelgulden, Doppeltaler, 2. Auflage, Frankfurt a. M. 1976

Trost, Ludwig: Die Geschichte des St. Michaels-Ordens in Bayern und der St. Michaels-Bruderschaft seit dem Jahre 1693 bis auf die Gegenwart, München und Leipzig 1888

Weidenhiller, Egino (hrsg.): Ad sanctum Stephanum 969–1969. Festgabe zur Tausendjahrfeier von St. Stephan in Augsburg, Augsburg 1969

Wittelsbach: Die Medaillen und Münzen des Gesamthauses Wittelsbach. Bearbeitet von J. P. Beierlein, München 1897–1901

Zirnbauer, Heinz: Rhein-Main-Donau. Die Geschichte einer Idee in Bildern, Nürnberg 1976

Zitzmann, Peter: Unternehmensgeschichte der Ludwigs-Eisenbahn-Gesellschaft von 1835–1969. In Mitteilungen des Vereins für Geschichte der Stadt Nürnberg, 60. Band, Nürnberg 1973

Hinweise auf die Geschichte und Prägung der bayerischen Geschichtstaler enthalten ferner folgende Akten im Bayerischen Hauptstaatsarchiv München, Allgemeines Staatsarchiv:

Hpt. 138	Hauptmünzamt Nr. 138,	Johann B. Stiglmaier, Graveur (1814 – 1844)
Hpt. 144	Hauptmünzamt Nr. 144,	Karl Voigt, Medailleur (1829 bis 1850)
Hpt. 595	Hauptmünzamt Nr. 595,	Die Ausmünzung bayerischer Kronentaler
Hpt. 597	Hauptmünzamt Nr. 597,	Prägung einer Denkmünze auf die bayerische Reichsverfassung
Hpt. 602	Hauptmünzamt Nr. 602	
Hpt. 603	Hauptmünzamt Nr. 603,	Die Ausmünzung bayerischer Geschichtstaler verschiedenen Gepräges
Hpt. 604	Hauptmünzamt Nr. 604	
MF 5663	Ministerium der Finanzen, Prägung und Abgabe von Geschichtstalern, Preismedaillen und anderen Münzen bei verschiedenen Gelegenheiten 1834 – 1842	
MF 55410	Ministerium der Finanzen, C.F. Voigt, Medailleur bei dem Königlichen Hauptmünzamte	

Bildnachweis

Bayerische Hypotheken- und Wechselbank München: Seiten 72, 73, 74 sowie die Abbildungen sämtlicher Geschichtskonventionstaler und Geschichtsdoppeltaler. – Bayerisches Hauptstaatsarchiv: Seiten 9 (Entwurf), 10, 11, 12, 14, 19, 129. – Deutsches Museum München: Seite 24. – Geheimes Hausarchiv München: Seiten 7, 124. – Graf Klenau oHG Nachf. München: Seiten 37, 38, 40, 90, 91, 92. – Museen der Stadt Nürnberg: Seite 101. – Staatliche Graphische Sammlung München: Seiten 47, 65, 68. – Stadtarchiv Bayreuth: Seite 105. – Stadtarchiv München: Seiten 16, 20, 23, 25, 26, 27, 42, 44, 60, 64, 65, 77, 82, 87, 99, 109, 110, 112, 113, 120, 134, 135, 136, 139. – Stadtbibliothek Nürnberg: Seiten 103, 126. – Stadtbibliothek München, Monacensia-Sammlung: Seiten 67, 133. – Stadtmuseum München: Seiten 9, 40, 59, 68, 83, 88, 118. – Universitätsarchiv Erlangen: Seite 115. – Universitätsarchiv München: Seiten 29, 30, 31, 32. – Verkehrsmuseum Nürnberg: Seiten 79, 142. – Alle übrigen Aufnahmen aus dem Bildarchiv des Verfassers.

© 1982 ISBN 3-475-52364-7

Dieses Buch erscheint in der Reihe „Rosenheimer Raritäten" im Rosenheimer Verlagshaus Alfred Förg GmbH & Co. KG, Rosenheim.
Es wurde gesetzt von Meister-Satz in Hof, gedruckt von Georg Appl in Wemding und gebunden von Grimm + Bleicher in München.
Den Schutzumschlag gestaltete Ulrich Eichberger, Innsbruck, nach Vorlagen aus dem Archiv des Verfassers.